国家哲学社会科学规划项目

国家社科基金一般项目 （编号：14BYY005）

孙 亚 ◎ 著

英汉商务话语隐喻对比研究
—— 基于认知语料库语言学

A Comparative Study of Metaphor Use
in English and Chinese Business Discourse
A cognitive corpus linguistics perspective

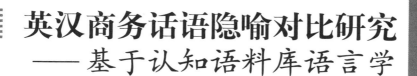

上海外语教育出版社

外教社 SHANGHAI FOREIGN LANGUAGE EDUCATION PRESS

图书在版编目（ＣＩＰ）数据

英汉商务话语隐喻对比研究：基于认知语料库语言学 / 孙亚著.--
上海：上海外语教育出版社，2022
国家哲学社会科学规划项目
ISBN 978-7-5446-7151-4

Ⅰ.①英… Ⅱ.①孙… Ⅲ.①商务—英语—隐喻—对比研究—汉语
Ⅳ.①F7

中国版本图书馆 CIP 数据核字 (2022) 第 029911 号

出版发行：**上海外语教育出版社**
　　　　　（上海外国语大学内）　邮编：200083
电　　话：021-65425300 (总机)
电子邮箱：bookinfo@sflep.com.cn
网　　址：http://www.sflep.com
责任编辑：李健儿

印　　刷：启东市人民印刷有限公司
开　　本：635×965　1/16　印张 19.25　字数 323 千字
版　　次：2022 年 12 月第 1 版　2022 年 12 月第 1 次印刷
书　　号：ISBN 978-7-5446-7151-4
定　　价：60.00 元

本版图书如有印装质量问题，可向本社调换
质量服务热线：4008-213-263　电子邮箱：editorial@sflep.com

目录

图目录

注：标注#的图截取自 FrameNet（https：//framenet.icsi.berkeley.edu/fndrupal/），标注 * 的图截取自 MetaWiki（https：//metaphor.icsi.berkeley.edu/pub/en/index.php/MetaNet_Metaphor_Wiki）。由于有些原图占空间过大，只截取与论述相关的部分。

表格目录

英汉商务话语隐喻对比研究

英汉商务话语隐喻对比研究

第一章

导　论

1.1　研究背景

目前,隐喻研究已不再局限于纯粹的理论分析,而是被广泛地用于考察政治、经济、商务、社会、教育、公共卫生等多个较为正式的话语体系,隐喻已经成为应用语言学、社会科学、人文科学领域研究工具之一(Cameron & Maslen 2010)。探讨隐喻使用模式和功能旨在指导这些领域内的语言使用以更好地达到"以言促行"的目的。从某种程度上说,隐喻使用能力是国家语言能力的重要组成部分。

隐喻研究大致经历了三个时期(Herrmann & Berber Sardinha 2015:10)。第一代认知语言学家在研究方法上偏重内省和理论驱动,其诸多理论范式因缺乏足够实证基础而备受争议。例如,概念隐喻的批评者认为,概念隐喻主要以语言为证据,而实际研究中较少使用自然发生的真实语料。语料库语言学的主要原则是以真实语料为对象进行统计分析并寻找语言使用规律,第二代认知语言学家将语料库方法放入"工具箱"。随着隐喻使用的意图性和社会功能日益受到重视,第三代认知语言学主要探索某种话语类型、语域或体裁中的隐喻使用,即体裁专门隐喻。

近十年来,国内外使用语料库方法所做的隐喻研究或跨语言对比研究确有长足进展,如探索隐喻研究的语料库方法和技术、验证概念隐喻理论的主要论点即认知性和普遍性、对比不同话语类型中隐喻使用的异同等。然而,这种研究还存在进一步提高的空间。理由有三:其一,研究虽已较充分使用了语料库各项技术,但还未有效形成较完整的隐喻分析的语料库方法;其二,虽已应用语料库方法考察各类话语的隐喻使用,但还未设计出揭示体裁专门隐喻的可操作性方案,例如在考察隐喻使用的规约性和评价意义时缺乏较客观统一的依据;其三,国内虽已有英汉隐喻对比研究,但对比分析的层面还不够系统、完整。这些问题或造成定量分析过于随机,或定性分析可靠性减弱,有待改进。

本研究以认知语料库语言学为基本视角,以意义建构的前台和后台认知相互作用为基本原则,设计了揭示体裁专门隐喻的语料库方法,对比分析英汉相同话语类型中商务话语的隐喻使用,以进一步阐明认知语料库语言学的基本原理。

1.2　研　究　基　础①

本节主要简述本研究的基本视角、基本原则以及核心概念的定义。本研究的主要视角为认知语料库语言学(Cognitive Corpus Linguistics)(Arppe *et al.* 2011),即利用语料库数据的统计分析来研究语言与认知的关系,语料库检索获得的频数反映相应的心理表征在认知系统里的突显和固化程度(entrenchment),语料库检索获得的搭配是测量语义共现性的有效手段,即"以用法为基础"(usage-based)的频数指示语法的固化程度,搭配说明语义的共现性(co-occurrence)。因而,本研究的基本原则是"以用法为基础",遵循"自下而上"的准则,以英汉商务话语为研究对象,从微观的、零散分布的语言隐喻中发现较宏观的、系统的隐喻模式,从而揭示

---

① 本节部分内容基于笔者发表的相关论文以及 2013 年出版的专著《隐喻与话语》之相关章节修订而成。

交际者通过使用隐喻而传递的情感和态度。

自从 20 世纪 80 年代以来,语料库语言学成为当代语言学研究的重要分支。语料库语言学"不是指研究的领域或范围,而是指进行语言学研究的方法与基础,介于理论和方法论之间"(Tognini-Bonelli 2001;许家金 2003),逐步扩展到语言教学、话语分析、对比研究和翻译研究等领域中。语料库方法分析自然发生的、机器可读的语料,收集的语料能代表要研究的语域和变体,开展的分析力图系统而穷尽,分析的基础是词频表、检索行和搭配信息,在频数的基础上进行统计分析。使用语料库方法考察语言时,把理论驱动的研究问题转换成关于频数的问题是语料库研究设计中重要的一步。通常以在某种语言和非语言条件下某个语言特征或要素的出现频数形成研究问题或假设,如"在条件 X 下 A 发生的频数如何"或者"在条件 X 下 A 的频数比 B 高"。语料库数据是已存在的数据,研究者在相对频率的基础上做出关于自然语言使用的概括结论,即在对定量数据统计分析的基础上提出语言使用模式。

Schmid(2010)提出了认知语义学的语料库研究的理想化过程,包括:(1)选择研究题目,寻找和界定有趣的语言现象;(2)选择语料库,寻找大型或合适的专门语料以能代表要研究的语言;(3)形成语料库问题,使得语言问题可操作化,成为语料库检索的问题;(4)提取和清洁语料,使用检索从语料库中提取所有语言现象的例子,清除与研究无关的内容;(5)使得材料可控制,分析所提取的有效例子的分布和频数,标注相关信息并放在数据库中;(6)使用数学方法和统计方法分析数据,计算频数分布的统计显著性;(7)按照语义和认知组织结构解释量化结果。

"以用法为基础"的认知语言学与语料库方法的融合的主要理据是固化程度和共现关系。认知语法认为,语法是语言单位的集合体,语言单位是人们在大脑中固化的形式与意义的结合体,新的语言结构经过反复使用才能在大脑中固化成语言单位。语言单位的固化程度取决于它们的出现频数(Langacker 1987:59-60)。因此,使用语料库工具的检索功能在语料库中查询某个词语所获得的频数,能在一定程度上反映该词语对应的认知表征或过程在认知系统里的突显或固化程度。认知语法还认为,语义形成是多个语言单位构成更大的语言单位的过程,语言单位之间的关系是集合关系(integration)(Langacker 1987:75)。组构和集合又表明了多个语言单位的共现性。使用语料库工具的搭配功能可以观察检索词常见的组合方式,搭配是词语序列大于偶然的几率共现的方式,因而搭配信息是测量或量化语义的有效手段。总之,认知语料库语言学认为,频数指示语法的固化程度,搭配说明语义的共现性。

最早的认知语料库研究同样可追溯至认知语言学的发源期,如Dirven *et al.*(1982)。第二代认知语言学家于20世纪90年代就把语料库方法放入了认知语言学的"工具箱"(如Geeraerts 1994),但直到21世纪才产生明显的影响(如Gries & Stefanowitsch 2006)。据不完全统计,向第11届国际认知语言学大会(2011年)提交的324篇论文中有101篇提及或使用语料库方法,研究对象包括存在结构、双宾结构、介词使用、比喻性语言等各种认知语言学关注的语义和语法问题。这类"基于语料库数据的统计分析回答关于人类认知问题"的研究,统称为认知语料库语言学(Cognitive Corpus Linguistics, Arppe *et al.* 2011; Grondelaers *et al.* 2007; Lewandowska-Tomaszczyk & Dziwirek 2009)。

尽管如此,语料库方法若要完全获得认知语言学家的青睐或接受,尚需时日。Gries & Divjak(2010)认为,主要原因是:新方法在语言学中永远不会很快得到接受;语料库数据并不总能轻易获得,也不太容易处理;语料库语言学的假设和方法未被深入地理解,并存在理解上的误区;对语言学家来说,定量分析不是那么自然。同时,语料库方法不能只满足于描写和回答"语言是什么组成的",还应将这些描述与功能解释结合起来以回答"为什么语言是这样的"。认知语料库语言学应做好三件事:要表明语料库技术能回答认知语言学的研究问题;要强调语料库方法的真正好处,即产生可检验的结果、能处理复杂现象、能与其他研究领域结合产生趋同证据(Arppe *et al.* 2011)。

本研究的基本理论原则为体裁专门隐喻的意义建构过程是前台认知和后台认知相互作用的过程(Evans 2010)。首先,前台认知指隐喻的源域词汇概念和目标域词汇概念的语义组构过程,在这个过程中词汇概念所属的语义系统激活了概念系统。其次,后台认知指目标域压制下源域向目标域的映射的过程,目标域只会挑选那些能产生独特映射的源域,从而产生相应的"源域—目标域"映射原则。因而,相同类型的话语在不同语言中或形成了不同的概念偏好。再次,上述激活、映射过程在概念系统里的固化程度和概念距离也会影响隐喻意义的建构。

此处先简述本研究使用的核心概念和术语,在第二章和第三章再详述部分术语。

(1)隐喻形符(metaphorical token)与隐喻类符(metaphorical type)。隐喻形符指所有隐喻化使用的词语,其标准化频数以每百万词为单位;隐喻类符指不因大小写和屈折变化(含单复数、时态、语态等)重复计算的隐喻化使用的词语。例如,若 chain 和 chains 是两个隐喻形符,但归为一个隐喻类符 chain。隐喻类符/形符比(metaphorical type-token ratio,以下章节简称"类形符比")指所有隐喻类符数与所有形符数之间的比值,在本研究中为百分比值。在隐喻形符数一定的情况下,隐喻类符数越多说明隐喻表达越丰富。隐喻类符/形符比值越高,隐喻使用的词语多样性或变化性(lexical diversity/variation)就越高,反之则越低。

(2)概念隐喻(conceptual metaphor)与语言隐喻(linguistic metaphor)。概念隐喻是两个概念域(源域 source domain 与目标域 target domain)之间的映射关系,是用源域来感知目标域的过程。英语中常用小型大写字母公式表达:TARGET DOMAIN IS SOURCE DOMAIN(Dancygier & Sweetser 2014:14),如 LIFE IS JOURNEY、IDEAS ARE FOOD,同样也使用小型大写字母表达源域、目标域或框架,如 WAR、SPORTS。本研究参照该方式使用方括号表述汉语概念隐喻、认知域或框架,如[人生是旅程]、[思想是食物]。此外,在表述某类隐喻时通常以源域命名,如[战争]隐喻指以[战争]为源域形成的一类隐喻。语言隐喻是相对于概念隐喻而言,指隐喻使用的词语,在不同场合下指隐喻形符、隐喻类符或源域词语,在行文中使用双引号指示汉语语言隐喻,英语语言隐喻即为小写词语形式。

(3)隐喻语块(metaphorical chunk)与隐喻构式(metaphorical construction)。激活概念隐喻的源域和目标域的词语分别称为源域词语(source domain word)和目标域词语(target domain word),也称为载体(vehicle)和话题(topic)。源域词语就是语言隐喻,源域词语和目标域词语习惯性地共现而组合成的 N 元组(N-gram)或多词序列(multiword expression)称为隐喻语块,如 revolving credit、supply chain,其中 revolving 和 chain 是源域词语。隐喻语块的组成成分之间的语法关系以及隐喻映射关系以隐喻构式表征,如 revolving credit 的构式为 S-adj_mod_T-noun 或 A(Source)-NP(Target),即形容词性源域词语和名词性目标域词语构成的语块。本研究在举例中使用下划线指示隐喻语块,而且源域词语以斜体(英语)或楷体(汉语)形式标示,如 Each of the *revolving* credit facilities requires that we maintain our current credit policies。

(4)体裁专门隐喻(genre-specific metaphor)。体裁(话语类型)的专门隐喻指在话语动态发展中涌现出的稳定的隐喻使用模式,其功能是建构话语主要内容和满足专门交际需求,即用于识解特定言语社团的交际意图及其相关概念的显著性、规约性隐喻(Sun *et al.* 2018)。体裁专门隐喻在语言层次上体现为隐喻语块,在思维层次上体现为隐喻映射。本研究识别的隐喻与体裁的交际意图或主要概念相关,而非语料中的所有隐喻。

（5）隐喻映射原则（metaphorical mapping principle）。若源域中某个隐喻类符的形符数大于 10 而且超过该源域所有形符数的 30%,则该隐喻类符所反映的实体、特征或行为是映射原则的基础（Ahrens 2010）,并体现了相应的体裁专门隐喻的主要意义焦点（main meaning focus）（Kövecses 2010：137）。

（6）隐喻级联（metaphor cascade）与隐喻家庭（metaphor family）。概念隐喻与概念隐喻之间呈现层级性网络结构,即隐喻级联（David, Lakoff & Stickles 2016）。高层隐喻和低层隐喻之间是继承关系,激活级联上的某个隐喻会相应激活整个级联及其他隐喻。概念隐喻与概念隐喻之间共享源域或目标域,从而组成了隐喻家庭（Morgan 2008：499 - 500）。

1.3　研　究　设　计

本节从研究思路、研究方法、研究工具、研究语料、研究过程等多个方面简述研究设计（详见第三章）。本研究选择商务话语作为对象体裁,自建了英汉商务话语语料库（在下文进行对比研究时简称英语和汉语）,形符总量分别为 3 064 010 个和 2 247 934 个（汉语分词后）,内容包括经济学期刊论文、商务法律合同、商务演讲、企业年报、社会责任报告、投资报告等。

本研究使用了各类资源,如词典、百科、软件等,它们的功能和来源如表 1.1 所示。这些资源上的知识属于通用知识,本研究在引用时用引号标出,文中不再另加注释。例如,在解释隐喻语块的意义时依据 MBA 智库百科,"影子银行"（shadow bank）指"游离于银行监管体系之外、可能引发系统性风险和监管套利等问题的信用中介体系,包括投资银行、对冲基金、货币市场基金、债券、保险公司、结构性投资工具（SIV）等非银行金融机构"。

首先,本研究使用 Wmatrix、AntConc 等语料库软件获得与研究语料主题或交际意图相关的主题语义域（目标域）和主题词（目标域词语）,在含主题词的索引行中根据 MIPVU（Metaphor Identification Procedure at VU University Amsterdam）（Steen *et al.* 2010）识别与主题词相关的隐喻。如句〔1〕至〔2〕所示,business 和"企业"是目标域词语,cornerstone 和"骨干"

表 1.1 本研究使用的资源类型及来源

类型及功用	名　称	来　源
词典：用于判断词语的基本意义和语境意义以识别隐喻；判断商务词语的专门性等。	*Macmillan English Dictionary*	https://www.macmillandictionary.com
	Oxford Advanced Learner's Dictionary	https://www.oxfordlearnersdictionaries.com
	Longman Dictionary of Contemporary English	https://www.ldoceonline.com/dictionary
	Cambridge Advanced Learner's Dictionary	https://dictionary.cambridge.org/dictionary/
	《现代汉语词典》	商务印书馆（2018）
	在线汉典	https://www.zdic.net/
	Oxford Business English Dictionary	Oxford University Press（2006）
	Longman Business English Dictionary	Pearson（2018）
	Cambridge Business English Dictionary	Cambridge University Press（2011）
	Collins COBUILD International Business English Dictionary	HarperCollins（2011）
	online business dictionary	http://www.businessdictionary.com/
百科：用于解释商务词语或语块的意义。	百度百科	https://baike.baidu.com/
	MBA 智库百科	https://wiki.mbalib.com/wiki/
	中国知网百科	http://search.chkd.cnki.net/kns/brief/result.aspx?dbPrefix=CRPD

类型及功用	名　称	来　源
框架及隐喻网：用于说明框架的定义、角色及框架关系；形成概念隐喻的表述。	FrameNet（标注#的图截取自该网站）	https://framenet.icsi.berkeley.edu/fndrupal/
	MetaWiki（标注＊的图截取自该网站）	https://metaphor.icsi.berkeley.edu/pub/en/index.php/MetaNet_Metaphor_Wiki
	METALUDE	https://www.ln.edu.hk/lle/cwd/project01/web/contact.html
工具：用于英汉语料处理，包括提取主题词和语义域，标注语义域，汉语分词，搭配度计算等。	Wmatrix	http://ucrel.lancs.ac.uk/wmatrix/
	AntConc	http://www.laurenceanthony.net/software/antconc/
	Chinese Semantic Tagger	http://phlox.lancs.ac.uk/ucrel/semtagger/chinese
	NLPIR-ICTCLAS	http://ictclas.nlpir.org/
	Sketch Engine	https://www.sketchengine.eu/
	ToRCH2009 和 ToRCH2014（Texts Of Recent Chinese）现代汉语平衡语料库	http://corpus.bfsu.edu.cn/info/1070/1387.htm
参照语料库	British National Corpus Sampler written	Wmatrix 内嵌
	British English 2006	
	Amercian English 2006	

是与目标域词语相关的隐喻词语。再根据 Wmatrix 及相应的汉语语义标注工具(Chinese Semantic Tagger)的自动语义赋码为这些隐喻词语标注源域并归类,如 strategy、campaign 和"攻打""队伍"等标注为[战争]。

〔1〕Honesty and integrity engender trust, which is the *cornerstone* of our business.

〔2〕本公司是国务院国有资产监督管理委员会监管的国有重要骨干企业之一。

其次,在语言层面对比英汉话语隐喻,主要为定量分析。统计每类隐喻(源域)的类符数、形符数,计算隐喻类形符比,观察英汉隐喻类符的词性和词义的异同。通过隐喻句式分析归纳出含源域词语和目标域词语的惯用表达方式即隐喻语块,如 revolving credit,以及它们诸如 S-adj_mod_T-noun 的构式,观察英汉构式使用的异同。此外,在第九章总结时从语块的频数、语块的搭配值、语块的构式、源域词语和目标域词语各自的共现能力等方面对隐喻语块的体裁专门性做探索。

再次,在思维层面对比英汉话语隐喻,定量和定性分析相结合。分析每类隐喻(源域)的主要隐喻类符的基本意义、语境意义以及相应的代表性隐喻语块和构式,解析它们如何触发目标域框架和源域框架,描述所形成的具体隐喻映射和基本隐喻。此外,在第九章总结时使用统计方法,发现建构目标域的显著的、规约性的概念隐喻,即体裁专门隐喻映射。

最后,在交际层面对比英汉话语隐喻,主要为定性分析。根据目标域词语归纳出每个源域所映射的目标域概念,总结出该源域的主要隐喻映射,确定映射原则及解析主要意义焦点,再解析相关隐喻,推理出隐喻意义。

1.4　研　究　内　容

首先,本研究拟建立隐喻分析的三个层面。对隐喻的认识经历了两个"转向"——"认知转向"和"社会转向"。直到 20 世纪 70 年代末,隐喻一直被看作是语言使用中的修辞手段。Lakoff 和 Johnson(1980)提出了概念隐喻理论(又称"当代隐喻理论"),认为表达隐喻的形式不仅包括语言符号而且包含其他模态的符号,这些形式的隐喻都植根于概念系统的跨认知域映射。因而,隐喻的本质从"语言使用"转变为"思维方式"。然而,这种认识忽略了隐喻使用的意图性,即隐喻的社会功能。由此,对隐喻的认识应从"语言使用和思维方式"转变为"语言使用、思维方式和交际功能",即隐喻的三个层面模式——语言、思维和交际,又称"新当代隐喻理论"(Steen 2011)。具体说来,隐喻是语言形式、概念结构和交际功能三个方面的跨域映射(Herrmann & Berber Sardinha 2015:8)。

其次,本研究拟确立"以用法为基础"的(隐喻频数和搭配)隐喻三个层面分析的具体路径。在语言层面,通过隐喻语块和隐喻构式分析,旨在考察意义建构过程中的语义组合关系,在形态、语义、句法特征上进行对比分析。在思维层面,通过认知突显分析,分离出显著性高且规约性强的专门隐喻,在隐喻映射特征上进行对比分析。在交际层面,通过概念映射模式分析,旨在揭示话语隐喻的概念基础,推理出交际者如何将对源域的态度映射至目标域后而引导的态度意义,对比所隐含的概念偏好的异同。

再次,本研究拟揭示出研究语料中隐喻使用的基本结构,旨在较全面地刻画商务话语中的隐喻使用,尤其是解析研究语料的体裁专门隐喻。本研究并非识别语料中的所有隐喻,而是识别与话语体裁的交际意图及其主要概念相关的隐喻。体裁专门隐喻在语言和思维层面上形成了连续体,即在专门性上程度不一。它们在思维层次上体现为隐喻映射,在语言层次上体现为隐喻语块,语块的频数、语块成分之间的搭配度、语块的构式、源域词语和目标域词语各自的共现能力这些因素都影响了隐喻语块的专门性。

最后,本研究拟推理出研究语料的隐喻使用的主要意义焦点和体裁专门意义。源域框架的层级关系上的相关框架和符合概念映射分析的代表性隐喻类符能显示该类隐喻的意义,形成了该类隐喻在商务话语中的专门意义。此外,本研究还力图探查英汉商务话语隐喻在语言、思维和交际层面上的异同。

1.5　研　究　意　义

本研究的学术价值、应用价值和创新之处体现在以下方面。第一,研究思路新颖。本研究使用语料库方法确立了"以用法为基础"的(隐喻频数和搭配)隐喻三层面分析的具体路径,如隐喻语块和隐喻构式分析、认知突显分析、概念映射模式分析等。提出了体裁专门隐喻的概念,从语言(隐喻语块)、思维(隐喻映射)和交际(专门意义)三个层面界定和揭示商务话语的专门隐喻。本研究不仅促进隐喻研究的实证转向,而且促进语言描述与解释并重的认知语料库语言学的进一步发展;建立了隐喻分析、语料库方法、话语分析之间的接口,为其他体裁或话语类型研究提供了可参考依据。

第二,研究工具领先。笔者在 2012 年率先将语料库工具 Wmatrix 引入国内隐喻研究,具有一定的领先地位,确立了分别以源域和目标域为出发点的研究思路。Wmatrix 不仅能最大限度提取隐喻使用的形符,而且根据 Wmatrix 及相应的汉语语义标注工具(Chinese Semantic Tagger)的语义赋码集设计源域标注体系,能较客观地确定概念隐喻的源域。同时,本研究结合语义知识库 FrameNet、汉语分词系统 ICTCLAS、搭配分析工具 Sketch Engine、隐喻数据库 METALUDE、隐喻百科 MetaNet Wiki 等进行隐喻分析。

第三,研究流程严谨。本研究确立了操作性强的隐喻分析流程。首先,根据与研究语料主题或交际意图相关的主题语义域和主题词确定目标域,依据 MIPVU 识别隐喻,为它们标注源域并归类。其次,统计每类隐喻(源域)的类符数、形符数,观察英汉隐喻在词性、词义、语块和构式上的异同。再次,分析每类隐喻(源域)的主要隐喻类符的基本意义和语境意义,以及相应的代表性隐喻语块和构式,描述所形成的具体隐喻映射,使用统计方法发现建构目标域的显著的、规约性的概念隐喻。最后,从源域框架的层级关系以及满足映射原则的隐喻类符解析出每类隐喻主要意义焦点和体裁专门意义。

第四,研究结论丰富。本研究揭示出研究语料中隐喻使用的基本结构,较全面地刻画出商务话语中的隐喻使用;解析出研究语料的体裁专门隐喻,在语言和思维层面上体现为隐喻语块和隐喻映射,并形成了专门性连续体;从源域框架的层级关系和隐喻映射原则分析出发,较客观地推理出研究语料中隐喻使用的主要意义焦点和体裁专门意义;发现了英汉商务话语隐喻在语言、思维和交际层面上的异同,在隐喻类型、隐喻形式上总体呈现趋同性,但也体现了在具体语言表达和映射方面的差异。

第五,应用价值较高。本研究在某种程度上具备一定的国家战略意义。据《纽约时报》报道,美国情报高级研究计划署(IARPA)于 2010 年便开始立项研发隐喻自动分析技术,并研究多国语言中的隐喻与国别文化、世界观之间的关系。我国亟须认识并掌握相关语言学研究的战略意义及技术。研究成果有望促使相关部门及早认识到隐喻所隐含的文化属性在现实生活中的应用意义,尽早开始对隐喻的研究和利用,让隐喻成为我国提升国家语言能力的有力工具;这也进一步表明了人文社会科学在促进国家社会经济发展方面、在推动人类社会发展中具有不可替代的重要作用,它既是一种知识体系也是一种价值体系。此外,研究成果可供自然语言处理和隐喻的人工智能研究参考,并指导外语教学或二语习得中的隐喻思维能力及跨文化交际能力培养。就理论意义而言,本研究建立了使用语料库方法揭示话语隐喻的多层分析框架,探索体裁分析的隐喻视角,确立隐喻使用是体裁的区别性特征,提出了体裁专门隐喻的概念,促进语言描述与解释并重的认知语料库语言学的进一步发展;同时,本研究拟解决的新问题是使用语料库方法从语言、思维和交际三个层面界定和揭示体裁专门隐喻,设计的方案不仅促进隐喻研究的实证转向,而且建立了隐喻分析、语料库方法、话语分析之间的接口。

1.6 章 节 安 排

本书共分为十章。第一章简要介绍研究背景、研究基础(核心概念)、研究设计、研究内容、研究意义等。第二章全面回顾隐喻研究的现状与趋势,包括研究热点或话题、隐喻的话语动态观、隐喻的语料库方法、隐喻映射的基础、隐喻映射的构式、隐喻映射的级联关系、隐喻映射的家庭关系、隐喻的语域或体裁观、隐喻的社会转向等。第三章介绍研究设计,主要包括语料库、研究工具、研究过程、研究思路等。

在本书的研究中,识别隐喻是以目标域及词语为出发点,在结果呈现时以源域为视角。第四章到第八章分别论述三大隐喻家庭。每章先介绍源域框架的基本概念及其所包括的角色或元素,以及所涉及的隐喻映射,再对比分析英汉语在隐喻形式、隐喻映射层面的异同,最后解读隐喻所产生的意义。

第四章探讨[相互联系/系统]隐喻家庭的[生物体]隐喻,即[人类]、[动物]和[植物]作为[生物体]的结构、特点和功能如何隐喻地映射至目标域。第五章讨论［相互联系/系统］隐喻家庭的［无生命］隐喻，即［物质］和［物体］的结构、特点和功能如何隐喻地映射至目标域。［生物体］和［无生命］隐喻侧重［相互联系/系统］静态层面的结构、特征等方面的映射。第六章探索［相互联系/系统］动态层面即功能方面的映射，［生物体］和［无生命］共同的行为或功能是［移动］，即［移动］隐喻。

第七章探讨［竞争］隐喻家庭，具体是［娱乐性竞争］和［体力性竞争］的主要代表性成员［体育］和［战争］作为源域形成的隐喻。第八章讨论［合作］隐喻家庭，具体为［人际关系］和［艺术］隐喻。第九章在前几章分析的基础上分别从多个方面对比英汉语的隐喻使用，主要包括隐喻类符数、隐喻形符数、隐喻类符/形符比，隐喻词性、隐喻构式、隐喻语块，隐喻显著性与规约性、隐喻意义等，将使用卡方检验、多重对应分析等发现英汉语在隐喻使用方面的异同。第十章为结语部分，总结了本研究的主要发现，指出研究的局限性，并展望了未来研究的发展方向。

第二章

研究现状①

2.1 引　言

　　1980 年，Lakoff 和 Johnson 的专著《我们赖以生存的隐喻》(*Metaphors We Live By*)提出了概念隐喻理论，认为"隐喻不只是语言或词语的问题，人们的思维过程大都是隐喻的，即人类的概念系统是以隐喻为结构的"(Lakoff & Johnson 1980：6)，隐喻建构了人们的思维过程和概念系统，从而制约人们的思维和行为。近 40 年来隐喻研究日新月异，蓬勃发展。从研究方法上看，第一代学者在语言证据上偏重内省，依赖单个语篇或主观印象的证据；第二代学者在20 世纪末开始使用语料库方法，研究大规模语料中的隐喻使用；近年来第三代学者主要探索语域(register)或体裁(genre)中的隐喻使用(Herrmann & Sardinha 2015：10)，如政治语域(Perrez，Reuchamps & Thibodeau 2019)、文学语域

---

① 本章基于作者发表的相关论文及专著《隐喻与话语》的相关章节内容修订、扩充而成。

（Zhao，Han & Zhao 2019）、科技教育语域（Ervas，Gola & Rossi 2017）、商务经济语域（Herrera-Soler & White 2012）等。

从研究热点或话题上看，近年的研究依然关注传统的热点话题，如拓展空间与时间隐喻研究，其中包括研究非语言模态中的时间概念的隐喻表达（Coёgnarts & Kravanja 2015）以及不同文化对于时间隐喻的解读（Duffy 2014）。同时，研究还关注了其他新话题。其中，多模态隐喻与手势所传达的隐喻更加证实了隐喻的认知性和普遍性，如 Lin 和 Chiang（2015）结合转喻网络与多元隐喻网络（diversified metaphoric network）提出了多模态融合模型（multimodal fusion model），分析了政治漫画的讽刺以及幽默效果；分析了电视新闻报道中说话人在表达数量大小概念时所使用的手势，以及通过手势形成的空间隐喻和映射（Winter，Perlman & Matlock 2013）。再者，隐喻与身份、隐喻与情感也是近期热点话题。如研究移民医生在采访中使用不同的隐喻表达来叙述生活中的文化挑战，从而说明了概念化文化的不同方式与交际者在不同语境中身份协商之间的关系（Golden & Lanza 2013）；使用语料库方法和心理语言学方法，对比研究了英语、西班牙语和俄语中的"愤怒"隐喻（Ogarkova，Soriano & Gladkova 2016）。此外，认知语言学视角下隐喻研究的最新发展还包括隐喻的概念层面、话语隐喻、刻意隐喻等重要问题，以及认知隐喻理论的可靠性和有效性等（Steen 2014）。

直到概念隐喻理论提出之前，隐喻一直被看作是语言使用中的修辞手段。概念隐喻理论（又称"当代隐喻理论"）认为，表达隐喻的形式包括语言符号和其他模态的符号（如图像、声音等），这些形式的隐喻都植根于概念系统的跨认知域映射。因而，隐喻的本质从"语言使用"转变为"语言使用和思维方式"。随着隐喻研究的不断发展，研究者发现概念隐喻观忽略了隐喻使用的交际意图和功能，人们使用隐喻思考、向他人解释、组织话语，隐喻选择不仅揭示了交际者的概念化结果，而且揭示了他们的态度和价值观，进而成为身份建构的策略。由此，对隐喻的认识应从"语言使用和思维方式"转变为"语言使用、思维方式和交际功能"，即隐喻的三个层面模式——语言、思维和交际，又称"新当代隐喻理论"（Steen 2011）。具体说来，隐喻是语言形式（含手势）、概念结构和交际功能三个方面的跨域映射（Herrmann & Berber Sardinha 2015：8）。

2.2　隐喻的语言层面

2.2.1　隐喻的话语动态观

概念隐喻理论强调"自上而下"（从概念隐喻到语言隐喻），即概念隐喻影响和制约人们的语言使用。隐喻的话语动态理论（the discourse dynamics framework for metaphor）（Cameron & Maslen 2010）遵循"自下而上"的原则（从语言隐喻到概念隐喻），认为系统隐喻从大量使用的语言隐喻中涌现出来。Cameron（2007）用"贝壳比喻"（"大海"是话语，"贝壳"是隐喻）形象地说明了概念隐喻理论和隐喻的话语动态理论在研究路径上的区别。前者收集冲上沙滩的贝壳放到实验室里研究，而后者研究自然生态环境大海中的贝壳。

隐喻的话语动态框架源自复杂系统理论的启发。复杂系统理论认为，世界上所有事物都自成复杂系统，每个复杂系统包括多种元素，这些元素相互作用形成各种联系或纽带。话语是不断变化着的复杂动态系统，包括语言使用、意义、语境这些元素。从话语系统内部来看，交际者的话语活动是复杂的语言系统、认知系统、物理系统等多个子系统相互作用的结果；从话语系统外部来看，交际者的局部话语活动与更宏观的环境、社会、文化网络紧密相关。随着交际者不停地"贡献"自己的话语和思想，话语动态系统也在发展、调适中。交际者使用隐喻是对话语系统发展的"贡献"，或者说隐喻是话语动态系统运动轨迹上间或出现的"信号灯"。这些语言隐喻互相联系，在话语动态系统中形成了相对稳定的行为模式，即系统隐喻。

基于隐喻的话语动态理论，隐喻分析首先要寻找语言使用中的隐喻，即识别隐喻载体词（语言隐喻）；随后，把那些基本意义有语义联系的隐喻载体词、或基本意义属于同一语义场的隐喻载体词归为同一载体群（vehicle group），并命名载体群即获得载体群名称（vehicle group label）；最后再识别并命名载体群的语境意义（隐喻意义）即获得话题（topic），根据载体群名称和话题，建构系统隐喻。由此，在话语事件中语义关联的词语用于指称相同的话题所形成的一系列语言隐喻就是系统隐喻（systematic metaphor）（Cameron & Maslen 2010：128）。零散分布的微观的语言隐喻只能表明交际者即时的、偶然的思维方式，而话语中提取的较宏观的系统隐喻"揭示了交际者大脑当前活跃着的定势思维、价值观念"（Cameron & Maslen 2010：117）。

2.2.2　隐喻研究的语料库方法

概念隐喻的批评者认为，概念隐喻的证据主要是语言证据，研究者多使用凭直觉编造的、脱离语境的例子，较少使用自然发生的真实语料。如前所述，第二代学者在 20 世纪末开始使用语料库方法（Chartersi-Black 2004；Deignan 2005）。语料库方法遵循"自下而上"的原则（从语言隐喻到概念隐喻），以真实的语言数据为研究对象，提供"被发现的数据"（如频数），并获得语言使用的相对频率，对大量的语言事实进行系统分析寻找语言使用的规律，为形成概念隐喻假设提供更可靠的基础。认知语言学与语料库方法结合的基础是两者都强调"以用法为基础"（usage-based），频数指示语法的固化程度，搭配说明语义的共现性。

基于语料库方法的隐喻研究的主要步骤为：在语料库中检索词语；在索引行中识别检索词是否为语言隐喻，或者识别与检索词相关的语言隐喻；统计隐喻词目、隐喻类符、隐喻形符、源域使用等的频率和隐喻类形符比，以及隐喻词语的词性、语法位置、搭配词等相关信息（Stefanowitsch & Gries 2006；Cameron & Maslen 2010；Kimmel 2012；王治敏、俞士汶 2007）；揭示隐喻使用者的系统性行为和态度，实现定性和定量相结合的隐喻研究。例如，Semino et al.（2018）先分析小规模样本语料，获得源域词语后在整个语料库中检索这些词语并进行隐喻识别。Chung（2008）为考察英语、汉语和马来西亚语如何隐喻建构概念［市场］，先在三种语言的语料库中分别检索"market""市场"和"pasaran"，然后从检索结果中各提取 500 个索引行，识别与检索词相关的语言隐喻，根据语言隐喻的意义标注源域。Skorczynska 和 Ahrens（2015）在语料库中检索隐喻标志词（signals），以发现这些词附近可能出现的隐喻。语料库语言学概念语义倾向和语义韵在隐喻研究中也获得关注（O'Halloran 2007；Oster 2010）。

此外，使用语料库方法用于验证概念隐喻理论的主要论点，研究隐喻的认知性、体验性、概念性和普遍性。例如，Stefanowitsch（2005）和 Sanford（2008）以隐喻如何指称和理解复杂的抽象概念为基础考察隐喻的认知性，在语料库中提取隐喻结构的搭配词，观察隐喻使用的频率与指称事物的抽象性之间的关系。Stefanowitsch（2007）从概念域的系统映射角度探索隐喻的概念性，认为源域映射至目标域的特征体现为源域词语和目标域词语共同的搭配词,这也是意义建构中理解隐喻的基础。Hanks (2006)把源域与目标域共享的语义特征作为隐喻度(metaphoricity)的标准,它们共享的特征越少则隐喻度越强。又如,在通用语料库中考察了某个抽象概念的隐喻建构,如[恐惧]和[时间](Oster 2010;裴霜霜、周榕2012);分析了概念隐喻在语言使用中的证据,描述以政治、科技、商务等为主题的话语中的隐喻使用(Arhens 2009; Semino *et al.* 2018;狄艳华、杨忠 2010)。此外,还考察了概念隐喻理论相对忽视的社会语境因素和交际功能(如 Charteris-Black 2004; Low *et al.* 2010;吴丹苹、庞继贤 2011)。隐喻的对比研究主要包括:比较某个词语在专门语料和通用语料中隐喻使用的概率;对比不同话语类型中隐喻使用的异同;对比两种或多种语言的语料隐喻使用,以说明隐喻使用是否具有普遍性和文化特殊性(Deignan 2005; Berber Sardinha 2011;黄秋林、吴本虎 2009;张蕾、苗兴伟2012;张玮 2012)。

2.3　隐喻的思维层面

2.3.1　隐喻映射的基础

概念隐喻理论的哲学基础源自认知语言学的核心思想——经验现实主义(experiential realism),认为人脑中的现实是"投射的现实"(projected reality),即人们对现实的识解、感知首先来源于身体经验,也包括人们的社会和文化经验。例如,人体为理解很多概念提供了经验基础,意象图式是"空间关系和空间运动的相似的动态表征"(Gibbs & Colston 1995:349),因而是直接有意义的前概念结构、高度抽象的格式塔结构,体现了与经验的相似性,如[容器图式](CONTAINMENT SCHEMA)。

隐喻以人体的经验所产生的结构为理据,使人们能用直接的空间经验理解更抽象的经验。例如,上下图式(up-down schema)的身体经验基础是人体的特征及人体直接参与的运动,可隐喻映射至许多抽象领域,如[地位高是向上的](HIGH STATUS IS UP),这是基于意象图式(image schema)空间经验的空间隐喻(spatial metaphor)。又如,路径图式(path schema)反映了人们在客观世界里运动的经验和对其他事物移动的感知;

力图式(force schema)表明了人们无时无刻不在感受力的作用,如地球引力、人体内部的力、风产生的力等。两者是[运动]隐喻的体验基础,即[有意图的行为是有目的的运动](PURPOSIVE ACTION IS GOAL-DIRECTED MOTION)(Dancygier & Sweetser 2014:44－45)。

2.3.2　隐喻映射的框架

意象图式反映了直接的空间经验,是抽象度(schematicity)最高的心理表征。根据抽象程度的高低,心理表征形式依次为意象图式、认知域、框架和心理空间(Kövecses 2017)。相对最具体的心理空间指"人们在进行思考、交谈时为了达到局部理解与行动之目的而构建的概念包(conceptual package)"(Fauconnier 1998:252),因而是工作记忆中对经验的在线表征。认知域(conceptual domain)和框架(frame)是长期记忆中的规约性知识结构。

认知域又叫认知模型(cognitive model),是某个社会文化中个人或者集体关于某个领域的知识在大脑表征的集合,"指描写一个语义结构时所涉及的概念领域"(Langacker 1987:488)。当一个认知域的概念性结构部分地投射到另一个认知域上,便产生了隐喻映射(metaphoric mapping)。换句话说,隐喻映射是"两个认知域之间的单向关系,在两个认知域结构的具体成分之间建立了联系"(Dancygier & Sweetser 2014:14)。两个认知域之间的映射即为用源域(source domain)来感知目标域(target domain)的过程,常用以下小型大写字母公式表达:TARGET DOMAIN IS SOURCE DOMAIN,如[人生是旅程](LIFE IS A JOURNEY)、[思想是食物](IDEAS ARE FOOD)。

意象图式(如[容器])是认知域(如[人体])的基础,而认知域[人体]又以更具体的框架[感知]、[消化]、[锻炼]等而扩展。概念隐喻的源域和目标域以框架的形式出现,其映射关系如下页图2.1所示。

美国语言学家 Charles J. Fillmore 在 20 世纪 70 年代末提出的框架语义学(Frame Semantics)提供了一种理解和描写词项意义及语法句式的方法。框架是基于经验的说话人世界的概念化和图式化结果,包括语义角色或框架元素、参与者和其他概念角色,用于描绘情景、物体或事件的特征,提供语义存在的背景知识和理据。框架所表征的概念之间相互关联,提及任何一个概念都会激活所有其他概念,形成了概念或框架体系。

框架网(FrameNet)基于框架语义学而建,是包含意义与形式映射信

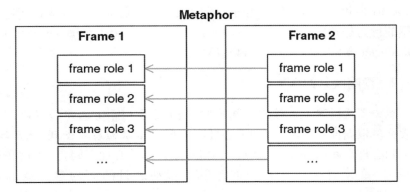

图 2.1　隐喻映射

息的知识库。该库包括 1 200 个语义框架,如表征较概括性体验的框架
[运动]和[垂直性],较具体体验的框架[疾病],以及较抽象的、以文化为
基础的框架如[贫困]和[腐败]。每个框架包括角色及其关系、激活框架
的词汇单元、框架推理、与其他框架之间的联系、框架家庭等信息。框架
网的语义关系主要体现为框架与词汇之间、框架与框架之间、框架元素与
框架元素之间的对应关系。框架之间的关系"主要依赖于框架中的框架
元素之间的对应关系进行划定,关系类型有继承关系、透视关系、总分关
系、先后关系、起始关系、致使关系、使用关系和参照关系"(田光明、刘艳
玲 2008)。"低依赖性或高概括性的框架称为上位框架",反之为下位框
架;上位框架的框架元素被下位框架继承或者具体化,此类关系为继承关
系;"在框架的层级体系中,使用关系表现为具体框架与抽象框架之间具
有使用上的联系,是对抽象框架从某个角度的透视而形成的具体框架"
(田光明、刘艳玲 2008)。

　　例如,框架[贸易]在框架网的定义是"买卖双方就资金和物品的交换
达成一致,使用各种付款或金融方式完成交换",相关词汇单元有
commerce、goods、price、merchandise、supply side 等。如图 2.2 所示,该框
架的核心角色包括"买方""卖方""资金""物品",非核心角色包括"方
式""手段""目的""衡量单位""单位价格"。该框架与[商务]是使用关
系,其次框架是[拥有商业协议]、[贸易交换],它们又分别继承了框架
[达成协议]、[互惠性]。

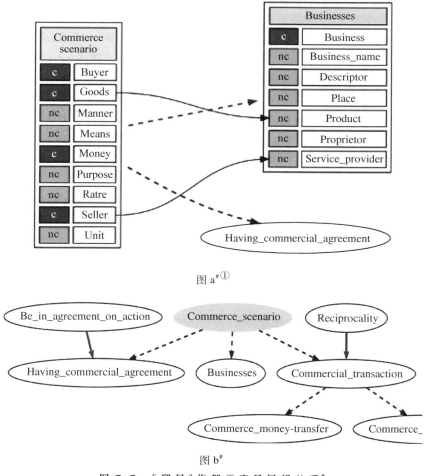

图 a#①

图 b#

图 2.2 ［贸易］框架元素及层级关系#

2.3.3 隐喻映射的内容

概念隐喻的源域和目标域之间的关系是具体与抽象的关系。一般来说，人们常以对客观实体的感知、较具体的物体和物质来体验较抽象的事件、活动、感情、想法等，把一些特性、事件或情境看作是可移动的物体，可

---

① 如1.3节所述，本研究部分截图取自 FrameNet 和 MetaWiki 网站，由于原图多为层级网状图，面积较大，本研究只截取相关部分，造成了部分图中存在多余的断点、断线或残缺等，无须补全。特此说明。

以被人所获得、占有、转赠或丢弃,即实体隐喻(ontological metaphor),也称为物体事件结构隐喻(object event structure metaphor 或 object ESM)(Dancygier & Sweetser 2014: 48)。这种隐喻体现了客体化(objectification),旨在描述说话人如何心理上操纵抽象事物,以及人们与实体的互动作用。物体事件结构隐喻将事件看作可以获得的移动物体,与之相联系的是方位事件结构隐喻(location event structure metaphor),将事件看作交际离开或到达的、固定方位,两者共同组成了事件结构隐喻解释,即如何隐喻地概念化关系或事件,以物理概念如方位、力、移动去隐喻化地理解事件的状态、变化、原因、行为、目的等(Dancygier & Sweetser 2014: 48)。

源域多为具体的认知域如[人体]、[健康与疾病]、[动物]、[机器与工具]、[建筑与房屋]、[植物]、[游戏与运动]、[烹饪与食物]、[经济交易]、[自然力量]、[光明与黑暗]、[热与冷]、[运动与方向]等;而目标域多为个人经验、心理状态和事件以及社会行为与过程等抽象的认知域,如[情感]、[欲望]、[道德]、[思想]、[社会]、[宗教]、[政治]、[经济]、[人际关系]、[交际]、[事件与行为]、[时间]、[生命与死亡](Kövecses 2010: 28)。

然而,具体性和抽象性是相对概念而非绝对概念。源域不一定具体且目标域不一定抽象,如句[1]至[4]的基本隐喻(primary metaphor),这类隐喻是基于现实世界中身体经验和主观判断之间的共现。源域是直接的感觉和知觉经验如[近距离],目标域是对感知觉的主观回应即判断、评估、评价和推理如[相似性]。两者区别的实质是两者的心理可及性的强弱。距离的远近不仅更直观,而且不同主体对于距离的衡量具有相对一致的标准,更容易形成一致的评估结果,不同主体对于目标域[相似性]的评价标准可能相差较大,不容易分享或达成一致的评估结果。因而,源域[近距离]比目标域[相似性]更具体、更容易达成心理可及性。

[1] [相似性是近距离] That color is quite close to the one on our dining-room wall.
[2] [重要性是体积] We've got a big week coming up at work.
[3] [原因是力] Vanity drove me to have the operation.
[4] [欲望是饥饿] We're hungry for a victory.

从源域到目标域的映射遵循恒定原则(the invariance principle),即源域的意象图式结构以与目标域的内部结构相一致的方式投射到目标域

（Lakoff 1993：245）。概念映射模式（the conceptual mapping model）通过分析源域和目标域之间的语言对应进一步说明了形成"源域-目标域"映射的原则（Ahrens 2010）。该模式认为，映射内容体现在如下三个问题：源域所含的哪些实体映射至目标域；源域或源域里的实体所含的哪些特征映射至目标域；源域的哪些行为或与源域相关的哪些行为映射至目标域。该模式提出了确立隐喻映射原则的实证原型假设，若源域中某个隐喻载体词的形符数大于10并且超过该源域所有形符数的30%，则该隐喻载体词所反映的实体、特征或行为是映射原则的基础（Gong，Ahrens & Huang 2008）。例如，以概念隐喻［思想是建筑］为例，若源域中的隐喻载体词 structure 符合上述标准，则将映射原则表述为"思想理解为建筑是因为建筑是具体的结构而思想是抽象的结构"。因而，目标域只会选择那些产生独特映射原则的源域，同一源域映射至不同目标域时，选择了源域的不同方面。此外，"从源域到目标域的映射不仅是实体、性质和关系的映射，而且是关于两个认知域结构内的原因、结果以及其他方面的推理。交际者视角影响推理结构，因而关于源域的视角会影响到哪些内容会被投射到目标域中"（Dancygier & Sweetser 2014：44–45）。

2.3.4　隐喻映射的构式

依据认知语言学"以用法为基础"（usage-based）的原则，即频数指示语法的固化程度，搭配说明语义的共现性。如第一章所述，语言表达激活概念隐喻的源域和目标域，分别称为源域词语和目标域词语。源域词语就是语言隐喻，那么源域词语和目标域词语习惯性地共现而组合成的连续性或非连续性的 N 元组或多词序列称为隐喻语块（metaphorical chunk/pairing）（Sun *et al.* 2018），如 supply chain、"现金流"。隐喻语块并非一定是惯用语或固定词组，语义透明或可预测的词语组合只要频数高也是语块。提取隐喻语块不仅基于人工观察，也依靠语块的频数、组成语块的词语之间的搭配强度，详见第九章。

隐喻语块中词语与词语的搭配关系也体现在词语与语法的共选性和组合性，即隐喻语块通常以某种惯常的构式表达。一般认为，构式是形式和意义的配对（Goldberg 2006：5），本研究的隐喻构式表征隐喻语块的组成成分之间的语法关系以及隐喻映射关系，如 revolving credit 的构式为 S-adj_mod_T-noun 或 A（Source）-NP（Target），即形容词性源域词语和名词性目标域词语构成的语块。Dodge（2016）根据词性、语法位置、源域或目标域成分解析出 13 种隐喻构式，如 T-subj_S-verb、T-noun_mod_S-noun

等,如表 2.1 所示。Lederer(2019)根据词性、源域或目标域成分又归纳出 10 种互相对应的隐喻构式,如 N(Source)-N(Target)与 N(Target)-N(Source)、NP(Source)-of-NP(Target)与 NP(Target)-of-NP(Source)、A(Target)-NP(Source)与 A(Source)-NP(Target)、V(Source)-NP(Target)与 V(Target)-NP(Source)、X is Y(Target is Source)与 X is Y(Source is Target)。

表 2.1 隐喻构式(Dodge 2016)

隐 喻 构 式	例 证
T-subj_S-verb	poverty infects
T-subj_S-verb-conj	poverty infects and maims
T-subj-conj_S-verb	homelessness and poverty infect
S-verb_T-dobj	escape poverty
S-verb_T-dobj-conj	escape despair and poverty
S-verb_prep_T-noun	slide into poverty/pull up out of poverty
S-noun_of_T-noun	trap of poverty
T-noun_poss_S-noun	poverty's undertow
S-noun_prep_T-noun	path to poverty
T-noun_mod_S-noun	poverty trap
S-adj_mod_T-noun	burdensome poverty
T-noun_cop_S-noun-adj	poverty is a disease/poverty is burdensome

隐喻构式能表明激活源域和目标域的构式成分,并将隐喻词语与相应的框架和概念隐喻联系起来。在构式合成过程中,构成的成分激活框架,框架又分别激活隐喻源域和目标域。例如,图 2.3 句中的源域词语 alleviate 和目标域词语 poverty 形成了构式 S-verb_T-dobj,构式中的动词 alleviate 激活了框架[治疗身体痛苦],构式中的名词 poverty 激活了框架[解决贫困],两个框架形成了概念隐喻[解决贫困是治疗身体痛苦]。

隐喻构式的成分体现了概念自主(conceptual autonomy)和概念依存(conceptual dependence)(Sullivan 2016)。概念自主和依存源自动词和论元之间的语义不对称性(Langacker 2008),如及物构式中动词的意义更依靠构式中的名词,起到激活框架的作用,即动词和形容词一样往往不具有

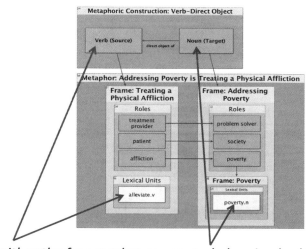

neither the free market nor central planning had been able to
alleviate *unemployment and* ***poverty*** *(BNC:HKT)*

图 2.3　隐喻构式（Stickles，Dodge & Hong 2014）

自身概念的语义明示，其语义成分需借助其他成分补足，属于概念依存成分。名词在及物构式中表征填充框架角色（如施事者和受事者）的指称对象，具有自身概念的语义明示，不预设其他成分存在，即表示实体和关系的名词往往是概念自主成分。在隐喻构式中，概念自主成分通常激活目标域，概念依存成分通常激活源域。例如，Lederer（2019）指出，"定语性形容词/动词/名词+名词"构式中，前者是概念依存成分的源域词语，后者是概念自主成分的目标域词语，如 blood-stained wealth、cure their debt、bubble economy；"领属性形容词/名词+名词"构式中，前者是概念自主成分的目标域词语，后者是概念依存成分的源域词语，如 economic flow、market bubble。因而，隐喻构式决定了哪些词语可能为隐喻，哪些词语指示隐喻映射关系，说明了源域角色和目标域角色之间的联系以及二者与构式成分的联系。从某种程度上说，隐喻是可预测的。

2.3.5　隐喻映射的级联关系

　　源域和目标域之间的关系是具体与抽象的关系，概念隐喻与概念隐喻之间呈现多种联系，尤其是级联关系。隐喻构式的成分（词语）激活框架,框架又分别激活隐喻源域和目标域,继而激活隐喻级联结构,如图 2.4 所示。

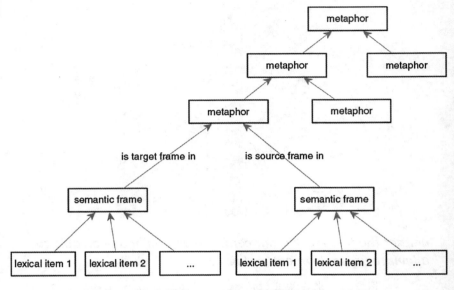

图 2.4　隐喻级联(David，Lakoff & Stickles 2016)

　　第一代认知语言学家(如 Gibbs 2011)坚持认为有足够的证据表明概念隐喻确实影响言语隐喻的在线处理。Lakoff(2009)依据当代神经科学的神经元连通论和模拟论提出了隐喻的神经理论(Neural Theory of Metaphor),认为主观经验和感觉运动经验的并存连接同时激活了对应神经元的连通,导致从源域到目标域的激活,解释了基本隐喻是如何被习得以及隐喻推理的神经机制(王寅 2006)。近期他们在概念映射理论、神经理论的基础上,又提出了隐喻的级联理论(Cascade Theory of Metaphor, David，Lakoff & Stickles 2016),同样解释隐喻理解的机制及关系。隐喻的级联理论将计算隐喻分析和提取系统应用至基于语料库的隐喻识别过程中,其创新性体现在隐喻分析中引入级联的概念。级联的概念以框架语义学和概念隐喻为基础,即框架是相互动态联系的角色组合,而隐喻是认知域内的框架之间的映射。隐喻级联(metaphor cascades)指预先存在的概念包,内含以层级秩序组织的意象图式、框架和基本普遍隐喻。

　　该理论的级联概念基于语言的神经理论,认为复杂神经回路(complex neural circuit)负责最基本的体验概念,并成为其他概念的基础。级联回路(cascade circuit)集合不同脑区的思维和语言的回路,回路中重要的部分是基本意象模式,还包括意象图式、概念整合和隐喻映射。语言使用中必然激活与身体直接联系的神经回路(neural circuit)中的信息,如运动、感知、情感和思维等信息,语言理解或产出时会产生心理模拟,必定激活特定的级联,激活语言使用背后的级联则默认激活结构的每个节点,包括同级、中层和高层回路,使得说话人进一步思维,推理出语言外的内容。这也说明了隐喻不仅是语言使用,而且是复杂的概念映射网络。由于心理模拟在后台认知的活跃性,一旦激活级联,再处理类似语言使用时便可直接获得级联。

该理论还认为,级联结构呈现层级性网络结构,具有依存和继承关系。这源自语义学、构式语法和隐喻理论的层级和分层理念,其基本观点为知识网络组构了语义、思维、情感和社会文化语境,尤其是体验构式语法将框架解构成基于意象图式的格式塔,并与语言形式联系起来。由于级联的横向关系和纵向关系,激活级联,不仅激活高层结构,而且激活同级或中间层面结构;激活最具体层面的事物,就会默认地激活整个层级结构中的每个节点。级联存在于框架网络中,当然也存在于隐喻映射的源域和目标域中。该理论认为,级联路径以层级的形式预先绑定了基本隐喻和一般隐喻,当分析具体的语言表达时,同样的推理和映射可以被再使用。

级联效应(cascade effect)又称继承关系(inheritance)(Dancygier & Sweetser 2014:43, 57),表现在两方面:低层隐喻(更具体的映射 LIFE IS A JOURNEY)是高层隐喻(更抽象的映射 PURPOSEFUL ACTION IS MOTION)的子例(subcase),前者继承了后者的映射结构,前者以后者为基础展开并增加更多具体的细节信息;一个低层隐喻(BE IN LOW SPIRITS IS BE IN A TRAP)可以继承多个高层隐喻的结构(STATES ARE CONTAINERS;GOOD IS UP),又称为复杂映射(complex mappings)。除了继承性关系,隐喻映射之间还存在组合性关系,形成了组合型复杂隐喻(compositionally complex metaphor)(Dancygier & Sweetser 2014:48)。

2.3.6　隐喻映射的家庭关系

概念隐喻与概念隐喻之间由于共享源域或目标域,组成了隐喻家庭(metaphor family),主要为"合作""竞争"和"相互联系"隐喻家庭(Morgan 2008:483)。如表 2.2 所示,"合作隐喻家庭"的基本框架图式(frame-schema)为"两个(含)以上的参与者自愿为达成共同目标而采取统一行动"(Morgan 2008:499-500)。

表 2.2　合作隐喻家庭

框架图式	合作,一起工作;P→P→G(P:参与者;G:目标)
预设	一般只有一个目标;所有合作者都能实现目标
蕴涵	在实现目标过程中集体的力量大于部分的力量之和
源域语言	together、cooperate、collaborate 等
现实世界原型	家庭
核心成员	家庭、朋友、伙伴、工作同事、运动队、社区、动物群等
识解成员	商业、政府、婚姻、犯罪组织、意识形态组织等

　　该家庭的核心成员(core members)为[家庭]、[朋友]、[伙伴]、[工作同事]、[运动队]、[军队]、[社区]、[动物群]等认知域,并且可互为源域和目标域,如[家庭是运动队]、[运动队是家庭]等。基本框架图式和核心成员通常用来理解和概念化隐喻家庭的边缘成员——识解成员(construal members),如[商业]、[政府]、[婚姻]、[犯罪组织]、[意识形态组织]等认知域。根据优先识解原则(the Principle of Prior Construal)(Morgan 2008:496),识解成员或目标域(如[商业])必须先以“家庭”的整体概念(“合作”)来理解,再以“家庭”的具体核心成员(如[朋友])为源域来完成隐喻建构。

　　其次,“竞争隐喻家庭”的基本框架图式为“两个或多个对手为获取一个目标而进行的外部斗争,通常只有一个对手会获得胜利”(Morgan 2008:489),其预设、蕴涵等详见表2.3。例如,[商业]是“竞争隐喻家庭”的识解成员。商业竞争表现在企业之间为树立各自品牌而采取的各种行为。该家庭的核心成员包括[战争]、[运动]、[游戏]等。

表 2.3　竞争隐喻家庭

框架图式	竞争:我们与他们;P→G←P(P:参与者;G:目标)
预设	一般只有一个目标、两个竞争者,只有其中之一能达成目标
蕴涵	一个竞争者在达成目标中比另一个更有实力
源域语言	win、lose、defeat 等
现实世界原型	赤手搏击
核心成员	赤手搏击、战争、运动、竞赛、游戏、打猎等
识解成员	商业、政治、婚姻、爱情、辩论、生活等

如图2.5所示,以[战争]认知域和[商业]认知域之间的映射为例,参与者分别为"敌我双方"和"自身企业与其他企业",目标分别为"打败对方占领阵地"和"赢得市场更大份额及盈利",方式分别为"战略战术"和"品牌营销策略"。

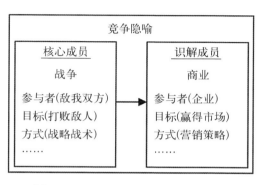

图2.5 [商业是竞争]隐喻映射

再次,如表2.4和2.5所示,[相互联系/系统](INTERCONNECTION/SYSTEMS)隐喻家庭包括[静态相互联系](STATIC INTERCONNECTION/SYSTEMS)和[动态相互联系](DYNAMIC INTERCONNECTION/SYSTEMS)两个子家庭,前者以一个实体的整体或内部结构概念化另一个实体的整体或内部结构,后者以一个实体活动或运行概念化另一个实体的活动或运行(Morgan 2008:503-508)。该家庭的核心成员是[生物体](ORGANISM/LIVING ORGANISM/BIOLOGICAL ENTITY)、[人造物体]、[自然物体],前者又包括[人类]、[动物]和[植物],它们是"存在之链"(Great Chain of Being)上的三级概念实体(conceptual entity),分别代表高层次特征与行为、如思想、本能的特征与行为和生物性特征与行为(Lakoff & Turner 1989:167)。其中最丰富的、最具生产力的核心成员是[生物体],尤其是[人类],因为人们需要以自己的身体经验去概念化抽象事物。这些核心成员用于认知的识解成员包括[社会组织]、[抽象事物]和[心理构成]等。

表2.4 [静态相互联系]隐喻家庭

一个或多个实体框架图式	突显特征触发的整体与整体的相似性; 相互依赖的参与者群组的部分与整体结构

源域语言	the *king* of beasts；the *foundation* of theories；she's an *iceberg*
核心成员	生物体(特殊例子：人、动物、植物) 人造物体(特殊例子：建筑、纺织物、机器) 自然物体(特殊例子：天气、宝石、地形特征)
识解成员	社会组织：国家、社会、政府、商务等 抽象事物：计划、理论、信仰、话语、事实等 心理构成：思想、心理、自我 其他可触知事物

表 2.5　[动态相互联系]隐喻家庭

一个或多个实体 框架图式	功能性：能行动与否、生命力 延续性、阶段性 建构和解构过程
源域语言	*birth* of a nation；*build* a nation；*twilight* of USSR；*collapse* of theory
核心成员	生物体：生命阶段、生命力、生殖/亲属(人、动物、植物) 人造物体：功能性(特殊例子：建筑、纺织物、机器) 自然物体：时间段、动态性(特殊例子：天气、河流、地形特征)
识解成员	社会组织：国家、社会、政府、商务等 抽象事物：计划、理论、信仰、话语、事实等 心理构成：思想、心理、自我 其他可触知事物

2.4　隐喻的交际层面

2.4.1　隐喻的交际性

从语言层面来看,人们使用隐喻复制和传递信息。从思维层面来看,人们将隐喻认知储存在大脑中形成概念隐喻。从交际层面来看,一方面,隐喻类似谚语或格言一样植入于文化知识库并存在多年,成为传播的载体;另一方面,在发生新事件时隐喻会被激活,在新的交际生态位(communication niche)中传播、竞争、变异和进化,从而适应、占据并建构该交际生态位,这个过程在进化生物学中被称为"生态位建构"(niche construction)。

在交际中人们发现能以具体、熟悉的概念认知抽象、复杂或新颖的概念,这种认知方式像强大的基因一样在人群中迅速传播,由于其适应性很强,变成重要的交际工具(Musolff 2010)。隐喻具备模因的特征,即复制、储存和传播信息的工具。隐喻模因(metaphor meme)是储存在大脑中的复制因子,以语言或其他模态复制隐喻思维(用一概念域认知另一概念域的思维方式),并在交际语境中传播、进化。基于这种观点,近年形成了隐喻的生态进化理论(Eco-evolutionary Theory of Metaphor)(Domínguez 2016)。在语言进化论的基础上,该理论认为隐喻是强大的模因,不仅是信息的有效储存方式,而且是传播知识和文化的工具。

当前,隐喻已经成为应用语言学、社会科学、人文科学领域研究工具之一(Cameron & Maslen 2010)。隐喻研究的社会转向体现在对隐喻话语的语境与文化的分析上,即隐喻研究不再局限于语言和思维层面,而是愈来愈关注社会文化语境对于隐喻使用的影响、隐喻与身份建构及意识形态的关系(Duffy 2014),还考察语境因素如话题、交际目的、性别、政治立场、文化因素如何影响隐喻的选择,即从文化角度出发对隐喻的普遍性和变异性进行研究,揭示隐喻思维如何与文化和社会理解相关联。

隐喻研究的社会转向还体现在研究隐喻的效果和目的,揭示隐喻的评价或态度意义。隐喻传递的不是目标与载体之间的相似性而是评价意义(Waldron 1967),人们像使用形容词 good 和 bad 一样使用隐喻来做出积极和消极的评价(Glucksberg, Gildea & Bookin, 1982:96),从而形成了传递态度或情感的隐喻、表达价值观念或思想意识的隐喻(Charteris-Black 2014;Velasco-Sacristán 2010)。尽管概念隐喻理论多强调隐喻的认知性,但也表明了隐喻最重要的力量来源是它的评价力。概念隐喻通过"携带评价源域事物的方式,并传递所选择的映射"而实现评价(Lakoff & Turner 1989:65)。Deignan(2010)总结了概念隐喻实现评价的四种机制:使用隐喻产生蕴涵而提供对情景或事件的某种解释;使用概念映射相同但评价偏向不同的隐喻脚本;策略性地选择对使用者有重要性的源域;利用源域词语的涵义映射至目标域等。隐喻的评价意义服务于其说服功能,交际者若赞同评价意义就会被说服,反之亦然。隐喻的评价或态度意义指目标域词语、源域词语与共现语境通过语义融合共同构筑的态度意义,形成了概念隐喻在某种话语类型中的语域韵。在评价系统里,隐喻是表达态度的间接方式,"引发"交际者的态度促使他们做出某种反应,隐喻也是级差系统中"强化"和"量化"的手段(Martin & White 2005:64,147,152)。

隐喻是一种实现话语策略的手段,即隐喻如何指称相关的社会行为者、物体、现象、事件、过程和行为,隐喻赋予了相关物体、现象、事件、过程和行为何种特征等。话语策略指"有意图地使用话语实践去实现社会、政治、心理或语言目的的行为",包括指称或命名策略(referential/nomination strategy)、断言策略(predication strategy)、论证策略(argumentation strategy)、视角化策略(perspectivization strategy)(Wodak 2009)。使用指称策略和断言策略是隐性地进行"情感压制"(emotive coercion),即"有意地影响听话人的信念、情感、行为以符合说话人的利益"(Hart 2010:63)。

2.4.2　隐喻的体裁观

隐喻研究正经历着社会转向(Harder 2010:1),意味着基于体裁的隐喻研究日益受到重视。隐喻和体裁都是重要的认知社会文化工具,有助于理解沟通的内容和方式(即我们所说的话、我们的做事方式)。如前所述,近年来第三代认知语言学学者主要探索体裁或语域中的隐喻使用。隐喻是体裁的区别性特征,话语目的、话语结构、话语参与者等语域或体裁因素会影响隐喻使用的词汇语法特征、隐喻密度、源域选择、交际功能等(孙亚、崔子璇 2020)。

本研究并非识别话语中的所有隐喻,而是识别与体裁的交际意图或主要概念相关的隐喻。体裁(话语类型)的专门隐喻(或话语隐喻)指在话语动态发展中涌现出的稳定的隐喻使用模式,其功能是建构话语主要内容和满足专门交际需求,即用于识解特定言语社团为实现交际意图相关概念的规约性隐喻(Sun *et al.* 2018)。语域或体裁在话题、语言特点、受众和产出环境等方面体现出一定的专门性,既是专家与专家之间又是专家与大众之间的交际,或使用独特的语法和"受限制的语言"即专业话语(specialized language)以满足技术性和科学性的交际需要,或使用大众化语言将技术性和科学性话题传播到更广泛的受众中即专家话语(specialist language)(Herrmann & Sardinha 2015:3,10)。

隐喻研究涉及较为宽泛的一般性体裁,如会话、小说、新闻报道、学术语篇(Steen 2010),以话题区分的一般性语域,如政治话语(Zeng, Tay & Arhens 2020)、教育话语(Wan & Low 2015)、商务话语(Herrera-Soler &

White 2012）等。隐喻研究也会聚焦具体语域，如商务话语中的广告（Forceville 2007）、商务报刊（Ho 2019）、商务采访（Ghafele 2004）、商务会议（Handford & Koester 2010）、商务教材（Alejo 2010）、企业使命宣言（Sun & Jiang 2014）、企业责任报告（Sun et al. 2018）等。

隐喻使用的频率和类型等因体裁而异，因而隐喻是体裁变异的内在要素（Deignan，Littlemore & Semino 2013：1）。例如，Steen（2010）比较了BNC 子语料库中的学术、新闻、小说和会话四类体裁中隐喻使用的频率、形式和功能方面的差异。就隐喻使用的频率而言，依次为学术（17.5%）、新闻（15.3%）、小说（10%）、会话（6.7%）；就词性而言，大部分隐喻词语是动词和介词，不同词性因体裁而异。Charteris-Black（2000）比较了通用体裁（通用语料库如 BNC）与具体体裁（《经济学人》期刊语料）在使用相同语言隐喻上的差异。比较分析常使用基于语料库的量化方法，比较项目包括隐喻词目、隐喻类符、隐喻形符、源域使用等的频率和隐喻词语的词性、语法位置、搭配词等（孙亚 2013）。通过比较和量化分析隐喻使用，探索隐喻使用与语域的情景语境的关系，通过确定隐喻的概念功能、人际功能和语篇功能，最终来揭示话语交际者的态度、情感、价值观念和意识形态（Goatly 2011：166）。

2.5 商务话语中的隐喻使用

根据麦肯锡 2019 中国报告①，中国自 2013 年以来一直是全球第一大贸易国，目前拥有 143 家《财富》世界 500 强上榜企业，拥有全球第一大银行系统、第二大股票市场、第三大债券市场。虽然中国作为全球性大国，拥有庞大的经济体量，但中国经济尚未全方位实现与世界融合。研究商务和经济活动中使用的语言必将为中国经济与世界经济的融合起到积极的作用。此外，商务和经济话语中存在大量的隐喻，使用隐喻解释商务和经济现象时更容易被大众理解。诸多经济学中的核心术语和经济模型的表述使用了隐喻（Henderson 1982；McCloskey 1983）。因而，本研究选择研究商务话语中的隐喻使用，商务话语的话题包括经济形势、市场情况、

---

① https://www.sohu.com/a/365151713_115124

金融知识等,受众或是经济学家、商务从业者、利益相关者等,商务话语的特点包括常使用被动语态、名物化、专门词汇等。

表2.6列出了商务话语中隐喻使用的部分目标域(体裁)和源域。商务话语中的隐喻研究的语料主要为商务报刊,少量研究涉及金融分析报告、企业社会责任报告、企业使命宣言等较专门性的商务话语。还涉及商务会议或谈判(Handford & Koester 2010)、商务采访(Ghafele 2004)和商务或经济类教材(Alejo 2010;Sznajder 2010)等。商务话语隐喻涉及常见的商务概念和经济现象等话题,主要为金融市场、贸易争端、经济增长(White 2003)、市场(Chung 2008)、企业并购(Koller 2002,2004,2005)、全球化(Eubanks 2005)、欧元与金融形势(Charteris-Black & Ennis 2001;Semino 2002;Charteris-Black & Musolff 2003)、经济形势(Fukuda 2009;谭业升、陈敏 2010)、经济危机(狄艳华、杨忠 2010)等。商务话语隐喻中常见的源域包括[生物体]、[机器]、[战争]、[容器]、[体育运动]、[路径与旅行]等,形成了概念隐喻如[经济是生物体]、[商业是战争]、[商业是旅行]、[市场是容器]、[公司是人]等。这些研究还通过多种语言对比强调商务话语中某些概念隐喻的普遍性,并说明这种普遍性反映了英美商务经济传统对世界各国的广泛影响。

表 2.6 商务话语隐喻的源域和目标域

研 究 者	目标域或体裁	源 域
Cai & Deignan (2019)	商务媒体:贸易争端、保护主义	[战争][移动][物理力/形状][液体移动][方向][游戏][火][植物][机器][人]
Ho (2019)	商务媒体:金融危机	[灾难]
Sun *et al.* (2018)	企业社会责任报告	[物体][战争][旅行][体育]
Joris,d'Haenens & Van Gorp (2018)	欧元危机	[战争][疾病]
Jaworska (2017)	旅行社网站宣传话语	[人体][颜色][味道][宗教]
Cheng & Ho (2017)	金融分析报告:金融市场活动	[力][扩大][收缩][植物][健康][人][受伤][机器][建筑][风][疾病][地震]
Negro (2016)	商务报刊:金融危机	[人][动物][植物][疾病][灾难][天气][有害物体]

研 究 者	目标域或体裁	源　域
O'Mara-Shimek, Guillén-Parra & Ortega-Larrea (2015)	商务报刊：股票市场崩溃	[身体冲突][身体健康][心理健康][灾难][机器][炸弹][气体][生物体][自然现象][建筑][容器][生命][旅行][体育]
Landtsheer (2015)	商务报刊：经济危机	[自然][机器][暴力与灾难][戏剧与体育][身体与疾病]
Sun & Jiang (2014)	企业使命宣言	[人][竞争][合作]
Chow (2014)	商务报刊：经济	[人体移动][关系]
Awab & Norazit (2013)	商务报刊：经济危机	[自然灾难][体育][医疗][战场][斜坡][辐射物]
Tomoni (2012)	银行文件	[战争][机器][建筑][液体]
Horner (2011)	商务报刊：经济支援计划	[人体][机器][灾难]
Rojo & Orts (2010)	商务报刊：经济危机	"存在之链"、路径图式、事件
Herrera Soler (2008)	商务媒体标题	[植物][战争][机器][健康][生命][旅行][体育]
Koller (2004)	商务报刊：企业并购	[体育][战争][婚配]
Boers (2000)	经济学	[机器][动物][植物][战争][健康][体育]
Boers & Demecheleer (1997)	西方经济话语	[旅行][健康][战争]

　　由于商务话语这种体裁的社会文化性，当前研究也较重视隐喻研究的"语境化共识"（contextualization commitment），考察商务话语中影响隐喻选择的因素和隐喻使用的功能。影响因素包括文化定势思维、性别歧视、话语主题与目的、话语受众、历史时期等各种非语言语境因素（如 Semino 2002；Skorczynska & Deignan 2006；谭业升、陈敏 2010 等）。就使用的功能而言，隐喻模式发挥了建构意识形态中的人际功能（如 Koller 2005；Chung 2008；Velasco-Sacristán 2010 等）。少量研究谈及隐喻的概念功能，即创造技术性词汇来指称和解释复杂的商务经济现象（如 Fukuda 2009；Bielenia-Grajewska 2009）。

从体裁上看,商务话语中的隐喻使用研究主要集中在非直接反映商务机构活动的话语,即商务报刊。从话题上看,近十年研究迎合国际经济形势主要聚焦经济危机。从源域上看,命名的精细度差异较大,如既有较概括性的[移动]、[物体]、[自然现象],也有较具体的[液体移动]、[人体移动]、[辐射物]、[灾难]等。本研究拟建设直接反映商务机构活动的语料库,如年度报告、商务合同、企业使命宣言等,拟确定源域标注的精细度较一致的标准,揭示商务话语中的专门隐喻。

2.6 小   结

本章主要回顾隐喻研究的现状与趋势,包括热点话题、研究方法及近年的走向,再从隐喻的语言、思维和交际三个平面综述了相关研究。例如,隐喻的话语动态观遵循"自上而下"的原则从语言隐喻中发现隐喻使用模式,隐喻映射涉及了多种关系如级联关系、家庭关系,隐喻的社会转向体现在研究某种体裁中的隐喻使用及其交际功能、评价意义等。这些均为本研究提供了相应的理论基础和研究方法。下一章介绍研究设计。

研究设计

3.1 引　言

本章介绍研究设计,首先描述研究语料和参照语料的详细信息,再说明本研究中处理英汉语料的各种软件、工具及在线资源,如用于语料分析的 Wmatrix、Antconc、NLPIR-ICTCLAS、Sketch Engine 等,用于隐喻识别的 MIVPU,用于隐喻分析的 FrameNet、METALUDE、MetaNet MetaphorWiki 等。最后,详细介绍了在语言、思维和交际三个层面的研究过程。

3.2 研 究 语 料

由于受到语料收集手段的限制,本研究自建的商务话语语料库的来源是商务从业者或相关部门发布的信息。如表 3.1 所示，英语子库的形符总量为 3 064 010 个，汉语子库经分词后的形符总量为 2 247 934 个。尽管英汉语料规模不够均衡，但使用统计方法能解决此问题。

表 3.1　研究语料规模

	英　　语	汉　　语
经济学术子库	429 877	370 492
商务合同子库	502 147	322 835
商务演讲子库	517 339	279 051
企业年报子库	516 238	488 625
社会责任报告子库	538 507	501 989
投资报告子库	559 902	284 942
合计	3 064 010	2 247 934

研究语料库主要包括六个子库，从专门性（话题、语言特点、受众和产出环境）上来看，有些是专门性较高的话语，如经济学期刊论文、商务法律合同；有些是专门性较低的话语，如商务演讲、企业年报、社会责任报告、投资报告等。如下所示。

（1）经济学术子库：该库由经济学期刊论文构成，英汉论文分别选自社会科学引文索引来源期刊 *Journal of International Economics* 和中国社会科学引文索引来源期刊《世界经济》，这两本学术期刊在国际和国内经济学领域都享有盛誉，目标读者包括研究者、教授、专业人员、教师和研究生。就具体的研究焦点而言，两者都关注世界经济话题，后者更加关注中国经济及其与世界经济的互动。本研究选取 2014—2016 年间这两本期刊的论文的引言和结论部分建成语料库，其中英文论文语料库由 224 篇英文学术论文的引言和结论部分构成，形符总量为 429 877 个，汉语论文语料库由 243 篇汉语学术论文的引言和结论部分构成，经分词后形符总量 370 492 个。

（2）商务演讲子库：英文演讲语料库选自 2015—2016 年间美国财政部、商务部、美联储网站新闻中心发布的官员演讲，如时任代理财政部部长 Adam Szubin 在反洗钱执法会议上的演讲、时任商务部部长 Penny Pritzker 在数字经济咨询会上的演讲、时任美联储理事 Lael Brainard 在金融创新会议上的演讲等,共272篇,形符总量为517 339个。汉语演讲语料库选自2015—2016年间中国财政部、商务部新闻中心发布的官员演讲,如时任财政部部长楼继伟在联合国第三次发展筹资国际会议上的讲话、时任商务部副部长房爱卿在全国商贸物流工作现场经验交流会上的讲话、时任中国人民银行行长周小川在博鳌亚洲论坛年会上的发言等,共180篇,经分词后形符总量为279 051个。

（3）商务合同子库:本子库包括2015—2016年间的商务合同和法律文书,如买卖合同、贷款协议、债券受托管理协议、特许经营合同,涉及的中美企业如Tommy Hilfiger Licensing Inc.、Coca-Cola Co.、恒大地产集团、中国建设银行等。因该项文本有一定的商业秘密性,网上披露的数量有限,收集语料时故不考虑公司类型及特点。英文子库共50篇,形符总量为502 147个;汉语子库共50篇,经分词后形符总量为322 835个。

（4）企业年报子库:年度报告指公司向利益相关者披露的整个会计年度的财务报告及其他相关文件。该子库选自2017年世界500强企业排行榜的企业年报。世界500强企业排行榜以销售收入为依据进行排名,比较重视企业规模,一直是衡量全球大型公司的最著名、最权威的榜单。选择时按照榜单顺序各选中美企业10家,涉及金融、能源、汽车、制造、卫生、电信等行业,如中石油公司、中国建设银行、东风汽车、McKesson、Intel、Ford Motor等。英文子库共10篇,形符总量为516 238个;汉语子库共10篇,经分词后形符总量为488 625个。

（5）企业社会责任报告子库:企业社会责任报告是"企业非财务信息披露的重要载体,是企业与利益相关方沟通的重要桥梁"。其主要内容为"企业向利益相关方披露的下述信息:履行社会责任的理念、战略、方式、方法,其经营活动对经济、环境、社会等领域造成的直接和间接影响,取得的成绩及不足等信息"。该子库选自2015年世界500强企业排行榜的企业社会责任报告,选择的中国和美国企业基本上都在相同的商业领域,包括石油、银行、工程、贸易和零售等行业。英文子库共23篇,形符总量为538 507个;汉语子库共38篇,经分词后形符总量为501 989个。

（6）投资报告子库:投资报告旨在对行业的投资环境、投资风险、投资策略、投资前景和项目的投资价值、投资可行性等进行客观、科学、公正的分析和论证,为企业界、学术界、研究机构、中介组织等更好地开展各自领域的对外投资合作工作提供借鉴。英文子库选自2015—2017年间联合国贸易和发展会议世界投资报告,共10篇,形符总量为559 902个;汉语子库选自2015—2017年间商务部发布的中国对外投资合作发展报告共

10篇,经分词后形符总量为284 942个。涉及的行业包括农业、卫生、交通、物流、汽车等。

本研究采用的英语参照语料库为英国国家书面语语料库(British National Corpus Sampler Written)、英国英语2006语料库(British English 2006)和美国英语2006语料库(Amercian English 2006)。本研究采用的汉语参照语料库为ToRCH2009和ToRCH2014(Texts of Recent Chinese)现代汉语平衡语料库,该语料库的取样方案与布朗语料库相同,即包含15个小的文类,可合并为新闻、通用、学术、小说四大体裁。

3.3 研 究 工 具①

本研究使用基于网络的Wmatrix(Rayson 2008)处理英语语料,Wmatrix与其他语料库软件具有相同的频数、检索、词丛、搭配、主题性等功能,其优势在于其内嵌的工具USAS(UCREL Semantic Annotation System),可自动为文本进行语义域(semantic domain)赋码,而且准确率高达91%~92%。该软件使用的语义域赋码集(semantic target)以《朗文多功能分类词典》(*Longman Lexicon of Contemporary English*)为基础,包括21个语义域,如[人体]、[建筑与房屋]、[娱乐与运动]、[物质与物体]、[社会行为、状态与过程]、[心理行为、状态与过程]等。每个语义域还包括次语义域,如语义域I[财富与商业]包括I1[财富]、I2[商业]、I3[工作和雇佣]、I4[工业、产业]四个次语义域。

Wmatrix的语义域赋码功能与隐喻研究最相关,上述语义域大致能对应概念隐喻的源域和目标域。例如,B1[人体]、B2[健康与疾病]、F1[食物]、H1[建筑]、K5[体育运动]、L2[动物]、L3[植物]、M1[移动]等表达具体概念的语义域通常为源域,而E[情感]、G1[政治]、I[财富与商业]等表达抽象概念的语义域通常为目标域。

其次,由于Wmatrix无法处理汉语,为实现相应的功能,本研究分别使用了三种工具进行分词、检索、语义标注等。分词工具为汉语词法分析系统NLPIR-ICTCLAS软件,其功能包括中文分词、词性标注、命名实体识

---

① 本节基于作者发表的相关论文及专著《隐喻与话语》的相关章节内容修订、扩充而成。

别、新词识别等,如句〔1〕所示。本研究使用 AntConc 进行汉语语料分析,它具有索引工具、索引定位、文件查看、词丛/N 元模式、搭配、词表、关键词表等功能。汉语语料的语义域标注工具为汉语语义标注工具(Chinese Semantic Tagger),该工具是 Wmatrix 的相应汉语分析版。

〔1〕提出/v　中国/ns　要/v　实施/v　创新/vn　驱动/vn
　　发展/vn

其三,本研究使用的隐喻识别工具为 Steen *et al.*(2010)开发的 MIPVU(Metaphor Identification Procedure at VU University Amsterdam),主要步骤如下:(1)确定词语(形符)的基本意义及语境意义,以及两者之间是否存在差别;(2)考察该词语(形符)的基本意义和语境意义的指称对象之间是否存在相似性关系(已知相似性、新造相似性、外在相似性和关系相似性)。如果是,这个词语为语言隐喻。"基本意义指更具体的意义(能容易成像、五官能感觉到的意义)、与身体动作相关的意义、已存在很久的意义,但不一定是频率最高的意义"(Pragglejaz Group 2007)。按照 MIPVU,判断基本意义和语境意义时主要参考 *Macmillan English Dictionary*、*Oxford Advanced Learner's Dictionary*、*Longman Dictionary of Contemporary English*、*Cambridge Advanced Learner's Dictionary* 等。例如,cornerstone 在 *Macmillan English Dictionary* 中有两个意义〔2a〕和〔2b〕,其中〔2a〕描述了一种更具体的困难局面,因而为基本意义。这两个意义在词典中分别标号列出,表明两者之间有足够的差异。但两者之间存在具体〔2a〕与一般〔2b〕的关系,属于关系相似性。句〔3〕中 cornerstone 的语境意义为〔2b〕,与基本意义〔2a〕有差异但又有相似性。因此,根据 MIPVU,cornerstone 可识别为语言隐喻。

〔2〕 *a.* the stone at one of the bottom corners of a new building
　　 b. the basic part of something, on which everything depends
〔3〕 Honesty and integrity engender trust, which is the <u>*cornerstone*</u> <u>of our business</u>.

为了提高汉语隐喻识别的可靠性和有效性,本研究以 MIPVU 为基础,结合汉语隐喻机器识别标准、语义转移过程、语义相似性等相关研究成果,并以语义冲突(incongruity)和语义转移(transfer of meaning)定义汉语语言隐喻(Cameron & Maslen 2010：102)。语义冲突包括指称异常和搭配异常(杨芸 2008;杨芸、周昌乐、李剑峰 2008)。语义转移指隐喻载体词在指称上从基本意义到语境意义的变化,体现在三个方面:具体化(用在其他语境下指称具体事物的词语来指称抽象事物)、拟人化(用在其他语境下指称有生命事物的词语指称无生命事物)、非拟人化(用在其他语境下指称无生命事物的词语来指称有生命事物)(Charteris-Black 2004：21)。语义相似性指基本意义和语境意义所指称对象之间的相似性关系(Steen 2007：63)。本研究使用《现代汉语词典》和在线汉典确定基本意义和语境意义。综合上述因素,改进后的 MIPVU 主要包括以下步骤:(1) 阅读整个语篇以理解其整体意义;(2) 使用汉语词法分析系统 ICTCLAS 软件切分标注语料;(3) 发现指称异常和搭配异常的词语;(4) 确定该词语的基本意义和语境意义,以及该词语的基本意义和语境意义是否存在差别;(5) 如果确定该词语的语境意义是基本意义具体化、拟人化或非拟人化的结果,则该词语可能是语言隐喻;(6) 如果确定该词语的基本意义和语境意义所指称对象之间存在相似性关系,则把该词语标记为"隐喻"。例如,句〔4〕中"骨干企业"属于语义冲突中的搭配异常,"骨干"的基本意义是"(人或动物的)脊骨、脊柱",语境意义为"事物的主要部分",从指称具体事物转移至抽象事物,两者之间具有关系相似性(类比关系),因此标识为隐喻。

〔4〕本公司是国务院国有资产监督管理委员会监管的国有重要
    <u>骨干企业</u>之一。

3.4 研 究 过 程

3.4.1 确定目标域

将英语语料上传至 Wmatrix 网站,完成自动的词性标记和语义标记过程,并与内嵌的参照语料库英国国家书面语语料库、英国英语 2006 语料库和美国英语 2006 语料库进行对比,分别获得三个主题语义域表(LL≥6.63, $df=1$, $p<0.01$)。经过对比分析这三个表,发现差别不大,与

I[财富与商业]相关的语义域都位居前列,均为研究语料的主题语义域。本研究旨在获取商务话语中的专门隐喻,选择I[财富与商业]作为研究对象。无论使用哪个主题语义域表提取与I[财富与商业]相关的语义域及其类符,都不影响研究结果。

以研究语料与英国国家书面语语料库之间的对比为例,表3.2列出了语义域I[财富与商业]的情况,O1和%1是该语义域的次域在研究语料库中的频率和相对频率,O2和%2是该语义域的次域在参照语料库中的频率和相对频率,LL指示主题语义域的对数似然比的值,表明了该语义域超常使用的显著性程度。主题语义域指示所研究语料的主题,大致对应隐喻研究中的目标域。

表 3.2　主题语义域 I[财富与商业]的次域

	语义域	类　　符	O1	%1	O2	%2	LL
I2.2	商业:出售	trade market customer	38 446	1.51	2 167	0.23	12 771.15
I2.1	商业:一般	business company firm	33 352	1.31	1 614	0.17	11 974.60
I1.1	财富:富裕	capital credit asset	31 262	1.23	1 796	0.19	10 275.86
I1	财富	financial bank cash	22 017	0.87	1 404	0.15	6 806.96
I1.3	财富:价格	cost price expense	12 073	0.48	913	0.10	3 327.52

同样,本研究将 NLPIR-ICTCLAS 分词后的语料上传至 AntConc,以 ToRCH2009 和 ToRCH2014(Texts of Recent Chinese)现代汉语平衡语料库为参照语料库,生成主题词表,提取了与英语 I[财富与商业]词表对应的主题词,如表 3.3 所示。

表 3.3　汉语语料前 20 个相关主题词

	类符	频数	LL		类符	频数	LL
1	企业	18 294	7 293.81	6	集团	6 297	3 304.34
2	投资	14 432	7 157.78	7	风险	6 357	3 149.33
3	公司	15 846	6 810.48	8	银行	5 985	2 850.58
4	金融	10 866	3 734.69	9	管理	9 855	2 645.19
5	资产	8 081	3 467.85	10	市场	7 770	2 439.69

	类符	频数	LL		类符	频数	LL
11	产品	5 911	2 271. 16	16	出口	3 701	1 848. 02
12	经济	8 496	2 230. 32	17	员工	3 456	1 793. 87
13	业务	4 868	2 154. 68	18	行业	4 497	1 742. 41
14	贸易	4 157	2 031. 01	19	本行	2 714	1 675. 70
15	服务	8 323	1 943. 26	20	人民币	2 910	1 646. 88

3.4.2　识别隐喻及归类

　　将英汉语中目标域 I[财富与商业]词表中的词语作为检索词,在英汉语料库中检索并获得含检索词的索引行。多位研究者按照 3.3 节所述隐喻识别过程进行先导研究,识别与检索词相关的隐喻词语,使用 Cohen's Kappa 系数评判了识别一致性程度,结果(κ=0. 90)表明一致性较高。如下述索引行所示,检索词 business 周围的 platform、heart、strategies 和 growth,以及检索词"公司"和"供应商"周围的"战略"和"共赢"为隐喻使用的形符。

our sub-groups functioning as **business**	platforms, are mandated to construct the
and honesty are at the heart of our **business**.	We expect our people to maintain high
we apply in the execution of our **business**	strategies have led to sustainable comp
continuously profitable growth of **business**.	Special attention will be given to
公司全面推进企业社会责任理念融入 **公司**	**战略**,打造文化引领型社会责任管
以廉洁促诚信,以诚信促发展,与 **供应商**	互惠**共赢**,坚持营造"公平、公正

　　其次,将隐喻使用的形符按类符归类,再为其标注源域。Wmatrix 为每个隐喻形符都赋予了一个或多个语义域码,源域多为更具体的、与人体及行为相关的认知域。例如,backbone 的语义域码为 B1[人体]和 A11. 1[重要性],若 backbone 是隐喻形符,则 B1 为源域。表 3.4 是隐喻类符归类例表。尽管隐喻词语可能激活多个源域,本研究根据研究的需要和惯例仅为其标注一个源域。

表 3.4　　源域标注例示

源　域	英　语　类　符	汉　语　类　符
G3　战争	strategy protect mission campaign	战略　保护　队伍　使命
K5　体育及游戏	leading scorecard exercise goal	团队　领先　排名　引领
M　移动	enter fall outflow move	波动　步入　进入　流向

3.4.3　隐喻分析

　　首先,在语言层面对比英汉话语隐喻,主要为定量分析。统计每类隐喻(源域)的类符数、形符数,计算隐喻类形符比,观察隐喻类符的词性和词义的异同。然后,归纳出含源域词语(隐喻类符)和目标域词语的惯用表达方式,即隐喻语块,如整体储存、提取和产出的及组合性较为固定的词语组合 revolving credit、"边际成本",组合性稍弱的高频词语组合如 economic growth 和 family business。此外,在第九章总结时使用搭配分析工具 Sketch Engine 计算源域词语和目标域词语之间的搭配强度,以识别出体裁中的专门隐喻语块。

　　其次,在思维层面对比英汉话语隐喻,定量和定性分析相结合。分析每类隐喻(源域)的主要隐喻类符的基本意义和语境意义,分析它们的隐喻构式(名-名短语 poverty trap 中目标域词语 poverty 修饰源域词语 trap,形成了 T-noun_mod_S-noun 的构式)及相应成分所激活的源域、目标域和概念隐喻。隐喻构式决定了哪些词语是隐喻,哪些词语指示隐喻映射,说明了源域角色和目标域角色之间的联系以及两者与构式成分的联系。然后,根据隐喻数据库 METALUDE、隐喻百科 MetaNet Wiki 描述具体的隐喻映射和基本隐喻。

　　第九章在上述基础上进行认知突显分析。使用卡方拟合检验对每个源域含隐喻形符的频数进行统计分析,从而发现建构目标域的显著性源域,此类源域与目标域之间的映射构成的概念隐喻为主导的体裁专门概念隐喻。再通过计算源域的生产力指数和创新率(公式如下),使用 K 均值聚类算法分离出规约性强的源域,揭示出规约性程度不一的体裁专门概念隐喻。第九章采用 Oster(2010)的方法,先计算源域的生产力指数(productivity index, PI)和创新率(creativity ratio, CR),计算公式如下所示。再使用 K 均值聚类算法将 PI 和 CR 各分成五组,根据 PI 和 CR 之间的关系分离出三类概念隐喻:固化隐喻、规约化隐喻、规约性弱隐喻。高度规约化隐喻相应的源域所含的隐喻形符频数高且隐喻类符数相对较低,即 PI 高且 CR 低,不常见隐喻的 PI 低及 CR 高。

$$某源域生产力指数 = \left(\frac{某源域形符数}{隐喻形符总数} \times 100\right) \times \left(\frac{某源域类符数}{隐喻类符总数} \times 100\right)$$

$$某源域创新率 = \frac{某源域类符数}{某源域形符数} \div \frac{隐喻类符平均数}{隐喻形符平均数}$$

第三,在交际层面对比英汉话语隐喻,主要为定性分析。根据目标域词语归纳出每个源域所映射的目标域概念,总结出该源域的主要隐喻映射,确定映射原则及解析主要意义焦点,同时依据源域的框架关系,推理出隐喻意义。根据 Ahrens(2010)的两个数字标准确定决定映射原则的隐喻类符。若源域中某个隐喻类符的频数大于 10 且超过该源域所有频数的 30%,则该隐喻类符所反映的实体、特征或行为是映射原则的基础(Gong,Ahrens & Huang 2008)。例如,若概念隐喻[思想是建筑]的源域中的隐喻类符 structure 符合上述标准,则将映射原则表述为"思想理解为建筑是因为建筑是具体的结构而思想是抽象的结构"。

第九章再使用卡方独立性检验对比英汉两个子库在建构目标域时隐喻使用的情况,对比英汉同类型话语所隐含的概念映射的突显性和概念偏好的异同。

3.5 小　　结

本章介绍了研究语料的详细信息,并描述了研究中处理英汉语料的多种工具。本研究使用的语料库工具 Wmatrix 由我们率先引入国内相关研究,具有一定的领先地位,并确立了以源域和目标域为出发点的研究思路。Wmatrix 不仅能最大限度提取隐喻使用的形符,而且根据 Wmatrix 及相应的汉语语义标注工具的语义赋码设计源域标注体系,能较客观地确定话语隐喻的源域。同时,本研究结合语义知识库 FrameNet、汉语分词系统 NLPIR-ICTCLAS、搭配分析工具 Sketch Engine、隐喻数据库 METALUDE、隐喻百科 MetaNet MetaphorWiki 等进行隐喻分析,确立了从语言、思维和交际三个层面分析隐喻的研究流程。第四章到第八章分别讨论通过上述流程所识别、归纳及分类后的隐喻使用。第四章到第六章探讨[相互联系／系统]隐喻家庭的[生物体]隐喻、[无生命]隐喻和[移动]隐喻。第七章探讨[竞争]隐喻家庭,第八章讨论[合作]隐喻家庭。

第四章

生物体隐喻

4.1 引　言

　　如第二章所述,[相互联系/系统]隐喻家庭的核心成员之一是[生物体](ORGANISM/LIVING ORGANISM/BIOLOGICAL ENTITY),包括[人类]、[动物]和[植物]。这三者是"存在之链"上的三级概念实体,分别代表高层次特征与行为、本能的特征与行为和生物性特征与行为(Lakoff & Turner 1989:167)。在概念隐喻的形成中,[生物体]尤其[人类]是最丰富、最多产的源域。[人类]、[动物]和[植物]作为源域形成的隐喻,统称为[生物体]隐喻,本章主要讨论[生物体]的存在、结构和功能如何隐喻地映射至目标域[商务]。本章先介绍[生物体]的基本概念及其所包括的角色或元素,以及所涉及的隐喻映射;再对比分析[生物体]隐喻在语言层次和映射层次的异同;最后解读[生物体]隐喻所产生的意义。

4.2 [生物体]隐喻简述

如图 4.1 所示,[生物体]作为一类[实体],包括[人类]、[动物]和[植物],其角色为"有机体""描述""来源"等,具体为"个体""寿命""功能""组成部分""健康状态",其一般推理为:生物体的健康状态受到多种外界因素的正负两面的影响;健康状态与寿命有关系,负面因素影响或缩短寿命。图 4.2 表明了[生物体]与其他框架之间的关系,[生物体]使用的框架为[生命周期]和[摄食],其下位框架包括[植物]和[生命体]

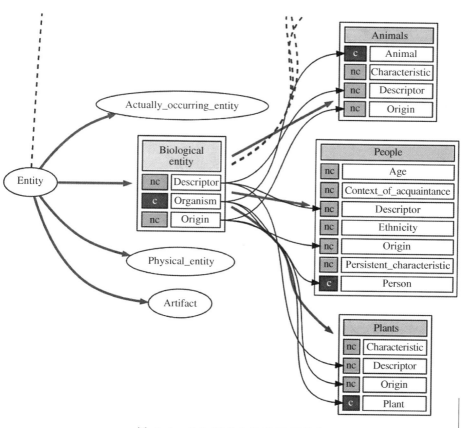

图 4.1 [生物体]框架及元素[#]

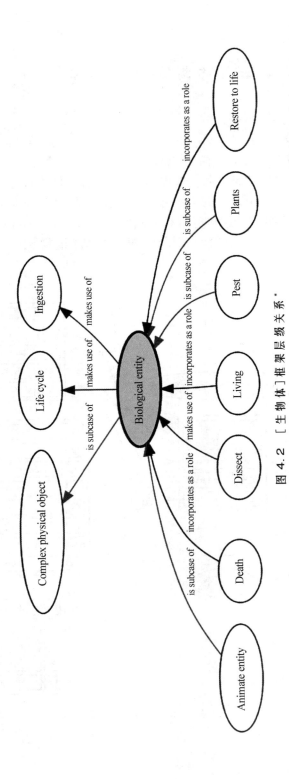

图 4.2 [生物体]框架层级关系 *

（ANIMATE/LIVING ENTITY，指有能力移动身体及其部位的生物体），[生物体]与[生存]和[死亡]存在角色关系。图4.3表明[生命体]的下位框架包括[动物]和[人类]，使用框架[移动]，而与[苏醒]、[感知]等也有使用关系。

框架[生物体]作为源域常用于概念化抽象的[复杂系统]（complex systems），包括政治系统、经济系统、社会组织、政府、社会、理论、观念等（Kövecses 2010：155），形成了[复杂系统是人体]（THE COMPLEX SYSTEM IS THE HUMAN BODY）、[复杂系统是植物]（COMPLEX SYSTEMS ARE PLANTS）、[政府是生物体]（GOVERNMENT IS AN ORGANISM）、[意识形态是生物体]（IDEOLOGIES ARE ORGANISMS）、[机构是生物体]（INSTITUTION IS AN ORGANISM）、[社会问题是生命体]（SOCIAL PROBLEMS ARE ANIMATE ENTITIES）、[社会组织是植物]（SOCIAL ORGANIZATIONS ARE PLANTS）等概念隐喻，如句[1]至[5]所示：

[1] Politicians are being blamed for all the *ills* of society.

[2] My business is *growing* like a *weed*.

[3] Government is not a *machine*, but *a living thing*. It falls, not under the theory of the universe, but under the theory of organic life.

[4] The "*health*" of an institution is measured by the effectiveness of its organization and mission.

[5] Law enforcement officers have often described these arrests as a way of *reining* in criminals.

19世纪中期后，经济学家以生物隐喻重新解释人类社会的发展，如阿尔弗雷德·马歇尔（Alfred Marshall）主张"经济推理应从类似于物理静力学的方法着手，在基调上应逐渐趋向生物化"（Henderson 1982：149），参照[生物体]生长、变化和衰亡的自然周期来分析企业发展，从而产生了概念化经济的生物学范式，即[经济是生物体]（ECONOMY IS A LIVING ORGANISM）（Henderson 1994：2000），如句[6]至[7]所示，基本映射如表4.1所示。经济活动的周期很大程度上与生物体的生命周期相对应，如"出生—发展—顶峰—衰落—死亡"（White 2003），产生了大量的隐喻表达，如 economic growth、healthy economy、economic paralysis 等（Alejo 2010）。

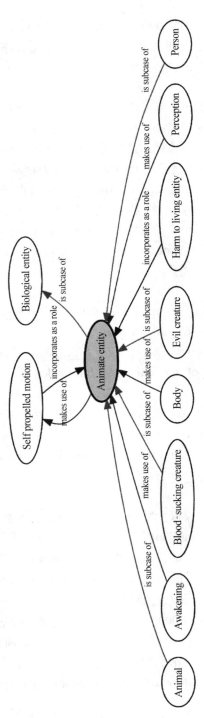

图 4.3 ［生命体］框架层级关系 *

〔6〕Observers here believe that the greatest difficulty before him is the *ailing* economy of the country.

〔7〕这两个极其重要的会议对提振世界各国的信心,推动全球经济复苏重回正常的轨道,从而促进全球经济增长的进程至关重要。

表 4.1　从〔生物体〕到〔经济〕的部分映射

源域:〔生物体〕	目标域:〔经济〕
生物体成长	经济上行
生物体衰亡	经济下行
生物体健康	经济形势好
生物体患病	经济形势差
生物体复苏	经济好转
生物体寿命	经济周期

本章把标注为 B〔健康与个人〕、F〔食物与农业〕和 L〔生命与生物〕的隐喻归为〔生物体〕隐喻,为了研究更加细致,再根据意义将〔生物体〕隐喻重新分为〔生命〕(生物体共享的生命行为或特征)、〔健康〕(生物体共同的健康状态)、〔人类〕、〔动物〕和〔植物〕隐喻(在下述各节详述)。如表 4.2 所示,〔生物体〕隐喻在研究语料库中的形符数共计 3 760 个(隐喻类符数 156 个),其中在英语语料库中 2 441 个(隐喻类符数 93 个),在汉语语料库中 1 319 个(隐喻类符数 63 个)。从隐喻形符的标准化频数(英汉语分别为 797 和 394)和使用对数似然比检测一致性($p < 0.001$, $df = 1$, $LL = 29.04$)上来看,英语比汉语使用了更多的〔生物体〕隐喻。英汉语中〔生物体〕隐喻类形符比的值相差不大(3.81 和 4.78),说明两者在隐喻表达的丰富程度上相当。

表 4.2　〔生物体〕隐喻类符及形符数对比

	隐喻类符数	隐喻形符数					隐喻形符标准化频数	隐喻类形符比
		形容词	名词	动词	其他	合计		
英语	93	549	1 579	302	11	2 441	797	3.81
汉语	63	315	684	318	2	1 319	394	4.78
合计	156	864	2 263	620	13	3 760	707	4.15

表4.3表明,按总频数排序的次类隐喻依次为[生命]、[健康]、[人类]、[动物]和[植物]隐喻。从标准化频数来看,英语比汉语使用了更多的[生命]、[健康]、[人类]隐喻(使用对数似然比检测一致性:$p < 0.0001$, $df = 1$, $LL = 143.39$;$p < 0.01$, $df = 1$, $LL = 10.55$;$p < 0.001$, $df = 1$, $LL = 18.31$);两者使用了数量相似的[植物]隐喻;汉语比英语使用了更多的[动物]隐喻。

表 4.3 [生物体]隐喻分类

	英 语		汉 语		合 计	
	原始频数	标准化频数	原始频数	标准化频数	原始频数	标准化频数
[生命]隐喻	1 155	377	298	89	1 453	274
[健康]隐喻	595	194	250	75	845	159
[人类]隐喻	406	133	315	94	701	132
[植物]隐喻	284	93	301	90	585	110
[动物]隐喻	1	0	155	46	156	29
合计	2 441	797	1 319	394	3 760	707

表4.4是英汉[生物体]隐喻频数大于10的类符,英汉语使用了意义相同的类符,如表达生物体总体特征和行为的词语"growth/成长""live/生存""health/健康"等;表达人类身体特征的词语"strong/强壮"等;表达植物特征或结构的词语"core/核心"等。

表 4.4 [生物体]隐喻类符(频数≥10)

英 语						汉 语					
载体词	频数	词性	载体词	频数	词性	载体词	频数	词性	载体词	频数	词性
growth	750	*n.*	vulnerable	46	*a.*	核心	178	*n.*	刺激	36	*v.*
shock	196	*n.*	recovery	43	*n.*	健康	169	*n.*	寿命	23	*n.*
impairment	192	*n.*	strengthen	42	*v.*	龙头	153	*n.*	敏感性	22	*n.*
grow	119	*v.*	active	42	*a.*	分支	112	*n.*	存活	20	*v.*
core	108	*n.*	harm	37	*v./n.*	活跃	105	*a.*	活力	14	*n.*
segment	106	*n.*	hedge	35	*n.*	成长	96	*v.*	僵尸	10	*n.*

英　　语						汉　　语					
载体词	频数	词性	载体词	频数	词性	载体词	频数	词性	载体词	频数	词性
growing	93	*a.*	behavior	34	*n.*	生存	78	*v.*			
live	83	*v.*	life	27	*n.*	能力	60	*a.*			
strong	68	*a.*	health	26	*n.*	复苏	57	*v.*			
weak	47	*a.*	impair	22	*v.*	骨干	46	*n.*			

表 4.5 列出了［生物体］隐喻的构式及其代表性隐喻语块，如 economic growth、impairment charge、long-lived assets 和"龙头企业""企业成长""经济复苏"等，该隐喻涉及的话题（目标域）包括经济发展、企业发展、资产情况、生产力情况等，如句〔8〕至〔13〕所示。从构式上看，英语多使用 T-noun _ mod _ S-noun、S-adj _ mod _ T-noun、T-adj _ mod _ S-noun、S-noun_mod_T-noun 等，多以名词性隐喻和形容词性隐喻表达商务情况；汉语多使用 S-noun_mod_T-noun、T-noun_mod_S-noun、T-subj_S-verb 等，以名词性隐喻和动词性隐喻表达商务情况。

表 4.5　［生物体］隐喻语块及构式

构式类型	英语隐喻语块（F>10）		汉语隐喻语块（F>10）	
	代表性语块	总频数	代表性语块	总频数
S-adj_mod_T-noun	long-lived assets core business vulnerable economy growing economy weak economy	509	活跃（的）客户	120
S-noun_mod_T-noun	impairment charge impairment loss	213	龙头企业 分支机构 核心资本 骨干企业	415
S-noun_of_T-noun S-noun_prep_T-noun	growth of economy remedy by company	113 27	／	
T-noun_poss_S-noun	assets' life	22		
S-verb_T-dobj	grow business	167	刺激经济	37

构式类型	英语隐喻语块（F>10）		汉语隐喻语块（F>10）	
	代表性语块	总频数	代表性语块	总频数
T-adj_mod_S-noun	economic growth economic recovery financial shock	300	/	
T-noun_mod_S-noun	productivity growth productivity shock trade growth market segment business segment	890	融资能力 企业核心 公司分支	268
T-noun_cop_S-adj	market is active	56	公司健康	180
T-subj_S-verb	business grow economy grow	113	企业成长 经济复苏	281
其他	financially healthy actively trade	29	背对背交易	2

〔8〕An *impairment* loss is recorded for long-lived assets held-for-use when the carrying amount of the asset is not recoverable and exceeds its fair value.

〔9〕When it faces a high *productivity* shock, the industry has relatively low costs of production compared to its competitors in foreign countries and is able to sell a high quantity in many markets.

〔10〕The global financial and economic *recovery* remains fragile, threatened by emerging risks, constraints in public investment and other factors.

〔11〕招商局集团有限公司是国务院国有资产监督管理委员会监管的国有重要骨干企业之一。

〔12〕欧元区经济持续复苏,各经济体普遍出现较强增长。

〔13〕公司管理层应努力推进管理创新,提升公司价值,实现公司成长和股东利益的协调发展。

4.3 [生命]隐喻

　　如上所述,本章把描述[人类]、[动物]和[植物]共享的生命行为或特征映射至目标域的隐喻归为一类,并称为[生命]隐喻。英语比汉语使用了更多的[生命]隐喻。图4.4表明,框架[生命]与[死亡]及[生物体]是角色关系,相关框架还有[生命周期]、[恢复生命]等。

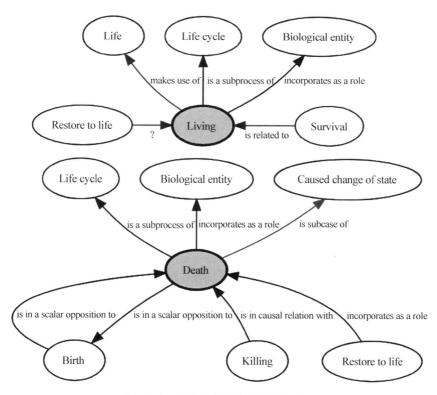

图 4.4 [生命]框架层级关系*

　　[生命]隐喻类符根据语义大致可以分为四类(表4.6),以下着重讨论前两类"成长"和"生存"隐喻类符的使用。其他两类类符频数较少,与它们形成的隐喻语块包括 stimulate economy、endogenous investment 和"刺激经济""企业 DNA"等,如句[14]至[17]所示。

〔14〕Furthermore, our multi-country framework with *endogenous investments* in export networks allows us to separately predict cross-border versus domestic M&A.

〔15〕China has taken actions to *stimulate* its economy this year.

〔16〕公司在员工入职伊始就不断强化员工的环保意识,造就企业的绿色*DNA*。

〔17〕在全球金融危机爆发后,中国的反应最快,最先实施**刺激经济**措施,采取了积极的财政政策和适度宽松的货币政策。

表 4.6　〔生命〕隐喻类符分类(频数≥10)

英　　语	汉　　语
growth　grow　growing　evolve　evolution mature　maturity　thrive　thriving	成长　成熟　发育　苗壮
long-lived/short-lived　life　survival　survivor life　cycle　age　young	生存　存活　寿命　活力　年龄 生命力　生命　消亡　存亡
stimulus　stimulate	刺激
endogenous　endogeneity　exogenous	DNA

4.3.1　〔生命〕隐喻:成长

英汉语〔生命〕隐喻中表达"成长"的类符包括 evolve、mature、thrive 和"成熟""发育""苗壮"等,与它们形成的隐喻语块包括 evolution of economy、mature company、thriving business 和"成熟经济""企业苗壮""企业发育"等,如句〔18〕至〔21〕所示。

〔18〕We are committed to acting with integrity, fairness, and accountability, which we believe are fundamental to an inclusive society and a *thriving* business.

〔19〕The growth of this company has not kept pace with the *evolution of the economy*.

〔20〕**企业发育**非常依赖于领导者的决策能力与企业的产品服务的创新能力。

〔21〕目前中国正朝着**成熟经济体**的目标前进。

英语［生命］隐喻中频数最高的词目是"grow"，其中 growth 是满足映射原则（形符数大于 10 并且超过该源域所有形符数的 30%）的类符，"成长"也是汉语［生命］隐喻中频数较高的类符。如表 4.7 所示，growth、grow、growing 和"成长"在英汉语料中都是主题词，与它们形成的语块包括 productivity growth、economic growth、growing economy 和"企业成长""公司成长"等，如句〔22〕至〔27〕所示。

〔22〕Trade secrets is also important to boost productivity *growth* and promote innovation.

〔23〕I hear their desire to work with Microsoft to create world-class, cloud-enabled platforms, and applications that advance health, education, and economic *growth*, locally in their countries and communities.

〔24〕This balanced growth is what has made Lenovo the fastest *growing* major PC company and enabled us to consistently grow faster than the market.

〔25〕The share of such workers is notably larger than has been historically typical in a *growing* economy.

〔26〕公司管理层应努力推进管理创新，提升公司价值，实现公司成长和股东利益的协调发展。

〔27〕因年初部分企业成长后行标标识变化需对相关数据予以调整或剔除，大、中型企业和小企业年初基数较上年末有所调整。

表 4.7　［成长］隐喻代表性类符

隐喻类符	LL	隐喻频数	构　式	代表性语块
growth	714.28	533	T-noun_mod_S-noun	productivity growth
		177	T-adj_mod_S-noun	economic growth
		37	S-noun_of_T-noun	growth of economy
		2	S-noun_Prep_T-noun	growth in workforce
grow	48.28	60	S-verb_T-dobj	grow business
		58	T-subj_S-verb	business grow

隐喻类符	LL	隐喻频数	构　式	代表性语块
growing	19.09	93	S-adj_mod_T-noun	growing economy
成长	24.29	96	T-subj_S-verb	公司成长

"grow/成长"的基本意义为"生物体吸收水分和矿物质,再通过光合作用制造有机物,使细胞生长的过程",指"生物体由小到大的过程,表现为组织、器官、身体各部以至全身的大小、长短和重量的增加以及身体成分的变化"。大体来说,"grow/成长"表明一种周期性的情境,在这种情境下某些因素会促进和培育有效生长(积极层面),而其他因素会阻碍或削弱其生长(消极层面)。growth 和 grow 的频数分别是 750 次和 120 次。根据 Collins COBUILD 的商务英语词典,名词 growth 的商务意义在该词条的诸多词义中位列第三,而其生物意义位列第五;动词 grow 的生物意义在该词条的诸多词义中位列第一,而其商务意义位列第十一。因而,growth 的使用频率标志着其在经济话语中已经词汇化,成为描述经济活动的主流术语。

以 economic growth(T-adj_mod_S-noun)为例,词汇单元 economic 和 growth 分别触发目标域框架[经济]和源域框架[生物体],形成了具体的隐喻映射[经济发展是生物体成长],其指向的一般隐喻为[发展是成长](DEVELOPMENT IS GROWTH)和[经济是生物体],其上位隐喻是[社会组织是生物体]。

如上述例子所示,英汉语中的"grow/成长"隐喻主要用于描述企业和市场的发展,以及资产和红利的增加等。宏观经济学和经济动力学领域的书籍、期刊以及媒体报道中都以"grow/成长"隐喻来认知经济总量的变化。英语偏向使用名词性和形容词性隐喻如 economic growth、growing economy 描述经济的成长状态,而汉语偏向使用动词性隐喻如"公司成长"描述经济或企业的成长过程。

4.3.2 ［生命］隐喻：生存

英汉语[生命]隐喻中表达"生存"的类符主要有 survival、life cycle、age 和"存活""活力""年龄"等,与它们形成的语块包括 export survival、life cycle of products、firm age 和"公司存活""企业活力""企业年龄"等,如句[28]至[31]所示。

〔28〕 The financial constraints are not correlated with export values or export *survival* in those countries.

〔29〕 As we examine the *life cycle* of products through the lens of the Sustainability Index, we begin to understand the many possible characteristics.

〔30〕 业内专家称,大部分商家转向其他领域,因为只有强大的公司和大品牌才能够在市场波动中*存活*下来。

〔31〕 推进机制体制改革,建立健全有效的公司治理机制和市场化激励机制,提升*企业活力*,以提升公司效益,创造更好的股东和员工回报。

表达"生存"的隐喻中频数最高的词目是"live/生存""life/寿命",由于这些词语的词义宽泛,因而不是语料中的主题词。这些隐喻常出现的构式如表4.8所示,与它们形成的语块包括 long-lived assets、asset life 和"企业生存""资产寿命"等,如句〔32〕至〔35〕所示。long-lived assets(长期资产)指"为企业经营而非为销售给客户所购的存续期较长的资产",asset life(资产寿命)指"资产有效使用并创造收益的持续时间",此处 life 的语境意义为"(物品的)使用寿命;(抽象事物的)有效期"。以 long-lived assets(S-adj_mod_T-noun)为例,词汇单元 assets 和 long-lived 分别触发目标域框架[资产]和源域框架[生物体],形成了具体的隐喻映射[资产使用的期限是生物体的寿命],其指向的一般隐喻为[期限是寿命]和[经济是生物体],其上位隐喻是[社会组织是生物体]。

表 4.8 [生存]隐喻代表性类符

隐喻类符	LL	隐喻频数	构 式	代表性语块
long-lived life	36.38	81	T-adj_mod_S-noun	long-lived assets
		22	T-noun_poss_S-noun	asset life
生存	/	77	T-subj_S-verb	企业生存
寿命	9.33	20	T-noun_mod_S-noun	资产寿命

〔32〕 An impairment loss is recorded for *long-lived* assets held-for-use when the carrying amount of the asset is not recoverable and exceeds its fair value.

〔33〕 The *life* of assets in the firm has been overestimated.

〔34〕 相关部门认定若不进行公共部门注资或提供同等效力的支持,<u>本行</u>将无法<u>生存</u>。

〔35〕 预计净残值是指假定固定<u>资产</u>预计使用<u>寿命</u>已满并处于使用寿命终了时的预期状态,本集团目前从该项资产处置中获得的扣除预计处置费用后的金额。

4.4 [健康]隐喻

如前所述,框架[生物体]的重要特征之一是健康,健康、疾病与人和动物的身体更密切相关。如图4.5所示,框架[身体情况]包括如下角色:身心"疾病""病人""原因""疾病症状"等,与之相关的框架包括[治疗疾病]、[康复]等。[健康]隐喻旨在使用身体健康或疾病的概念谈论政治、经济等问题,如谈论公司的财务状况或国家经济状况(例如 Boers 1999;Deignan 2000),"人们尤其是记者使用大量健康和疾病的隐喻谈论商务"(MacKenzie 1997: 21)。具体来说,源域是人体的运作而目标域是社会的政治经济生活,如[有效的政府是健康的人体](EFFECTIVE GOVERNMENT IS A HEALTHY BODY)、[社会运作是人体健康](SOCIAL FUNCTIONING IS PHYSICAL HEALTH)。如表4.9所示,[健康]隐喻类符根据语义大致可以分为三类:健康、疾病和恢复。

表 4.9 [健康]隐喻类符分类(频数≥10)

英　　语	汉　　语
health　healthy　examination　immunity　sound soundness	健康
recovery　recover　remedy　inject	复苏　恢复
shock　impairment　harm　impair　injurious harmful　injure　injury　ailing　contraction　choking scar　hurt　impediments　plague　contagion	损害　有毒　萎缩　僵尸

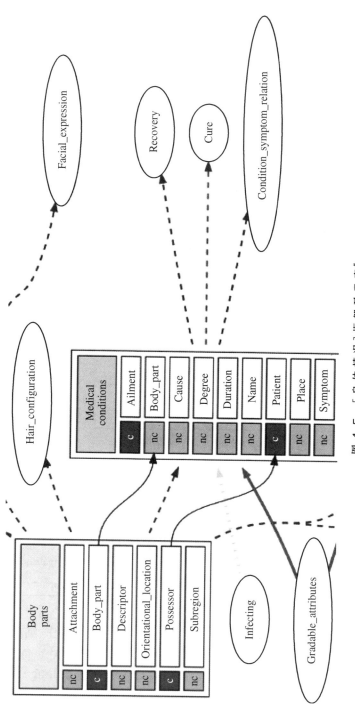

图 4.5 ［身体情况］框架及元素 #

第四章 生物体隐喻

首先,英语[健康]隐喻中使用的类符意义多指示[人体]所遭受的损害,如 impair、shock、harm 等,与它们形成的隐喻语块包括 productivity shock、trade shock、impairment charge、impairment loss、impair assets、harm business 等。汉语中类似的有"损害权益",如句[36]至[39]所示。这些隐喻类符常出现的构式如表 4.10 所示,其中频数较高的类符为 shock、impairment、"损害"均为语料中的主题词。

[36] When it faces a high <u>productivity *shock*</u>, the industry has relatively low costs of production compared to its competitors.

[37] The change in equity in net income (losses) of investees, net in 2016 was also due to an <u>*impairment* charge</u> related to goodwill recorded by The Weather Channel in 2015.

[38] Due to the international nature of our business, political or economic changes or other factors could <u>*harm* our business</u> and financial performance.

[39] 经调查,发现本行收购、出售资产中有内幕交易、<u>损害股东权益</u>或造成公司资产流失的行为。

表 4.10 [健康]隐喻代表性类符 I

隐喻类符	LL	隐喻频数	构　式	代表性语块
shock	470.32	154	T-noun_mod_S-noun	productivity shock
		35	T-adj_mod_S-noun	financial shock
损害	91.94	6	S-verb_T-dobj	损害权益
impairment	204.9	174	T-noun_poss_S-noun	impairment charge
		11	S-noun_of_T-noun	impairment of assets
impair	37.43	15	S-verb_T-dobj	impair assets

shock 的基本意义为"休克",即"由诸如失血、严重烧伤、细菌感染、过敏反应或突然的情绪紧张等事件引起的与血压下降相关的急性医学病症",此处的语境意义为"与人们的预期或可能合理预期有重大不同的事件"。productivity shock、financial shock 等语块激活了具体的隐喻映射[经

济影响是生物体休克]。impairment 的基本意义为"身体机能的损伤",此处的语境意义为会计学意义上的"资产减值损失"。impairment charge 意为"资产等减损造成的支出",其两个词汇单元分别激活了源域框架[健康]和目标域框架[资产]。由此,形成了具体的隐喻映射[资产减损是身体损伤],指向了基本映射[企业是人]、[组织的状态是健康]、[困难或问题是疾病](PROBLEMS ARE DISEASES)。映射原则可总结为:企业运转状态被理解为人体健康状态,是因为人体会遭遇损伤而企业资产会遭受损失。

其次,从频数上看,英语[健康]隐喻偏重描述生物体的负面特征如[人体]的损害等,而汉语[健康]隐喻偏重描述生物体的正面特征。表4.11 中,隐喻类符 health、healthy、"健康"都是语料中的主题词,但"健康"的主题词性要更高。与它们组成的语块有 financial health、healthy economy 和"公司健康""经济健康""市场健康"等,如句[40]至[43]所示。"健康"的基本意义是"人的生理机能正常的状态",其语境意义为"事物的良好状态"。以"经济健康"为例,其两个词汇单元分别激活了源域框架[健康]和目标域框架[经济],形成了具体的隐喻映射如[经济的良好发展是人体健康],指向的一般隐喻为[发展是健康](DEVELOPMENT IS HEALTH)和[经济是生物体]等。

表 4.11　[健康]隐喻代表性类符 II

隐喻类符	LL	隐喻频数	构　式	代表性语块
health	21.19	16	T-adj_mod_S-noun	financial health
		8	S-noun_of_T-noun	health of economy
healthy	22.57	18	S-adj_mod_T-noun	healthy economy
健康	119.45	169	T-noun_cop_S-adj	公司健康

[40] We also consider specific adverse conditions related to the financial *health* of and business outlook for the investee, including industry and sector performance, changes in technology, and operational and financing cash flow factors.

[41] Federal Reserve succeed in promoting a *healthy* economy and a strong and stable financial mechanism.

〔42〕维持稳定的就业增长是<u>国民经济健康</u>持续发展的前提。

〔43〕教育工作是保障投资者权益、促进资本<u>市场健康</u>稳定发展的基础工作。

再次,英汉语表示"恢复"的隐喻类符(见表 4.12) recovery、recover、"复苏"均是语料中的主题词,使用的构式和形成的语块也相同,如"economic recover/经济复苏",如句〔44〕至〔45〕所示。它们的基本意义是"经过疾病后恢复健康",语境意义为"经过困难后回到正常状态",形成的隐喻映射为[经济回到正常状态是生物体恢复健康],指向的上层隐喻是[组织状态是健康](STATE OF AN ORGANIZATION IS HEALTH)。

〔44〕The global financial and _economic recovery_ remains fragile, threatened by emerging risks, constraints in public investment and other factors.

〔45〕这两个极其重要的会议对提振世界各国的信心,推动全球<u>经济复苏</u>重回正常的轨道,从而促进全球经济增长的进程至关重要。

表 4.12　[健 康]隐 喻 代 表 性 类 符 Ⅲ

隐喻类符	LL	隐喻频数	构　式	代表性语块
recovery	116.05	35	T-adj_mod_S-noun	economic recovery
recover	8.42	17	T-subj_S-verb	economy recover
复苏	45.25	57	T-subj_S-verb	经济复苏

4.5　[人类]和[动物]隐喻

框架[人类]除了具备[生物体]的生物性特征如[健康]、[生命],也有与[动物]作为[生命体]共同的本能性特征如[移动],还有其独特的高层次特征如有感知能力、认知能力。本章讨论[人类]的生理和心理行为与特征,其社会行为与特征如"人际关系""体育"等在第七和第八章中讨论。如图4.6所示,框架[人类]是[具备感知能力的生命体]的次框架,并与[认知]是使用关系。本章主要讨论[人类]作为生命体的特征与行为产生的隐喻,如[公司是人](CORPORATIONS ARE PEOPLE)、[机构是人](INSTITUTIONS ARE PEOPLE)、[政党是人](POLITICAL PARTIES ARE PEOPLE)、[社会是人](SOCIETY IS A PERSON)、[政府是人](GOVERNMENT IS A PERSON)、[国家是人](NATION IS A PERSON)等。

图4.6 [人体]框架层级关系*

如表4.13所示,[人类]隐喻类符根据语义大致可以分为三类:身体状态、心理状态和生理部分。

表4.13 [人类]隐喻类符分类(频数≥10)

英 语	汉 语
strong weak vulnerable strengthen strength weaken vulnerability weakness sap	弱 虚弱
active taste actively sensitive sensitivity distress stress depressed distressed	活跃 能力 敏感性 潜能 禀赋 直觉 非理性 敏感度 潜力 敏感 专注 嗅觉 低迷 萎靡
behavior behave head lifeblood face arm backbone physical	骨干 掌上 痛点 肩负 背对背 疲软

首先,英语[人类]隐喻偏重身体的强弱状态,频数较高的类符为 strong、weak、strengthen、weaken、vulnerable、strength 等,与它们组成的隐喻语块包括 strong economy、weak economy、strengthen economy、weaken economy、vulnerable economy、financial strength 等,如句〔46〕至〔48〕所示。其中前 4 个类符是主题词(表 4.14)。例如,strong 的基本意义是"(身体)强壮",此处的语境意义是"经济景气",形成的具体隐喻映射是[经济景气是身体强壮]。

表 4.14 [人类]隐喻代表性类符 I

隐喻类符	LL	隐喻频数	构　式	代表性语块
strong	59.09	58	S-adj_mod_T-noun	strong economy
weak	15.83	45	S-adj_mod_T-noun	weak economy
strengthen	117.08	42	T-subj_S-verb	strengthen economy
weaken	25.57	11	S-verb_T-dobj	weaken economy

〔46〕 The efficient governmental administration is a fundamental backbone of a *strong* economy and a healthy society.

〔47〕 The government has, appropriately, responded to the *weak* economy and low inflation in recent months.

〔48〕 Technology will not only transform, but also improve our lives and *strengthen* our economies.

其次,英汉语都使用了表达心理状态的隐喻,频数较高的类符为 active、taste、distress 和"活跃""能力""敏感性",与它们组成的语块有 market is active、investor taste、financial distress 和"活跃市场""融资能力""利率敏感性"等,如句〔49〕至〔54〕所示。根据表 4.15 中的主题性值,汉语的积极心理状态更突出。"active/活跃"的基本意义为"(人)积极(参加体能活动)的",其语境意义为"交易频繁的、连续使用的","活跃市场"指"某一种股票、债券或大宗商品成交量极大的交易状况",形成的隐喻映射为[活跃的市场是积极的人]。

表 4.15 [人类]隐喻代表性类符 II

隐喻类符	LL	隐喻频数	构 式	代表性语块
active	8.73	40	T-noun_cop_S-adj	market is active
活跃	92.61	95	S-adj_mod_T-noun	活跃(的)市场
能力	413.4	60	S-noun_mod_T-noun	融资能力

〔49〕企业内部机制的逐步完善使企业获得外部融资能力增强。

〔50〕保险资金具有长期性,利率敏感性和最低收益要求。

〔51〕因发行方发生重大财务困难,导致金融资产无法在活跃市场继续交易。

〔52〕When determining a market is active or not, the number of new entrants should be taken into consideration.

〔53〕The concept of investor taste is related to "investor recognition of the investment program".

〔54〕The management team must have in mind those firms whose financial distress would pose a significant risk.

再次,英汉语都使用了表达生理行为和构成的隐喻,频数较高的类符有 behavior 和"骨干",两者均是主题词(表 4.16),与它们组成的语块有 firm behavior 和"骨干企业""业务骨干"等,如句〔56〕至〔58〕所示。其中 behavior 的基本意义是"人的行为",语境意义为"公司经营活动",形成的隐喻映射为[公司的经营是人的行为];"骨干"的基本意义是"(人或动物的)脊骨,脊柱",语境意义为"主要部分",形成的隐喻映射为[重要的企业是人的骨干],指向的基本隐喻为[重要性是中心](IMPORTANCE IS CENTRALITY)。

表 4.16 [人类]隐喻代表性类符 III

隐喻类符	LL	隐喻频数	构 式	代表性语块
behavior	112.05	22	T-noun_mod_S-noun	firm behavior
骨干	21.17	28	S-noun_mod_T-noun	骨干企业
		18	T-noun_mod_S-noun	业务骨干

〔55〕本公司是国务院国有资产监督管理委员会监管的国有重要<u>骨干企业</u>之一。

〔56〕This research offers a quantitatively useful framework for analyzing <u>firm *behavior*</u>.

最后，英汉语尤其英语较少使用［动物］隐喻。汉语使用的［动物］隐喻主要形成了隐喻语块"龙头企业"。"龙头"（主题词值为 88.88）的基本意义为"龙的头部"，转喻地激活了源域［龙］。龙为鳞虫之长，是中国等东亚区域古代神话传说中的神异动物，常用来象征祥瑞，这是中华民族等东亚民族最具代表性的传统文化之一。"龙头"喻指领袖人物，"龙头企业"指"在某个行业中，对同行业的其他企业具有很深的影响、号召力和一定的示范、引导作用，并对该地区、该行业或者国家做出突出贡献的企业"。因而，形成的隐喻映射是［影响力大的企业是龙头］。

〔57〕作为行业<u>龙头企业</u>，格力电器再一次用实际行动彰显了"业界良心"的责任和担当。

4.6　［植物］隐喻

框架［植物］的角色包括"植物个体""组成部分（根、茎、叶、果实等）""体积""特征（颜色、香味等）""生命周期""营养"等，其一般推理为：植物以种子为起点在合适的条件下成长，条件差、光和营养供给不足时植物会枯萎和死亡，其外在健康反映内在健康，从土中拔出根则威胁植物的存活。使用的框架为［生命周期］和［园艺］（见图 4.7）。

如表 4.17 所示，［植物］隐喻类符根据语义大致可以分为两类：植物个体和植物组成部分，形成的隐喻语块包括 bank branch、seed funding、dividend yield、field selling 和"产业空心化""投资品种""种子基金"等，如句〔58〕至〔63〕所示。其中"seed funding/种子基金"指专门投资于创业企业研究与发展阶段的投资基金，dividend yield（股息收益亦称股票收益）指"投资于公司股票所带来的收益"，"空心产业"指"物质生产和资本大量地、迅速地转移到国外的产业"。

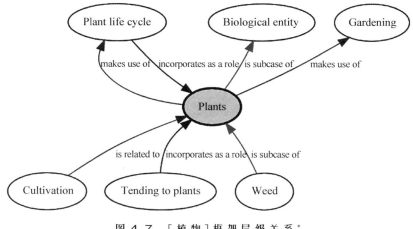

图 4.7 ［植物］框架层级关系*

表 4.17 ［植物］隐喻类符分类

英　　　语	汉　　　语
core　segment　branch　seed　segmentation	核心　分支　种子　空心
hedge　yield　windfall	品种

〔58〕 Transparency should apply regardless of whether a consumer obtains a product through a brick-and-mortar bank *branch* or an online portal using a smartphone.

〔59〕 This program addresses the gap in *seed* funding for local entrepreneurs.

〔60〕 The tax exemption partially offset by a decline in *field* selling costs.

〔61〕 目前公司面临着制造业向外转移*产业空心化*的风险。

〔62〕 瑞典 NUTEK 为刚起步的公司提供服务的*种子基金*.

〔63〕 公司将监督管理人日常投资行为,并根据不同管理人和*投资品种*的特性采取有针对性的风险控制措施。

英汉语的［植物］隐喻尤其突出了植物的物理特征,即组成部分"果实的中心"和"分支",如 core、segment、hedge 和"核心""(分)支"等,它们都是英汉语料中的主题词,所使用的构式如表 4.18 所示,与它们组成的语块如句〔64〕至〔68〕所示。

〔64〕 We're growing today's *core* businesses and technologies, incubating for the future and investing in long-term computing breakthroughs.

〔65〕 In our Internet of Things business, we focus our investments on areas where we see growth potential, such as the autonomous vehicle, industrial, and retail market *segments*.

〔66〕 In the lead-up to the crisis, Fannie and Freddie essentially operated as taxpayer-backed *hedge* funds.

〔67〕 在财富管理、私人银行、信用卡、零售贷款、消费金融、电子银行等核心业务领域,本公司均具备突出的竞争优势。

〔68〕 筹集资金将主要用于满足沿线分支机构一带一路项目的资金需求,包括码头、电力、交通、机场建设等。

表 4.18　〔植物〕隐喻代表性类符

隐喻类符	LL	隐喻频数	构　式	代表性语块
core	97.81	108	S-adj_mod_T-noun	core business
segment	266.46	105	T-noun_mod_S-noun	market segment
hedge	48.11	48.11	S-noun_mod_T-noun	hedge fund
核心	240.73	128	S-noun_mod_T-noun	核心资本
		50	T-noun_mod_S-noun	企业核心
分支	134.34	84	S-noun_mod_T-noun	分支机构
		28	T-noun_mod_S-noun	公司分支

　　"core/核(心)"的基本意义指"果实中坚硬并包含果仁的部分",此处语境意义为"最重要的部分",与之组成的频数最高的隐喻语块为 core business、"核心资本"等,如句〔69〕和〔70〕所示。由于 business 词义广泛,可指"行业、职业、生意、交易、商业、事务、业务",所以 core business 可狭义地指核心价值与核心利益来源的市场,也可指核心的行业、职业、生意、交易、商业、事务、业务。core business 的两个词汇单元激活了源域框架

［植物］和目标域框架［商务］，形成了具体的隐喻映射［企业的重要业务是植物的中心部分］，指向的基本隐喻为［重要性是中心］（IMPORTANCE IS CENTRALITY）和［企业是植物］（BUSINESSES ARE PLANTS），其上位隐喻是［社会组织是植物］（SOCIAL ORGANIZATIONS ARE PLANTS）。

［69］In the next decade, the most successful companies will be those that integrate sustainability into their *core* businesses.

［70］核心偿付能力充足率，是指**核心资本**与最低资本的比率，反映保险公司核心资本的充足状况。

segment 的基本意义为"植物的种子、果实或球茎可以分开的片状物"。同样，"支"（后作"枝"）的基本意义为"树的枝条"。两者的隐喻意义为"附属于总体的一个部分"，此处的语境意义指"企业或公司的分支机构"。与两者组成的频数较高的隐喻语块 business segments、market segments 和"分支机构""支公司"等，如句［71］至［74］所示。以 business segments 为例，business segments 指规模庞大且业务多样化的大型公司总体运营下设的分支机构，每一个分部门的盈利和成本都独立入账。business segments 的两个词汇单元激活了源域框架［植物］和目标域框架［公司］，形成了具体的隐喻映射［公司的分部是植物的分支］，指向了一般隐喻为［公司是植物］，映射原则可总结为：公司被理解为植物，是因为植物在成长过程中会生出许多枝丫，同样公司在发展过程中会建立分公司。

［71］While each of our key business *segments* manage the execution of its own go-to-market and distribution strategy, our business segments also collaborate to ensure strategic and process alignment where appropriate.

［72］We continue to invest in improving Intel architecture and product platforms to deliver increased value to our customers and expand the capabilities of the architecture in adjacent market *segments*.

［73］该数据为获得相关监管部门开业批复及向上海自贸区报备的所有**分支机构**，包括已获取批复但尚未开始营业的分支机构。

〔74〕2015 年 7—8 月，新华保险东莞中心<u>支公司</u>再度与《东莞时报》合作"社区行"活动。

4.7 ［生物体］隐喻意义

表 4.19 列举了［生物体］隐喻所涉及的主要目标域词语，反映了所认知的概念如经济、市场、资产、企业等。从与目标域词语组成的频数最高的代表性语块来看，英语主要使用生物体的成长（growth）来认知上述概念，而汉语主要使用生物体（植物）的组成部分（分支、核心）来认知上述概念。

表 4.19　［生物体］隐喻相关的目标域词语（前 10）

英　语			汉　语		
目标词	频数	代表性语块	目标词	频数	代表性语块
economy	315	growth of economy	企业	407	龙头企业
business	246	core business	市场	143	活跃市场
productivity	218	productivity growth	经济	140	经济复苏
economic	217	economic growth	公司	79	公司分支
asset	140	long-lived assets	机构	78	分支机构
market	137	market segment	业务	74	核心业务
charge	130	impairment charge	融资	49	融资能力
trade	124	trade growth	资本	44	核心资本
GDP	110	GDP growth	资产	23	资产寿命
export	58	export growth	出口	20	出口存活

满足隐喻映射的类符指示主要意义焦点。英语隐喻类符中满足映射原则的是 growth，在 WordNet 和 SUMO 中查询获得的意义或概念均突出了［增长］，那么该隐喻映射突显"生物体的正向特征——增长性"，映射原则可总结为：经济被理解为生物体，是因为生物体会成长而经济会增长，表达了目标域概念的发展能力和前景。汉语中无满足映射原则的隐喻类

符,频数最高的为"核(心)",该词在 WordNet 和 SUMO 中查询获得的意义或概念均突出了主观评价属性[重要的],那么该隐喻映射突显"植物的核心部分",映射原则可总结为:企业被理解为植物,是因为植物果实有中心部分而企业的众多业务中有其重要的部分。英汉语[生物体]隐喻中的代表性语块如 economic growth 和"核心资本"的两个词汇单元"economic/资本"和"growth/核心"分别激活了目标域[经济]和源域[生物体](图 4.8),隐喻类符如 growth、"核心"等指示的源域框架的角色对应了目标域框架的相应角色如"(经济)发展""(生物体)的组成部分"等,从而激活隐喻映射[经济是生物体]。

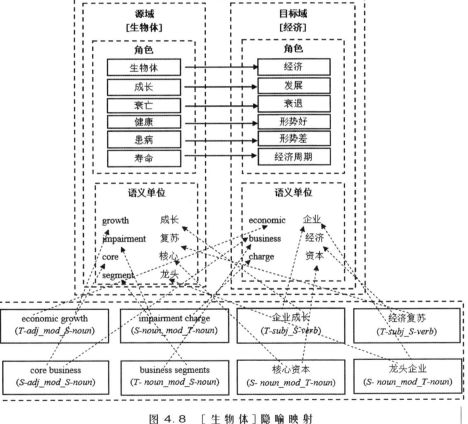

图 4.8 [生物体]隐喻映射

激活高层隐喻[经济是生物体]的同时激活了相应的隐喻级联或层级

性网络结构及其较具体的隐喻意义,如图 4.9 所示。高层隐喻是[经济是生物体],包括生物体共同的特征形成的[生命]隐喻和[健康]隐喻,以及下层隐喻[经济是人]、[经济是动物]、[经济是植物]。从各自隐喻的代表性语块来看,英汉语[生物体]隐喻主要突显生物体的正向特征及行为映射至经济与商务领域,以表达经济和商务活动中的积极特征。然而,[健康]隐喻突显了更多的负面特征,若把经济看作生病的生物体,则表明经济是被动的实体以及其状况受到决策是否正确的影响,那么经济学家如医生治病救人一样在影响经济事件中起到积极的作用(Charteris-Black 2000:157),强调了人们对经济状况的责任性。与此相反,使用[健康]隐喻也表明许多疾病是由基因突变和个人无法控制的外部因素引起的,经济状态不以人类意志为转移从而不具可控性(Nicaise 2014)。

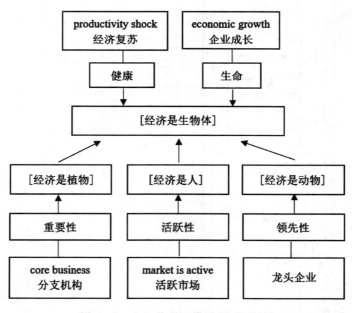

图 4.9 [生物体]隐喻层级关系

此外,[生物体]是[相互联系/系统]隐喻的主要成员之一。[生物体]隐喻中的[生命]和[健康]两类隐喻倾向以[相互联系/系统]的动态层面认知目标域,即[生物体]的成长、健康、生命力等映射至[经济]的发展、周期等,如"economic recovery"和"经济恢复"等。[生物体]隐喻中的[人]、[植物]和[动物]隐喻偏重以[生物体]的静态层面认知目标域,即整体或内部结构的相似性,以[生物体]整体或内部结构概念化[经济]的整体或内部结构,如"核心企业"、market segment 等。

除了上述研究语料中的主要意义焦点及具体隐喻意义外,源域的框架关系也指示了隐喻[经济是生物体]的一般意义。如图 4.2 所示,框架[生物体]使用框架[生命周期],后者是前者的主要特征,产生了商务话语中[生物体]隐喻映射的基础,即商业周期(扩张、衰退、收缩、改善)和生命周期的相似性(出生、成长、顶峰、死亡)(White 2004)。又如图 4.6 所示,[人]的主要区别性特征是[感知/认知]及[有意行为],使用拟人化隐喻意在将商务活动描述为有意志的行为,反映了人的施为性(Tourish & Hargie 2012)。

4.8 小 结

本章讨论了[相互联系/系统]隐喻中的[生物体]隐喻,再根据意义将[生物体]隐喻分为[生命](生物体共享的生命行为或特征)、[健康](生物体共同的健康状态)、[人类]、[动物]和[植物]隐喻,按总频数排序依次为[生命]、[健康]、[人类]、[植物]和[动物]隐喻。英语比汉语使用了更多的[生物体]隐喻。英语多以名词性隐喻和形容词性隐喻表达商务情况,而汉语多以名词性隐喻和动词性隐喻表达商务情况。英汉语使用[生物体]隐喻即[经济是生物体],从[生物体]的成长、健康、生命力、结构等方面认知目标域[经济]的发展、周期等,主要强调生物体的正向特征——增长性和生命周期映射至目标域,表达了目标域[经济]的发展能力和前景。下一章将讨论[相互联系/系统]隐喻中的[无生命]隐喻。

第五章

无生命隐喻

5.1 引 言

　　如第二章所述,[相互联系/系统]隐喻家庭其他核心成员为[人造物体](CONSTRUCTED OBJECT)和[自然物体](NATURAL OBJECT),如建筑、地理特征等,分别代表结构性特征和功能行为、自然物理特征和行为,它们是"存在之链"上低于[生物体]的实体(Lakoff & Turner 1989: 167)。本章将它们作为源域形成的隐喻统称为[无生命](INANIMATE)隐喻,先介绍框架[无生命]的基本概念及其所包括的角色或元素,以及所涉及的隐喻映射,再分类对比分析[无生命]隐喻在语言层次和映射层次的异同,最后解读[无生命]隐喻所产生的意义。

5.2 [无生命]隐喻简述

如图 5.1 所示,框架[实体]的一类为[物理实体](物理上可感知的物体和物质),其角色包括"个体""成分""名称""类型""形成原因"等。其下层框架包括[人工制品]、[物体]、[物质]和[食物],其中[食物]隐喻较少且与[植物]联系更紧密,故不在本章讨论。如第二章所述,人们常

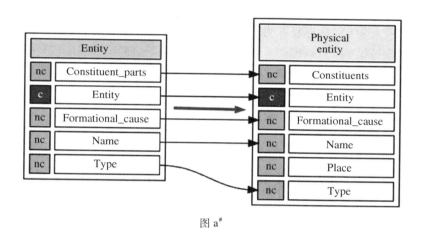

图 a#

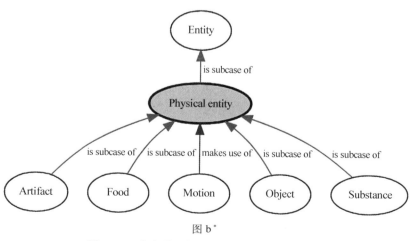

图 b*

图 5.1 [实体]框架元素及其层级关系

以对客观实物的感知、较具体的实体和物质来体验较抽象的事件、活动、感情、想法等，把一些特性、事件或情境看作是可移动的物体，可以被人所获得、占有、转赠或丢弃，即实体隐喻，也称为物体事件结构隐喻（Dancygier & Sweetser 2014：48）。例如，［经济资源是物理实体］（ECONOMIC RESOURCES ARE PHYSICAL ENTITIES）、［状态是物体］（STATES ARE OBJECTS）、［事件是物体］（EVENTS ARE OBJECTS）、［资金是物质］（MONEY IS A SUBSTANCE）、［财富是物质］（WEALTH IS A SUBSTANCE）等。

本章把标注为 H［建筑与房屋］、O［物质、材料、物体与设备］、N［数字与测量］和 W［世界与环境］作为源域形成的隐喻统称为［无生命］隐喻，并分为四个部分：［物质］、［物体］、［物理特征］和［可测量性］。［物体］和［物质］的区别在于前者为有界实体后者为无界实体，两者的共同特性为［物理特征］和［可测量性］。如图 5.2 所示，［物质］分为［固体］、［液体］和［气体］；［物体］分为［人造物体］和［自然物体］，其中［人造物体］又包括［建筑］、［机器］和其他。

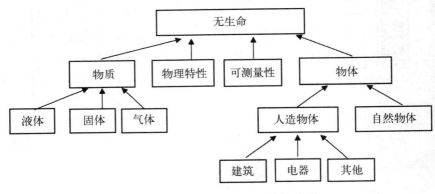

图 5.2　［无生命］框架层级关系

［无生命］隐喻在研究语料库中的形符共计 13 832 个（隐喻类符 423 个），其中在英语语料库中 8 390 个（隐喻类符 208 个），在汉语语料库中 5 442 个（隐喻类符 215 个），详见表 5.1。从隐喻形符的标准化频数（英汉语分别为 2 738 和 2 420）和对数似然比检测一致性结果（$p<0.001$, $df=1$, $LL=39.07$）上来看，英语比汉语使用了更多的［无生命］隐喻。从英汉语中［生物体］隐喻类形符的比值（2.48 和 3.95）来看，说明汉语在隐喻表达上要更丰富多样。

表 5.1　[无生命]隐喻类符及形符数对比

	隐喻类符数	隐喻形符数					隐喻形符标准化频数	隐喻类形符比
		形容词	名词	动词	其他	合计		
英语	208	2 492	3 684	520	1 694	8 390	2 738	2.48
汉语	215	1 351	3 450	641	0	5 442	2 420	3.95
合计	423	3 843	7 134	1 161	1 694	13 832	2 604	3.06

表 5.2 表明,按总频数排序次类隐喻依次为[物体]、[可测量性]、[物理特性]和[物质]隐喻。从标准化频数来看,英语的各次类隐喻使用都比汉语多;对数似然比检测一致性结果表明,在使用[物体]、[可测量性]隐喻上有显著差异($p<0.001$, $df=1$, LL=22.62;$p<0.001$, $df=1$, LL=65.92),在使用[物质]、[物理特征]隐喻上无显著差异($p>0.05$, $df=1$, LL=0.11;$p>0.05$, $df=1$, LL=0.03)。

表 5.2　[无生命]隐喻分类

	英　语		汉　语		合　计	
	原始频数	标准化频数	原始频数	标准化频数	原始频数	标准化频数
[物质]隐喻	373	122	133	40	506	95
[物体]隐喻	5 044	1 646	2 927	874	7 971	1 501
[可测量性]隐喻	2 323	758	1 847	552	4 170	785
[物理特征]隐喻	650	212	535	160	1 185	223
合计	8 390	2 738	5 442	2 420	13 832	2 604

表 5.3 是英汉[无生命]隐喻频数位居前 20 的类符,英汉语使用了意义相同的类符,包括描述物质和物体的可测量性特征、物理特性的词语,如"low/成长""small/小""volatility""绿色"等;表达物体名称的概括性和具体性的词语,如"instrument/工具""chain""平台"等;描述物质和物体的行为或对它们实施行为的词语,如 operate、open 和"扭曲""增速"等。

表 5.3　[无生命]隐喻类符（前 20）

英 语						汉 语					
载体词	频数	词性	载体词	频数	词性	载体词	频数	词性	载体词	频数	词性
in	1 618	*prep.*	facility	158	*a.*	工具	676	*n.*	扭曲	108	*v.*
chain	968	*n.*	open	155	*v./a.*	结构	644	*n.*	小微	99	*a.*
operating	499	*a.*	volume	152	*n.*	内部	318	*n.*	基础	99	*n.*
low	427	*a.*	volatility	137	*a.*	中小微	228	*a.*	环境	87	*n.*
large	366	*a.*	climate	131	*n.*	无形	196	*a.*	中小	82	*a.*
small	276	*a.*	instrument	123	*n.*	组合	177	*n.*	平台	80	*n.*
high	264	*a.*	measure	112	*v/n.*	渠道	173	*n.*	绿色	80	*a.*
operation	201	*n.*	operate	108	*v.*	水平	169	*n.*	增速	78	*v.*
circle	178	*n.*	elasticity	95	*n.*	影子	133	*n.*	低	68	*a.*
base	175	*n.*	liquidity	77	*n.*	高	110	*a.*	外	66	*a.*

　　表 5.4 列出了[无生命]隐喻的构式及其代表性隐喻语块，如 supply chain、in the market、business circle、credit facility 和"金融工具""无线资产""产业结构""影子银行"等，该隐喻涉及话题（目标域）包括经济组成部分、企业规模、金融结构等，如句〔1〕至〔8〕所示。从构式上看，英语多使用 S-adj_mod_T-noun、T-noun_mod_S-noun、S-prep_T-noun，多以名词性隐喻和形容词性隐喻表达商务情况；汉语多使用 T-noun_mod_S-noun、S-adj_mod_T-noun、S-noun_mod_T-noun，也多以名词性隐喻和形容词性隐喻表达商务情况。英语中使用了 in 这类介词性规约化隐喻。

〔1〕 Our *small* business services offerings primarily include high-tech products warrants.

〔2〕 Multiple steps have been taken to reduce *shadow* banking risks.

〔3〕 The iPhone supply *chain* provides a simple illustration of outsourcing.

〔4〕 Interest rate derivative financial *instruments* may have a significant effect on the company's financial condition.

〔5〕当地政府对**小微企业**等对公客户采取服务收费减免和优惠措施。

〔6〕积极运用利率**互换**等衍生工具对冲风险,大力**拓展**对客外汇交易**业务**。

〔7〕**金融工具**包括金融资产、金融负债和权益工具。

〔8〕"**影子银行**"业务规模的快速扩张给银行市场的监管带来了新的挑战和风险。

表 5.4　[无生命]隐喻语块及构式

构 式 类 型	英语隐喻语块(F>10)		汉语隐喻语块(F>10)	
	代表性语块	总频数	代表性语块	总频数
S-adj_mod_T-noun	small business open economy low cost operating lease circular economy diluted earning liquid assets sticky price	2 506	中小微企业 无线资产 低成本 轻型银行 绿色信贷 弹性汇率 高房价 快速业务	1 324
S-noun_mod_T-noun	base rate iceberg cost shadow banking	215	影子银行 组合资产 基础价值	646
S-noun_of_T-noun S-noun_prep_T-noun	pattern of trade close of business line of business volatility in price	301 82	／	
S-prep_T-noun	in the market in the economy in the business	1 694	／	
S-subj_T-verb	transaction close	23	／	
S-verb_T-dobj S-verb_Prep_T-noun	measure assets operate business hold investment open up economy	284 12	吸收外资 扭曲市场 拓展业务	284
T-adj_mod_S-noun	financial instrument financial measure	273	／	

构式类型	英语隐喻语块（F>10）		汉语隐喻语块（F>10）	
	代表性语块	总频数	代表性语块	总频数
T-noun_mod_S-noun	supply chain business circle credit facility investment climate trade elasticity market liquidity	2 809	金融工具 权益工具 产业结构 公司内部 工资水平 投资环境	2 852
T-noun_cop_S-adj	interest rate is low	48	公司透明	27
T-subj_S-verb	company operate debt deleverage	139	经济增速 债务重组	309

5.3　［物质］隐喻

5.3.1　［物质］隐喻简述

　　本章把描述［固体］、［液体］和［气体］特征的隐喻归为一类，称为［物质］隐喻。框架［物质］的角色包括"物质""拥有者""来源""类型""目的""描述""组成成分"（图 5.3），以该框架形成的隐喻包括［资金是物质］（MONEY IS A SUBSTANCE）、［财富是物质］（WEALTH IS A SUBSTANCE）、［时间是物质］（TIMES IS A SUBSTANCE）、［情感是物质］（EMOTIONS ARE SUBSTANCES）、［品质是物质］（QUALITIES ARE SUBSTANCE）等。

　　如表 5.5 所示。这类隐喻在研究语料中的总形符数为 506（隐喻类符 26 个），其中在英语语料库中 373 个（隐喻类符 17 个），在汉语语料库中 133 个（隐喻类符 9 个）。从隐喻形符的标准化频数（英汉语分别为 122 和 40）和对数似然比检测一致性结果（$p<0.001$，$df=1$，$LL=22.62$）上来看，英语使用了更多的［物质］隐喻，英汉语都使用了更多的［液体］隐喻。英汉语中［物质］隐喻类形符比值相差较大（4.56 和 6.76），说明汉语隐喻表达的要丰富得多。从词义上看，英汉语使用了意义相同的隐喻类符，如"dilute/稀释""source/来源"等。

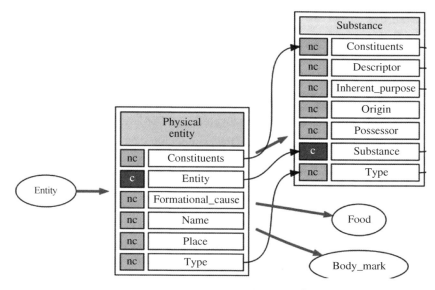

图 5.3　[物质]框架及元素#

表 5.5　[物质]隐喻类符分类

	英　语			汉　语		
	类符数	形符数	类　　符	类符数	形符数	类　　符
固体	2	8	solid dry	0	0	/
液体	11	350	volatility liquidity liquid dilute source volatile liquidation dampen absorb concentration evaporate bubble	9	133	吸收　来源 稀释　本源 沉淀　饱和 泡沫　稀释性
气体	4	15	inflation deflation inflate	0	0	/
合计	17	373	/	9	133	/

　　表 5.6 列出了[物质]隐喻的构式及其代表性隐喻语块,[物质]隐喻涉及话题(目标域)为商务领域的资金部分,包括收益、资产、价格、房产、市场等。从构式上看,英语多使用 T-noun_mod_S-noun、S-adj_mod_T-noun,以名词性和形容词性隐喻如 volatility、liquidity、liquid、source、inflation 等表达资金的变动状况,描述更静态,如句[9]至[10]所示;汉语

多使用 S-verb_T-dobj,以动词性隐喻如"吸收""稀释"表达资金的变动情况,描述更动态,如句〔11〕所示。英语中使用了少量的〔固体〕和〔气体〕隐喻,如 solid sales、wage inflation、price deflation、funding dry up,如句〔13〕至〔14〕所示。

〔9〕 The latest trade policy could also lead to higher employment *volatility* for workers employed by an importing firm.

〔10〕 They are excluded from the computation of *diluted* earnings per share.

〔11〕 近年来,中国吸收外资的能力始终保持在发展中国家里的第一名。

〔12〕 家电等领域国内市场已趋于饱和。

〔13〕 Our successful Holiday events drove *solid* comparable sales during the quarter.

〔14〕 Our main gauges of wage *inflation* suggest that labor compensation is far from being sufficient.

表 5.6 〔物质〕隐喻语块及构式

构式类型	英语隐喻语块(F>10)		汉语隐喻语块(F>10)	
	代表性语块	总频数	代表性语块	总频数
S-adj_mod_T-noun	diluted earnings liquid assets solid sales	89	/	/
S-noun_mod_T-noun	liquidation fund	10	/	/
S-noun_of_T-noun	source of financing	28	/	/
S-noun_prep_T-noun	volatility in the price	19	/	/
S-verb_T-dobj	/	/	吸收外资 吸收存款	67
T-noun_mod_S-noun	market liquidity exchange rate volatility market volatility wage inflation	196	房产泡沫 资金来源	49
T-subj_S-verb	/	/	市场饱和	15

5.3.2 ［物质］隐喻映射

映射至目标域中的主要［物质］隐喻是［液体］隐喻。如图 5.4 所示，框架［液体］与框架［吸收］、［液体流动］之间是角色关系，与框架［血流］、［液体容器］、［释放液体］之间是使用关系。框架［液体］用于概念化框架［资金］形成了隐喻［资金是液体］（MONEY IS A LIQUID），其上层隐喻是［资金是物质］、［资源是液体］（RESOURCE IS A LIQUID），隐含的隐喻是［资金转移是液体流动］（MONEY TRANSFER IS FLUID MOTION）①。

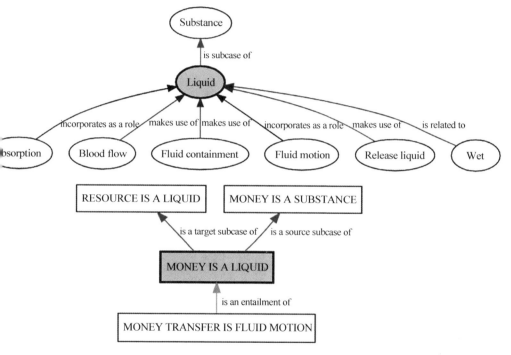

图 5.4 ［液体］框架层级关系与隐喻 *

英语［液体］隐喻中表达特征和行为的意义主要为"挥发""稀释"等，即［液体流动］。如表 5.7 所示，这些词语均大部分为语料中的主题词，多为名词性和形容词性隐喻。volatile 和 volatility 为英语［液体］隐喻中频数最高的类符，与它们形成的频数最高的隐喻语块分别是 exchange rate

---

① 第六章的［移动］隐喻更侧重［液体流动］。

volatility、price volatility、market volatility 等,如句〔15〕至〔16〕所示。volatile 的基本意义为"液体的挥发性",其语境意义指"价格变动"。exchange rate volatility 指"货币对外价值的上下波动,包括货币贬值和货币升值",market volatility 指"公司股票市场、债券市场、房地产市场、土地市场、商业组织市场、商品市场、可收集品市场和外汇市场等投机市场中的价格波动",形成的具体隐喻映射为[价格变动是液体挥发]。

〔15〕We believe that the price *volatility* of these products is partially due to the recent earthquake and will not last in the long run.

〔16〕The debt crisis and further financial market *volatility* will have an impact on the global economy.

表 5.7　英语[液体]隐喻代表性类符

隐喻类符	LL 值	隐喻频数	构　式	代表性语块
volatility	281.5	137	S-noun_Prep_T-noun	volatility in price
			T-adj_mod_S-noun	economic volatility
			T-noun_mod_S-noun	exchange rate volatility
volatile	17.81	10	S-adj_mod_T-noun	volatile exchange rate
liquidity	422.29	77	T-noun_mod_S-noun	market liquidity
liquid	/	39	S-adj_mod_T-noun	liquid assets
dilute	30.39	39	S-adj_mod_T-noun	diluted earning
source	78.59	33	S-noun_of_T-noun	source of financing

　　其次,与 liquidity、liquid 和 liquidation 形成的隐喻语块分别为 market liquidity、liquid assets、liquidation fund 等,如句〔17〕至〔18〕所示。形容词 liquid 的基本意义为"液体的、(液体)流动的",语境意义为"(资产)流动的、有现金的、(市场)活跃的";而其名词 liquidity 的基本意义为"液体状态",语境意义为"(财政)资产折现力,资产货币互换力";另一名词 liquidation 的基本意义为"转换成液体的过程",语境意义为"将(资产)变现,变卖",即"获取现金的过程对应转换成液体的过程"。词组 market liquidity（市场流动性）指"在保持价格基本稳定的情况下,达成交易的速度或者说是市场参与者以市场价格成交的可能性";liquid assets（流动资产）指"企业拥有的现金以及可以转换成现金的资产";liquidation fund（清算基金）指"全部变现并分给持有人的基金资产"。英语[液体]隐喻产生了诸如此类的许多商务专门用途词汇,如 diluted earnings、employment volatility、price volatility、liquid investment 等。

〔17〕A new equilibrium emerges in market *liquidity*.

〔18〕The company's primary investing strategy is to invest in *liquid* assets, due to the level of liquidity.

如上所述,[液体]隐喻也是汉语中映射至目标域中主要的[物质]隐喻。汉语[液体]隐喻中表达特征和行为的意义强调[液体吸收]（ABSORPTION）。隐喻类符按频数高低依次为"吸收""稀释"和"来源",与之组成的隐喻语块包括"吸收外资""收益稀释""资金来源"等,如句〔19〕至〔20〕所示。"吸收外资"是利用来自国外的货币资金和以物资、技术、专利等表现的国外资本,以解决本国资金、设备不足的困难,或进行资金调节,达到发展本国经济的目的,形成的具体隐喻映射为[利用资金是吸收液体]。此外,"收益稀释"指"在基本每股收益的基础上,潜在普通股（如公司发行的可转债）转换为普通股后,使普通股总数增加,重新计算每股收益,导致每股收益被减少"。

〔19〕在计算每股收益稀释时,需扣除非经常性损益。

〔20〕本集团的主要资金来源是营业活动产生的现金以及长期和短期借款。

5.3.3 [物质]隐喻意义

表5.8列举了[物质]隐喻所涉及的目标域词语,主要指示可用数字衡量（增减变化）的金融概念,如资金、价格、资产、收益、汇率等。此处 market liquidity 的 market 指可测量的市场交易速度或价格。英语主要用液体的"流动性""挥发性"认知上述概念,而汉语主要用"液体被吸收"认知上述概念。

表 5.8 ［物质］隐喻相关的目标域词语（频数≥10）

英　　　语			汉　　语		
目标词	频数	代表性语块	目标词	频数	代表性语块
market	81	market liquidity	外资	52	吸收外资
earnings	38	diluted earning	存款	16	吸收存款
assets	35	liquid assets	房价	15	房价泡沫
exchange rate	34	exchange rate volatility	资金	12	资金来源
price	33	volatility in price	收益	11	收益稀释
employment	19	employment volatility			
funding	15	funding source			
income	13	income volatility			
sales	11	sales volatility			
investment	10	liquid investment			

　　总体来说，英汉语使用的最具代表性的概念隐喻是［资金是液体］以及［资金数量变化是液体移动］，其他相关映射如表 5.9 所示。［液体］之所以能映射至［资金］是由于［液体］的特征和功能。其一，液体不能自制而是永远处在流动状态中，于是形成了液体的流动性与事物的易变性、所有权转移之间的联系，即［资金转移是液体流动］。其二，由于液体本身没有内在的形状，需盛装在封闭的容器内，即［市场是容器］。英语隐喻类符中满足映射原则的是 volatility，在 WordNet 和 SUMO 中查询获得的意义或概念均突出了"不可预测的不稳定性"，那么该隐喻映射突显"物质的负向特征——易变性"，映射原则可总结为：资金被理解为液体，是因为液体是流动的而资金是易变的，即［易变性是流动性］（EASE OF CHANGE IS FLUIDITY）。汉语隐喻类符中满足映射原则的是"吸收"，在 WordNet 和 SUMO 中查询获得的意义或概念均突出了"使之成为一体的有意过程"，那么该隐喻映射突显"物质的被迫移动性"，映射原则可总结为：资金被理解为液体，是因为液体作为物质被移动而资金作为价值被改变所有权，即［所有权改变是移动］（CHANGE OF OWNERSHIP IS MOTION）。这些映射原则反映了［资金是液体］的主要意义焦点。

表 5.9 从[液体]到[资金]的部分映射

源域:[液体]	目标域:[资金]
液体	资金
液体挥发	资金变动
液体流动	资金转移
液体承装的容器	资金转移的市场

[液体]隐喻又称[水]隐喻,其隐含的意义具有两面性。一方面,水的持续流动造成不稳定性,水泛滥成灾而无法控制;另一方面,水又是生命中必不可少的元素,因而又被赋予了积极意义(Tomoni 2012)。"液体流动成为了建模整个经济的基础"(Charteris-Black 2004:162),如经济学中表示资金与市场资源走向的模型"流程循环"(circular-flow)。此外,固体的物理状态常形成块状而难以剥离,因而[固体]隐喻通常用于谈论巨大而无法切分的资金,如 solid profit;气体易飘散且不可控制,因而[气体]隐喻通常用于谈论实际价值低于面值、无法识别资金所有权转移等情形,如 price inflation(O'Connor 1998)。

5.4 [物体]隐喻

5.4.1 [物体]隐喻简述

如图5.5所示,[物体](有界实体)的角色包括"实体""名称""地点""类型""组成部分""形成原因"等。图5.6是[物体]框架关系图,是[有界实体]和[物理实体]的次框架,包括的次框架有[人工制品]、[地理特征]、[复杂物体]、[工具]等。如上所述,本章把[物体]分为[人造物体]和[自然物体],其中[人造物体]又包括[建筑]、[机器]和其他。以该框架形成的隐喻有[主意是物体](IDEAS ARE OBJECTS)、[关系是物体](RELATIONSHIPS ARE OBJECTS)、[机会是物体](OPPORTUNITIES ARE OBJECTS)、[情感是物体](EMOTIONS ARE OBJECTS)、[事件是物体](EVENTS ARE OBJECTS)等。

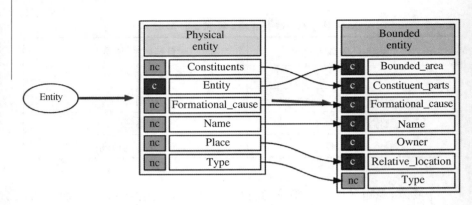

图 5.5　［物体］框架及元素#

如表 5.10 所示,这类隐喻在研究语料中的总形符数为 7 971(隐喻类符数 178),其中在英语语料库中 5 044 个(隐喻类符数 95),在汉语语料库中 2 927 个(隐喻类符数 83)。从隐喻形符的标准化频数(英汉语分别为 1 646 和 874)和对数似然比检测一致性结果($p<0.001$,$df=1$,$LL=65.92$)上来看,英语比汉语使用了更多的［物体］隐喻,其中二者使用了更多的［建筑］隐喻。英汉语中［物体］隐喻类形符比的值有些许差异(1.88 和 2.84),说明汉语在隐喻表达上要更多样。

表 5.10　［物体］隐喻类符分类

	英　　语			汉　　语		
	类符数	形符数	代表性类符	类符数	形符数	代表性类符
自然	30	353	climate channel iceberg shadow geography landscape	22	476	影子　环境　峰谷　风波　生态谷　冰山
建筑	31	2 498	in base facility open into openness external build close	33	1 602	结构　内部　基础　平台　外外部　开放
机器	17	1 038	operating operation operate working power unit drive	14	92	机制　杠杆　驱动　触发　引擎带动
其他	17	1 155	chain instrument hold key basket wedge	14	757	工具　笔　链板块　链条　阀短板　带
合计	95	5 044		83	2 927	

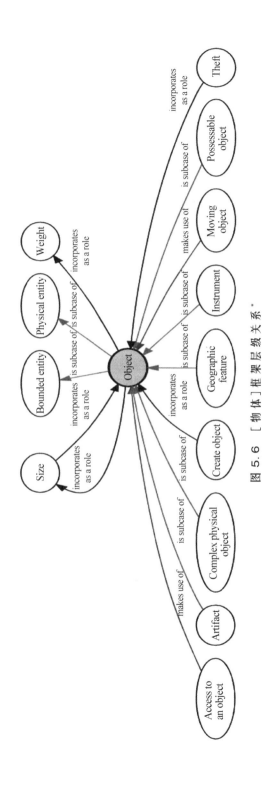

图 5.6 ［物体］框架层级关系 *

5.4.2 ［自然物体］隐喻

如图 5.7 所示，在 FrameNet 里框架［自然物体］与框架［地理特征］或［自然特征］（［地理特征］或［自然特征］也是［场所］的下层框架，与第六章的［移动］隐喻的［位置］也有联系）最接近，主要指自然界的物体如"冰川"，也包括与之相关的地理空间如"渠道"，以及非实物的自然现象如"天气""影子"，其主要角色包括"地点""组成部分""形成原因""相对位置""描述"等，它的上位框架为［有界实体］或［物体］，下位框架包括［水域］、［荒野］、［地理空间］、［大型地理区域］等。

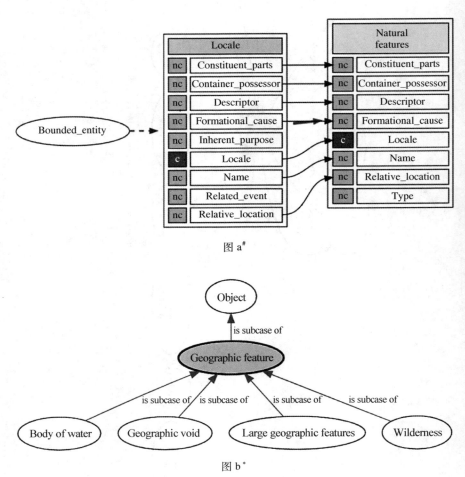

图 a#

图 b*

图 5.7　［自然物体］框架元素及层级关系

如表 5.11 所示,英汉语[自然物体]隐喻类符可分为两类:表示地理空间的 channel、landscape、pool 和"渠道""环境""峰谷""池"等,表示自然现象和事物的 shadow、fire、wave、climate、flood、iceberg 和"影子""风暴""冰川"等。英汉语[自然物体]隐喻类符的词义相差较大。

表 5.11　[自然物体]隐喻类符分类(频数≥10)

英　　语	汉　语
channel　geography　landscape　pool summit　stream　mountain	渠道　环境　峰谷　池
climate　iceberg　shadow　fire　turbulence wave　flood	影子　风波　冰山　风暴　冰川

表 5.12 列出了[自然物体]隐喻的构式及其代表性隐喻语块,如"iceberg cost/冰山成本""shadow bank/影子银行""峰谷定价""融资环境""金融风波""金融风暴"等,如句〔21〕至〔22〕所示。从构式上看,英汉语多使用 T-noun_mod_S-noun 和 S-noun_mod_T-noun,以名词性隐喻表达商务情况。

表 5.12　[物质]隐喻语块及构式

构式类型	英语隐喻语块(F>10)		汉语隐喻语块(F>10)	
	代表性语块	总频数	代表性语块	总频数
S-noun_mod_T-noun	iceberg cost	71	影子银行	138
S-noun_of_T-noun	wave of trade	22	/	/
T-adj_mod_S-noun	financial channel	20	/	/
T-noun_mod_S-noun	trade channel business climate investment climate	235	客户渠道 投资环境 市场环境	336

首先,表 5.13 列举了表示自然现象与事物的频数较高的隐喻类符及相关语块与构式,它们大部分为语料中的主题词。英语[自然物体]隐喻中频数最高的类符为 climate,与之组成的隐喻语块有 investment climate、business climate、fiscal climate,如句〔21〕所示。climate 的基本意义指"给定地区的天气状况和天气发展所示的变动着的大气状态",转喻地指称

"具备某种天气的地区",此处的语境意义为"一个团体或一个时期流行的倾向或环境条件"。investment climate 指"投资者在他国进行投资时所面临的文化、经济、社会和政治等各种条件的总述",其两个词汇单元激活了源域框架[自然过程]和目标域框架[投资],形成了具体的隐喻映射[投资条件是气候],指向的基本隐喻为[情形是天气](SITUATION IS WEATHER),与之相关的隐喻为[市场是自然过程](MARKET IS A NATURAL PROCESS)。

[21] Governments offer incentives to foreign investors in the form of low royalty rates in risky <u>investment</u> *climates*.

[22] The *iceberg* cost is a trick used to avoid modeling the transportation market.

表 5.13 [自然物体]隐喻代表性类符 I

隐喻类符	LL 值	隐喻频数	构式	代表性语块
climate	90.01	131	T-noun_mod_S-noun	investment climate
iceberg	25.15	36	S-noun_mod_T-noun	iceberg cost
shadow	/	17	S-noun_mod_T-noun	shadow banking
影子	15.71	133	S-noun_mod_T-noun	影子银行

此外,iceberg trade cost(冰山型贸易成本)指"一单位商品从 i 国运输到 j 国时,会发生一部分(T_{ij})损耗,就如同冰山穿越海洋时会有一部分融化消失一样。例如,1 单位商品从 i 国运输到 j 国时,由于冰山型贸易成本的存在,抵达 j 国时只剩下($1-T_{ij}$)单位商品"(吴巧巧 2014)。此处,"冰山"的语境意义为"不确定的、未知的现象",形成了具体的隐喻映射[贸易成本损耗是冰山融化],指向的基本隐喻为[未知的是看不见的](UNKNOWN/IGNORED IS INVISIBLE)和[不确定的是不稳定的](UNCERTAIN/UNRELIABLE IS INSTABLE)。与表示自然现象的隐喻组成的其他语块还包括fire sales、market turbulence 和"金融风波""金融风暴"等。

汉语[自然物体]隐喻中频数最高的类符为"影子",与之组成的隐喻语块"影子银行",源自英语的 shadow bank,如句[23]至[24]所示。"影子"的基本意义指"光线被物体挡住而形成的阴影"或"镜中、水面等反映出来的物体的形象"，此处的语境意义指"极相似的人或物"。影子银行（shadow bank）指"游离于银行监管体系之外、可能引发系统性风险和监管套利等问题的信用中介体系"，包括投资银行、对冲基金、货币市场基金、债券、保险公司、结构性投资工具等非银行金融机构。影子银行把传统的银行信贷关系演变为隐藏在证券化中的信贷关系，看上去像传统银行，但仅是行使传统银行的功能而没有传统银行的组织机构，即类似一个"影子"存在。"影子银行"的两个词汇单元激活了源域框架［自然现象］和目标域框架［金融］，形成了具体的隐喻映射［非银行金融机构是影子］，指向的基本隐喻为［未知的是看不见的］（UNKNOWN/IGNORED IS INVISIBLE）。

〔23〕The newly-issued policy recommendations aimed at further transforming *shadow* banking into resilient market-based financial premise.

〔24〕影子银行是指游离于银行监管体系之外、可能引发系统性风险和监管套利等问题的信用中介体系。

其次，表5.14列举了表示地理空间频数较高的隐喻类符及相关语块与构式，它们均为语料中的主题词，如 channel、geography 和"渠道""环境"等。与英汉语中频数较高的类符的"channel/渠道"组成的隐喻语块有 financial channel、trade channel、sales channel 和"客户渠道""融资渠道""销售渠道"等。trade channel 指通过"贸易活动商品从生产领域向消费领域转移所经过的流转路线或途径、环节，所经过的各种经济组织的总和"；"客户渠道"指"获得潜在客户的流通网络"。channel 的基本意义为"海峡"，"渠道"的基本意义为"在河、湖或水库周围开挖的排灌水道"，两者在此处的语境意义为"（交流）途径；（信息）通道"，形成的具体映射为［贸易活动途径是海峡］，与之相关的一般隐喻为［交际是流动］（COMMUNICATION IS FLOW）。同样，"投资环境"中的"环境"的基本意义为"自然环境"，语境意义为"开展商业活动的条件"，形成的具体映射为［贸易活动条件是自然环境］。其他与表示地理空间的隐喻类符形成的语块包括 trade channel、economic geography、investment landscape、assets pool、investment summit 和"定价峰谷""产业生态"等，如句〔25〕至〔30〕所示。

〔25〕Financial channel was more important than the trade *channel* during this period.

〔26〕Little is known about how their influence on the global economic *geography* of multinationals.

〔27〕The crisis has also changed the investment *landscape*.

〔28〕随着改革开放的不断深入,中国国内的投资环境日益改善。

〔29〕本公司将推出新型消费信贷产品,增强公司在新市场环境下竞争能力。

〔30〕近年来当地政府一直致力于构建更为和谐的产业生态系统。

表 5.14 〔自然物体〕隐喻代表性类符 II

隐喻类符	LL 值	隐喻频数	构　式	代表性语块
channel	46.02	64	T-noun_mod_S-noun	trade channel
geography	/	17	T-adj_mod_S-noun	economic geography
渠道	495.07	175	T-noun_mod_S-noun	客户渠道
环境	843.37	112	T-noun_mod_S-noun	投资环境

　　除了上述表示自然现象的隐喻之外,商务话语还有 wave of trade、flood of imports、market headwind、"金融风暴"等。表 5.15 列举了〔自然物体〕隐喻所涉及的目标域词语,主要为投资、银行、市场、销售等可量化的概念。汉语主要用地理空间认知上述概念,如"环境"和"渠道",主要强调贸易的畅通性等意义。英语主要用自然现象认知上述概念,自然现象如天气是多变的、不可预测的,不以人们的意志为转移,用此隐喻表明投资和市场是独立于人们行为的非理性的事物。因此,使用〔天气〕隐喻映射突显"自然环境的不稳定性",映射原则可总结为:投资条件被理解为天气或气候,是因为天气或气候难以预测、不稳定而投资条件也不可预测。使用〔天气〕隐喻强调外在力量的作用,时而夸张全球不景气的投资环境,以吸引读者的注意力,加剧了投资者负面意愿(White 2004:82)。另外,使用〔天气〕隐喻描述经济危机时除了强调这种"自然力"不可预测性、不可控制性之外,还进而掩盖施事者或行动执行者的身份,使得相关参与者逃避责任或免于承担责任(Awab & Norazit 2013)。然而,经济学是理性主体做出决定的结果,而经济"无非就是人类选择的累积结果"(Henderson 1982:149)。

表 5.15　[自然物体]隐喻相关的目标域词语（频数≥10）

英　　语			汉　　语		
目标词	频数	代表性语块	目标词	频数	代表性语块
investment	110	investment climate	银行	135	影子银行
business	42	business climate	投资	39	投资环境
cost	39	iceberg cost	客户	37	客户渠道
sales	17	fire sales	市场	32	市场环境
trade	15	trade channel	融资	28	融资渠道
economy	15	agglomeration economy	销售	27	销售渠道
economic	12	economic geography	公司	22	公司渠道
banking	11	shadow banking	资金	15	资金渠道
market	10	market turbulence	金融	15	金融风波
			经营	14	经营环境

5.4.3　[建筑]隐喻

图 5.8 表明,框架[建筑]的角色包括"建筑""描述""功能""组成部分""建筑者""建筑材料""拥有者""地点""类型"等,其一般推理为:为了行使相应的功能,建筑需要有结构上的完整性、垂直性,建筑的一些部分如地基和支柱需支撑其他部分,如果支撑部分损毁,建筑将倒塌;毁坏性的行为导致结构稳定性减弱,保护性行为增加结构稳定性。框架[建筑]是[物理结构]的下位框架,使用的框架为[容纳](CONTAINING),从某种程度上说[建筑]框架是[容纳]框架的下位框架。in、into、inside、out 等触发[容纳]框架,为了讨论方便因而它们也被标注为[建筑]隐喻。以[建筑]为源域形成的概念隐喻包括[国家是建筑](NATION IS A BUILDING)、[思想是建筑](MIND IS A BUILDING)、[社会组织是建筑](SOCIAL GROUPS ARE BUILDINGS)、[机构是建筑](INSTITUTIONS ARE BUILDINGS)等。

[建筑]隐喻在研究语料中的总形符为 4 100 个(隐喻类符 64 个),其中在英语语料库中 2 498 个(隐喻类符 31 个),在汉语语料库中 1 602 个(隐喻类符 33 个)。从隐喻形符的标准化频数(英汉语分别为 815 和 479)和对数似然比检测一致性结果($p<0.001$, $df=1$, LL = 16.71)上来看,英语使用了更多的[建筑]隐喻。如表 5.16 所示,英汉语[建筑]隐喻类符可分为两类:表示建筑组成部分的类符,如"base/基础"

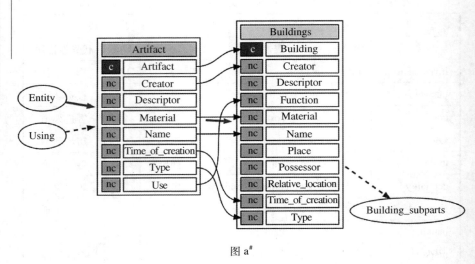

图 a#

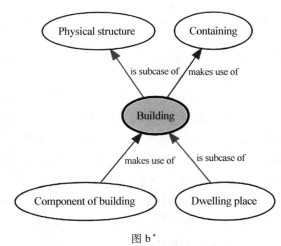

图 b*

图 5.8 ［建筑］框架元素及层级关系

"structure/结构""platform/平台""内部""外部""门槛"等,以及概括性指称建筑的类符如 facility、building;表示与建筑相关的行为与状态的类符,如"build/建设""open/开放"和 close、in、external 等。从词义上看,英语［建筑］隐喻类符偏重描述行为与状态,汉语［建筑］隐喻类符偏重描述组成部分。

表 5. 16　[建筑]隐喻类符分类（频数≥10）

英　　　语	汉　　　语
in open into openness external build close opening	建设　开放　内部　外部
base structure platform facility	结构　基础　平台　格局　架构　门槛　阶梯　走廊　框架

表 5. 17 列出了[建构]隐喻的构式及其代表性隐喻语块,如 in the market、credit facility、open economy 和"产业结构""公司内部""开放经济"等,涉及话题(目标域)包括商务领域的经济类型、产业结构以及整个经济、商务基础等,如句〔31〕至〔33〕所示。从构式上看,英语多使用 S-prep_T-noun、T-noun_mod_S-noun、S-adj_mod_T-noun 和 S-noun_mod_T-noun,以介词性、形容词性和名词性隐喻表达商务情况;汉语多使用 T-noun_mod_S-noun 和 S-noun_mod_T-noun,以名词性隐喻表达商务情况。

〔31〕The essential aim for this program is to reduce search costs or inherent uncertainties *in* the market that raise costs.

〔32〕由于制定的大中城市和县域发展战略,公司内部活力不断增强。

〔33〕在报告中,我们将对公司外部环境和自身战略进行评估。

表 5. 17　[建筑]隐喻语块及构式

构式类型	英语隐喻语块(F>10)		汉语隐喻语块(F>10)	
	代表性语块	总频数	代表性语块	总频数
S-prep_T-noun	in the market in the economy in the business	1 694	/	/
S-adj_mod_T-noun	open economy	220	/	/
S-noun_mod_T-noun	base rate base payment	116	内部审计 基础价值 阶梯定价	282
S-noun_of_T-noun	structure of economy	33	/	/
S-verb_T-dobj	open up economy	68	开放经济	46

构式类型	英语隐喻语块（F>10）		汉语隐喻语块（F>10）	
	代表性语块	总频数	代表性语块	总频数
T-adj_mod_S-noun	financial openness	14	/	/
T-noun_mod_S-noun	supply base customer base tax base credit facilities trade openness credit facility	325	产业结构(165) 资本结构(160) 经济结构(88) 公司内部(181) 企业内部(39) 融资平台(27)	1 269

首先,表 5.18 的隐喻类符表达与[建筑]相关的行为与状态,而且大部分类符为主题词。in、into、open 和"内部""外部""开放"等也指示[容器]框架,其角色包括"容器""内容""容纳量""容器方位""容纳饱满度"等,其一般推理包括:内容的移动依赖容器的移动;容器的边界防止内容从里面移动到外面,开口使得内容越过边界移动;容器的边界或许防止容器外部的行为者实际上或视觉上接触内容。英语使用了大量的强规约化[容器]隐喻表达 in,组成了很多隐喻语块如 in the market、in the economy、in the business 等,形成了具体的隐喻映射[市场是容器]、[经济是容器]、[公司是容器]等。汉语也有类似的表达如"公司内部""内部审计""公司外部""经营内外部"等。

表 5.18　[建筑]隐喻代表性类符 I

隐喻类符	LL 值	隐喻频数	构　式	代表性语块
in	394.1	1 618	S-prep_T-noun	in the market
open	14.35	155	S-adj_mod_T-noun	open economy
into	/	72	S-prep_T-noun	into the economy
openness	70.41	55	T-noun_mod_S-noun	trade openness
external	95.95	54	S-adj_mod_T-noun	external finance
build	76.13	51	S-verb_T-dobj	build workforce
closed	/	39	S-adj_mod_T-noun	closed economy
opening	12.51	14	T-noun_mod_S-noun	trade opening

隐喻类符	LL 值	隐喻频数	构　式	代表性语块
建设	890.58	47	S-verb_T-dobj	建设经济带
开放	225.69	42	S-verb_T-dobj	开放经济
内部	579.43	318	T-noun_mod_S-noun	公司内部
			S-noun_mod_T-noun	内部审计
外	174.54	66	T-noun_mod_S-noun	营业外
外部	327.99	62	S-noun_mod_T-noun	外部审计
			T-noun_mod_S-noun	公司外部

此外,对[建筑]实施的行为是 open/"开放",open 的同源类符包括 openness、opening,与它们组成的语块有 open economy、trade openness、trade opening、"开放经济"等,如句〔34〕至〔38〕所示。值得注意的是,open economy 中"open"一般为形容词,而"开放经济"中"开放"是动词。open 的基本意义指"人或物可自由出入建筑物",语境意义指"有机会获得某事物"。open economy(开放型经济)是一种经济体制模式,与封闭型经济(closed economy)相对立。开放型经济体制把国内经济和整个国际市场联系起来,其特点是要素、商品与服务可以较自由地跨国界流动,从而实现最优资源配置和最高经济效率,同时在国际分工中发挥出本国经济的比较优势。由此,开放型经济促成的机遇如同打开了一扇门,使得资源自由出入各国。因而,形成的具体隐喻映射为[开放型经济提供的机遇是打开门],指向的基本隐喻是[机遇是入口](OPPORTUNITIES ARE PORTALS)。另外,对[建筑]实施的最常见行为是"build/建设",与它们组成的语块有 build workforce、build career 和"建设经济带""投资建设"等。"build/建设"的基本意义是"建造、安装",此处语境意义为"发展(生意、关系或形势)",形成的具体隐喻映射为[发展人力/事业/经济是建造房屋]。

〔34〕There are two channels through which trade *openness* can be exposed to the presence of insecurity.

〔35〕On the contrary, in a very *open* economy, exchange rate adjustments are unlikely to be governed by the government.

〔36〕本研究尝试在<u>开放经济</u>背景下,考察贸易对于一个国家经济的影响。

〔37〕The goal is to *build* the <u>workforce</u> of tomorrow.

〔38〕世界各国都在为<u>建设</u>"<u>丝绸之路经济带</u>"积极地出谋划策。

其次,表5.19是英汉语中表示建筑组成部分类符,它们多为主题词,尤其是"base/基础""structure/结构""platform/平台"。与 base 所组成的隐喻语块有 base rate、base price、base pay/payment,以及 supply base、customer base、tax base 等;与"基础"组成的隐喻语块有"基础利率""基础价格""客户基础""经营基础"等,如句〔39〕至〔40〕所示。

表 5.19 〔建筑〕隐喻代表性类符 II

隐喻类符	LL 值	隐喻频数	构 式	代表性语块
base	114.75	175	S-noun_mod_T-noun	base rate
			T-noun_mod_S-noun	supply base
structure	/	26	T-noun_mod_S-noun	market structure
platform	91.25	11	T-noun_mod_S-noun	business platform
结构	392.6	655	T-noun_mod_S-noun	产业结构
基础	662.04	106	S-noun_mod_T-noun	基础价值
平台	605.59	89	T-noun_mod_S-noun	融资平台
格局	13.73	45	T-noun_mod_S-noun	行业格局
架构	148.07	33	T-noun_mod_S-noun	金融架构
门槛	71.63	32	T-noun_mod_S-noun	生产率门槛
阶梯	17.1	17	S-noun_mod_T-noun	阶梯定价
走廊	/	10	T-noun_mod_S-noun	经济走廊
框架	184.03	10	T-noun_mod_S-noun	经济框架

base 的基本意义是"(建筑)的底部"或者"(建筑)底部的",它的语境意义因不同的构式而异。在 S-noun_mod_T-noun 构式中,base 的语境意义是"基点、起点",如 base rate 指"基准利率是金融市场上具有普遍参照作用的利率,其他利率水平或金融资产价格均可根据这一基准利率水平

来确定";base price 指国际贸易中作为计价基础的商品的价格;base pay 指根据劳动合同约定或国家及企业规章制度规定的工资标准计算的标准工资;形成的隐喻映射为[价值的基本部分是建筑的底部],指向的基本隐喻是[基本的是低的](FUNDAMENTAL IS LOW)。在 T-noun_mod_S-noun 构式中,base 的语境意义是"主要部分、基本群体",如 supply base 指"购买公司产品或服务的一群主要客户,他们是公司收入的主要来源",形成的隐喻映射为[事物的主要部分是建筑的底部],指向的基本隐喻是[主要的是低的](CHIEF IS LOW)。

〔39〕We are leveraging partnerships to other automakers and our supply *base*.

〔40〕本行持续夯实客户基础,存款结构不断优化。

〔41〕Generalized moments of the tariff *structure* were introduced and applied to this research.

〔42〕集团资本管理目标是优化资本结构和降低资本成本。

〔43〕公司将致力于产业技术升级、产业结构调整及优化。

〔44〕截至报告期末,地方政府融资平台广义口径风险业务余额 2 285.07 万元。

〔45〕The only financial covenant in the credit *facility* pertains to leverage.

　　与"structure/结构"组成的隐喻语块包括 market structure、tariff structure 和"产业结构""资本结构""经济结构"等,如句〔41〕至〔43〕所示。"structure/结构"的基本意义为"建筑物承重部分的构造",此处的语境意义为"组成整体的各部分的搭配和安排",如"产业结构"意为"各产业的构成及各产业之间的联系和比例关系","资本结构"意为"企业各种资本的价值构成及其比例","经济结构"意为"国民经济各部门和社会再生产的各个方面的组合,包括产业结构、分配结构、交换结构、消费结构、技术结构、劳动力结构等"。这些语块形成的具体隐喻映射为[产业/资本/经济的构成是建筑的结构]。"platform/平台"也是经常使用的[建筑]隐喻。"平台"泛指高出地面的宽平场所,其语境意义为"进行某项工作所需的环境或条件",如"融资平台"指"通过划拨土地、股权、规费、国债等资产,迅速包装出一个资产和现金流均可达融资标准的公司"等,形成的具体隐喻映射为[经济活动的条件是建筑的平台]。最后,英语[建筑]隐喻中有一些指称建筑的概括性类符,如 facility,其基本意义是"用于特定活动或目的的建筑"或"设施、设备",如 a top-secret research facility、private facilities,此处的语境意义为"公司提供的有用的但不是必需的额外服务"。credit facility(信贷便利)是一种针对投资银行等市场交易商的隔夜融资机制,旨在紧急状况下为市场交易商提供援助来拯救濒临倒闭的公司,形成的隐喻映射为[提供金融服务是提供房屋]。

　　表 5.20 列出了与[建筑]隐喻相关的目标域词语及相应的代表性语块。很显然,英语把市场、经济、商务等都认知为[容器],突显了[建筑]的容纳功能,其中 in 也是满足映射原则的类符,形成的映射原则为:市场被理解为建筑,是因为建筑可开放或关闭让人或物进入,而市场可开放或关闭让商品或服务被使用。经济学中[容器]隐喻与[液体]隐喻联系密切,价值为流动的物质,价值可进入"经济""市场"等容器中。商务话语中使用[容器]隐喻把经济参与者如公司、政府等呈现为行为发生或达到的处所,而不是执行经济行为的行动者,能消除人的主观作用或不突显人的积极施为作用(Alejo 2010),即人只是经济交换的接受者,表明经济活动的客观化。汉语[建筑]隐喻中满足映射原则的类符为"结构",突显了[建筑]的构造的稳定或持久,形成的映射原则为:经济被理解为建筑,是因为建筑包括建筑物承重部分的构造,而经济包括各部分的组合和安排。总体来说,从[相互联系/系统]隐喻的静态层面来看,汉语强调[建筑]与[经济]的整体结构的相似性;从动态层面来看,英语强调[建筑]与[市场]在功能上的特征映射。

表 5.20　[建 筑] 隐 喻 相 关 的 目 标 域 词 语 (频 数 ≥10)

英　语			汉　语		
目标词	频数	代表性语块	目标词	频数	代表性语块
market	359	in the market	经济	192	经济结构
economy	290	open economy	公司	188	公司内部
credit	157	credit facility	资本	174	资本结构
business	116	in the business	产业	171	产业结构
rate	103	base rate	审计	73	内部审计
cost	99	in the cost	营业	66	营业外
expense	86	in the expense	交易	63	内部交易

英　　语			汉　　语		
目标词	频数	代表性语块	目标词	频数	代表性语块
transaction	77	in the transaction	企业	47	企业内部
trade	73	trade openness	融资	46	融资平台
cash	68	in the cash	业务	39	业务结构

5.4.4　［机器］隐喻

如图 5.9 所示,FrameNet 里与框架［机器］最接近的框架是［器械］,是一种［人造制品］。框架［机器］的角色包括"机器""设计目标""功能状态""机器操作者""操作过程""组成部分""能量来源"等,其一般推理为:机器的功能取决于它的物理结构,如果机器损坏将不能工作;润滑后的机器运转得更有效率。其上位框架为［物理结构］,使用框架［控制］,下位框架有［计算机］、［机器人］和［交通工具］。框架［机器］作为源域形成了较多概念隐喻,如［经济是机器］(ECONOMY IS A MACHINE)、［机构是机器］(INSTITUTION IS A MACHINE)、［思想是机器］(MIND IS A MACHINE)、［国家是机器］(NATION IS A MACHINE)、［组织是机器］(ORGANIZATION IS A MACHINE)等。

［机器］隐喻在研究语料中的总形符为 1 130 个(隐喻类符 31 个),其中在英语语料库中 1 038 个(隐喻类符 17 个),在汉语语料库中 92 个(隐

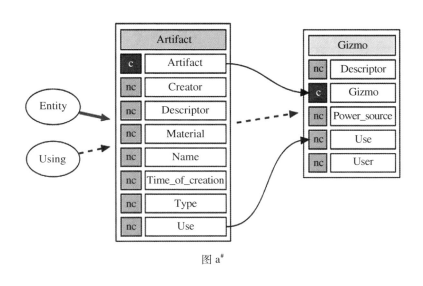

图 a#

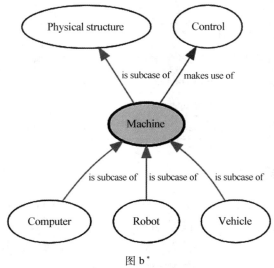

图 b *

图 5.9 [机器]框架元素及层级关系

喻类符 14 个)。从隐喻形符的标准化频数(英汉语分别为 339 和 27)和对数似然比检测一致性结果($p<0.001$, $df=2$, $LL=146.22$)上来看,英语使用了更多的[机器]隐喻。如表 5.21 所示,英汉语[机器]隐喻类符可分为两类:表达"操纵过程"的类符,如 operating、working、operate、drive 和"驱动""触发""换挡"等;表达"设计目标""组成部分"的类符 power、unit、leverage 和"机制""引擎""闸门"等。

表 5.21 [机器]隐喻类符分类

英 语	汉 语
operating　operation　operate　working　drive	驱动　触发　带动　换挡　动能
power　unit　leverage　mechanism　plug　engine	机制　杠杆　阀门　阈值　触点　引擎

表 5.22 列出了[机器]隐喻的构式及其代表性隐喻语块。从构式上看,英语多使用 S-adj_mod_T-noun 和 T-noun_mod_S-noun,多为形容词性和动词性隐喻,如 business operation、company operation、operating lease、operating expense,但 operation 和 operating 都由动词 operate 派生而来,[机器]的特征和功能更多地映射至目标域,对目标域的描述更动态。汉

语多使用 T-noun_mod_S-noun,多为名词性隐喻,如"市场机制""定价机制"等,[机器]的实体更多地映射至目标域,对目标域的描述更静态。

表 5.22 [机器]隐喻语块及构式

构式类型	英语隐喻语块(F>10)		汉语隐喻语块(F>10)	
	代表性语块	总频数	代表性语块	总频数
S-adj_mod_T-noun	operating lease operating expense operating costs	569	/	/
S-noun_of_T-noun	operations of company	17	/	/
S-verb_T-dobj	operate business	55	触发金额	12
T-adj_mod_S-noun	financial operation	24	/	/
T-noun_mod_S-noun	business operations company operation market operation	268	市场机制 定价机制 价格机制	66
T-subj_S-verb	firms operate business operate	96	企业换挡提速	11

如表 5.23 所示,英语[机器]隐喻表达了"操纵过程",如 operating、working、operate、drive 均是主题词,尤其是 operating 及其同源的类符还有 operate、operation、operational,与它们形成的隐喻语块有 operating leases、business operations、operating expense、operating income、operational cost 等,如句[46]至[48]所示。operate 的基本意义是"运转、操作机器",此处的语境意义是"经营商务、公司"。如 operating leases 指"由大型生产企业的租赁部或专业租赁公司向用户出租本厂产品的一种租赁业务",business operations 指"公司为了盈利所开展的日常活动,即开展商务活动的场所、设备、人力和过程",形成的具体隐喻映射为[公司经营是机器运转],其指向的一般隐喻是[经济是机器]、[公司是机器],其上位隐喻是[系统是机器]、[组织是机器]。又如,working capital(营运资金或资本)指"合营企业流动资产总额减流动负债总额后的净额,即企业在经营中可供运用、周转的流动资金净额"。

[46] We have long-term *operating* lease commitments for land,
office facilities and workforce.

〔47〕 It is of great significance for the modern company to enhance their capability to manage a modern business *operation* effectively.

〔48〕 They may aggregate *operational* costs and capital expenditures.

表 5.23　英语［机器］隐喻代表性类符

隐喻类符	LL 值	隐喻频数	构　式	代表性语块
operating	624.02	499	S-adj_mod_T-noun	operating lease
operation	1 090.35	201	T-noun_mod_S-noun	business operation
operate	74.68	108	S-verb_T-dobj	operate business
			T-subj_S-verb	company operate
working	25.06	63	S-adj_mod_T-noun	working capital
drive	70.52	34	S-verb_T-dobj	drive economy

　　汉语中表达"设计目标""组成部分"的高频［机器］隐喻类符为"机制""杠杆"。与之组成的隐喻语块有"市场机制""出口机制""价格机制""经济机制""定价机制"等,如句〔49〕和〔50〕所示。"机制"的基本意义是"机器的构造与运作原理",在此处的语境意义是"社会或自然现象的内在组织和运行的变化规律"。市场机制(market mechanism)指"通过市场竞争配置资源的方式,即资源在市场上通过自由竞争与自由交换来实现配置的机制",既指在任何市场都存在并发生作用的一般市场机制(主要包括供求机制、价格机制、竞争机制和风险机制),也指各类市场上特定的并起独特作用的市场机制(主要包括金融市场上的利率机制、外汇市场上的汇率机制、劳动力市场上的工资机制等)。形成的具体隐喻映射为［市场经营是机器运转］,其指向的一般隐喻是［市场是机器］,其上位隐喻是［系统是机器］、［组织是机器］。此外,"银行杠杆"指"使用较少的本金获取高收益",其中"杠杆"的基本意义为"用来撬开或移开物体的一种简单机械",其语境意义为"(为取得某种结果而施加的)影响力"。相关数据见表 5.24。

　　〔49〕 集团积极参与碳交易,旨在通过市场机制应对气候变化。

〔50〕商业银行存在道德风险，而且道德风险限制了商业银行的杠杆。

表 5.24　汉语［机器］隐喻代表性类符

隐喻类符	LL 值	隐喻频数	构　式	代表性语块
机制	849.02	38	T-noun_mod_S-noun	市场机制
杠杆	103.32	15	T-noun_mod_S-noun	银行杠杆

　　表 5.25 列出了与［机器］隐喻相关的目标域词语及相应的代表性语块，英汉语都把市场、经济、商务等概念认知为［机器］。英语的目标域概念还涉及了商务运行中可量化的角色如 expense、income、cost、profit 等。英语中满足映射原则的类符是 operating，突显了［机器］的可控制性，形成的映射原则为：经济或商务被理解为机器，是因为机器运转过程中需要人控制，而经济运行过程中也需要人调控。汉语中满足映射原则的类符是"机制"，突显了［机器］的构造，形成的映射原则为：经济或商务被理解为机器，是因为机器具备复杂构造和运转原理，而经济或商务具备内在组织和运行的变化规律。

表 5.25　［建筑］隐喻相关的目标域词语（频数≥10）

英　　语			汉　　语		
目标词	频数	代表性语块	目标词	频数	代表性语块
business	161	business operation	市场	16	市场机制
lease	110	operating lease	经济	10	经济机制
expense	103	operating expense			
income	94	operating income			
cost	85	operating cost			
capital	65	working capital			
market	59	market power			
company	39	company operate			
profit	30	operating profit			
economy	21	drive economy			

总体来说,从[相互联系/系统]隐喻的静态层面来看,汉语强调[机器]与[经济]的整体结构的相似性;从动态层面来看,英语强调[机器]与[商务]在功能上的特征映射。[经济/市场是机器]隐喻强调经济过程和机器运转过程的类似性,经济过程如同机器运转过程一样需可控。典型的机器运转过程可以表述为下述循环:启动—过程—控制—事故,机器以精确、自动和稳定的形式运作,一旦出现问题,机器操作者容易解决(Tomoni 2012)。经济过程也是如此,在生产和销售过程中需要加强自我控制和内部调整,如股票市场出现问题就需调控或停止经营。在经济稳定及发展期使用[机器]隐喻很普遍,在经济和金融危机期使用该隐喻可表明能稳定形势。然而,Gannon(2002)认为,使用隐喻[公司是机器]可能表明管理者使用机器运行的原则管理公司,造成监管、层级多且下属权力有限。这种管理模式与当前形势不相符合,即技术日新月异,产品流通环节少,全球化竞争日趋激烈。

5.4.5 其他物体隐喻

除了上述较突显的表达[建筑]和[机器]隐喻类符,还有大量的其他物体隐喻,如 basket、wedge、hub、buffer 和"阀""梯子"等,其中频数较高(大于10)的包括 chain、instrument、key 和"工具""链(条)""板块"等,它们均为语料中的主题词,如表 5.26 所示。其他物体隐喻在研究语料中的总形符为 1 912 个(隐喻类符 31 个),其中在英语语料库中 1 155 个(隐喻类符 17 个),在汉语语料库中 757 个(隐喻类符 14 个)。

表 5.26 其他物体隐喻代表性类符

隐喻类符	LL 值	隐喻频数	构 式	代表性语块
chain	60. 58	968	T-noun_mod_S-noun	supply chain
instrument	140. 65	123	T-adj_mod_S-noun	financial instrument
key	112. 94	26	S-adj_mod_T-noun	key employee
工具	634. 61	676	T-noun_mod_S-noun	金融工具
链(条)	670. 87	27	T-noun_mod_S-noun	价值链
板块	107. 65	18	T-noun_mod_S-noun	销售板块

表示概括性指称的类符"instrument/工具"频数较高,此处的语境意

义是"方法"，与它们组成的语块有 financial instrument、"金融工具""权益工具""资本工具"等，如句〔51〕至〔52〕所示。例如，financial instrument（信用工具或金融工具）指"以书面形式发行和流通、借以保证债权人或投资人权利的凭证"，是资金供应者和需求者之间继续进行资金融通时用来证明债权的各种合法凭证，形成的具体隐喻映射为〔信用凭证是工具〕。此外，"板块"指较宽泛的"板状的块体"，也指"由地壳分裂而成的巨大而可移动的块体"，"销售板块"中"板块"的语境意义为"部分、分区"，如句〔53〕所示。

〔51〕Interest rate derivative <u>financial *instruments*</u> may have a significant effect on the company's financial condition.

〔52〕中国人有着更低的风险认知水平而对同样的<u>金融工具</u>愿意支付更高的价格。

〔53〕2017 年，<u>销售板块</u>积极应对市场竞争加剧的不利局面。

此外，英汉语中还有指称具体物体的类符，如"chain/链""key"等。chain 的基本意义是"用于固定实物连在一起的链"，此处的语境意义是"一系列相互联系的事物"。如句〔54〕至〔55〕所示，supply chain（供应链）指"产品生产和流通过程中所涉及的原材料供应商、生产商、分销商、零售商以及最终消费者等成员通过与上游、下游成员的连接组成的网络结构"，"价值链"指"每一个企业都是在设计、生产、销售、发送和辅助其产品的过程中进行种种活动的集合体"，形成的具体隐喻映射为〔商品生产流通过程是链条〕。再如，key 的基本意义为"（打开门并进入房间的）钥匙"，其语境意义为"（接近、进入或理解某事的）关键"，作为形容词引申为"关键的、重要的"，如句〔56〕所示。

〔54〕The iPhone <u>supply *chain*</u> provides a simple illustration of outsourcing.

〔55〕中国与日本、韩国等经济体在全球<u>价值链</u>中的位置和作用发生了根本变化。

〔56〕To be competitive, we must attract and motivate executives and other *key* employees.

5.5 ［特征］隐喻

5.5.1 ［特征］隐喻概述

前面讨论了［物质］和［物体］隐喻，主要是讨论两者的内部结构概念化目标域的内部结构，以及两者的行为或状态概念化目标域的行为或状态，也涉及一些物质或物体特有的特征。本节主要讨论［物质］和［物体］共享的一般性特征如何映射至目标域进而触发与目标域的整体相似性。框架［特征］的角色为"物质或物体""特征""值（特征的量或其他描述）"，其下层框架为［可分级特征］（GRADABLE ATTRIBUTES），其角色"程度"表达了事物相对比的情况，再下层框架为［可测量性特征］。

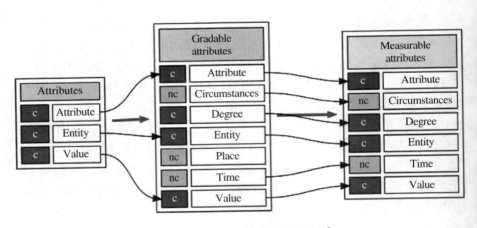

图 5.10 ［特征］框架及元素[#]

这类隐喻在研究语料中的总形符数为 5 355（隐喻类符数 219），其中在英语语料库中 2 973 个（隐喻类符 96 个），在汉语语料库中 2 382 个（隐喻类符 123 个）。从隐喻形符的标准化频数（英汉语分别为 970 和 711）和对数似然比检测一致性结果（$p > 0.05$，$df = 1$，$LL = 0.06$）上来看，英汉语使用的［特征］隐喻在频数上相差不大。英汉语中［特征］隐喻类形符比值相差较大（3.23 和 5.16），说明汉语在隐喻表达上更丰富。本节主要讨论［可测量性］特征及其他［物理特征］。

5.5.2 ［可测量性］隐喻

如图 5.11 所示,框架［物体］和［物质］纳入的角色包括物体的三个可测量性特征:尺寸(体积、面积、长度、高度)、重量、硬度等,［物体］和［物质］在与外在压力和力量的相互作用时可轻或重、硬或软,即每个特征有两个正负值,尺寸的大小、重量的轻重和硬度的硬软。

［物体］和［物质］的尺寸、重量和硬度这三个维度可映射至抽象的认知域,部分映射如图 5.12 所示(Yu, Yu & Lee 2017),如［重要性是尺寸］、［数量是尺寸］、［重要性是重量］、［难度是重量］、［难度是重量］、［难度是坚固性］、［互动性是坚固性］等这些基本隐喻统称为［可测量性］隐喻。

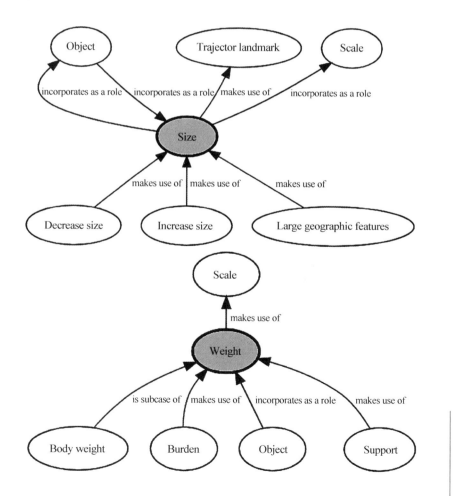

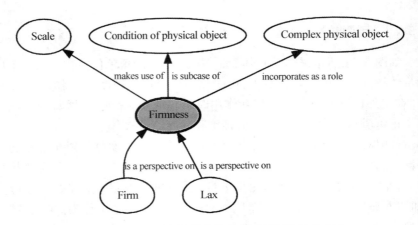

图 5.11 [可测量性]相关框架及层级关系*

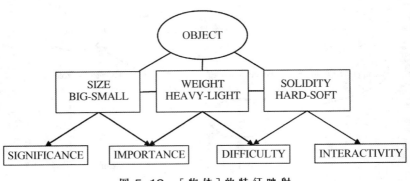

图 5.12 [物体]的特征映射

　　[可测量性]隐喻在研究语料中的总形符数为 4 170(隐喻类符数为150),其中在英语语料库中 2 323 个(隐喻类符数为 54),在汉语语料库中1 847 个(隐喻类符数为 96)。从隐喻形符的标准化频数(英汉语分别为758 和 552)和对数似然比检测一致性结果($p>0.05$, $df=1$, $LL=0.11$)上来看,英汉语使用的[可测量性]隐喻在频数上相差不大。如表 5.27 所示,英汉语[可测量]隐喻类符可分为尺寸、体积、重量、高度等 8 类。

表 5.27 [可测量性]隐喻类符分类

	英　　语	汉　　语
总体	size　measure　expand　expansion extend　measurement　level	水平　拓展　基准　收敛　最大

	英　　语	汉　　语
尺寸	small　large　small-sized	中小微　小微　中小　大　大型
体积	volume　full capacity	密度
重量	impact　pressure　burden　dynamics	负担　压力　轻型　强度
高度	low　high　lower	高　低　低于　高于
宽深	deep　depth　broad	深度
速度	accelerate	增速　快速
整体	gap	组合　重组　拆出　缺口　拆入

表5.28列出了［可测量性］隐喻的构式及其代表性隐喻语块，如 small business、low cost、large bank 和"中小微企业""组合资产""高生产率""经济增速"。从构式上看，英汉语多使用 S-adj_mod_T-noun 和 T-noun_mod_S-noun，以形容词性和名词性隐喻表达商务情况。这类隐喻更多地描述物体的可测量性特征，因而源域的特征更多地映射至目标域；也有部分隐喻描述测量的过程和结果，产生了一些名词性隐喻和动词性隐喻。

表 5.28　［可 测 量 性］隐 喻 语 块 及 构 式

构 式 类 型	英语隐喻语块（F>10）		汉语隐喻语块（F>10）	
	代表性语块	总频数	代表性语块	总频数
S-adj_mod_T-noun	small business low cost low interest rate	1 484	中小微企业 小微企业 高生产率	977
S-noun_mod_T-noun	benchmark interest rate	13	组合资产 组合投资	199
S-noun_of_T-noun S-noun_prep_T-noun	dynamics of trade impacts on trade	88 56	／	／
S-verb_T-dobj	measure assets	140	拓展市场	155
T-adj_mod_S-noun	financial measures	71	／	／
T-noun_cop_S-adj	interest rate is low	42	投资缓慢	12

构 式 类 型	英语隐喻语块（F>10）		汉语隐喻语块（F>10）	
	代表性语块	总频数	代表性语块	总频数
T-noun_mod_S-noun	trade volume market size	401	工资水平 财政压力	332
T-subj_S-verb	economy expands	26	经济增速	172

如句〔57〕至〔63〕所示，英汉语〔可测量性〕隐喻的主要共同点是使用了大量的表述尺寸、高度的类符。例如，"low/低"和"high/高"是规约性隐喻，常用于表达数值的多少，如 low interest rate、low cost、high price、high expense、income level 和"高房价""低税率""工资水平"，指示了基本隐喻〔数量是高度〕、〔多的是高的〕、〔少的是低的〕。再如，"large/大"和"small/小"也是规约性隐喻，用于表示规模，如 small business、economy expands 和"中小微企业""拓展市场"等，指示了基本隐喻〔数量是尺寸〕、〔多的是大的〕、〔少的是小的〕、〔增多是扩大〕。在商务活动中依据从业人员数、营业收入数、资产总额等指标将企业划分为大型、中型、小型、微型等四种类型。此外，英语中还使用了频数较多的 volume，与之组成的语块包括 trade volume、sales volume、industry volume、export volume 等，volume 的基本意义是"（尤指大的）体积；容积，容量"，语境意义是"（尤指大的）分量，量；额"，指示了基本隐喻〔数量是尺寸〕。

〔57〕As a result, the effects that *low* interest rates have on mortgage borrowing is as strong as expected.

〔58〕The report finds that these firms are characterized by their *high* price sensitivity.

〔59〕This research set out to explore whether the income *level* in destination markets affects the purchasing power.

〔60〕Other significant factors which influence profitability are industry *volume* and market share.

〔61〕有种流行观点认为：高房价能促进房地产以及相关产业的发展。

〔62〕现有的税收政策能够使资金由高税率的企业向低税率的企业流动。

〔63〕金融服务业因工资水平较高而成为人才市场的热门行业。

其次，英汉语[可测量性]隐喻使用的共同点还体现在使用表达"重量（压力）"的类符，如隐喻语块 impact on trade、price pressure、payment burden、export dynamics 和"税收负担""财政压力"等，如句〔64〕至〔65〕所示。impact 的基本意义指"两物体撞击产生的力"，"pressure/压力"的基本意义指"两物体挤压产生的力"，两者的语境意义为"效果、影响"；"burden/负担"的基本意义指"难以背负的重量或重物"，语境意义为"困难事物"。这些隐喻使用指示了基本隐喻[效果是压力]（EFFECT IS IMPACT）、[困难是重量]（DIFFICULTY IS WEIGHT）。

〔64〕The currently healthy global economy is to be associated with less downward price *pressure*.
〔65〕如此大规模的投资给政府造成巨大的财政压力。

再次，与汉语[可测量性]隐喻相比，英语中还使用了较多的表达"尺寸"的动词性隐喻，如 measure、expand、extend 及其派生的名词 measurement、expansion 等，与它们组成的隐喻语块包括 measure assets、expand business、trade expansion、extend credit 等，汉语中类似的表达为"扩展业务""拓展市场"，指示了基本隐喻[增多是扩大]（INCREASE IS EXPANSION）。

〔66〕We *extend* credit to dealers primarily in the costal areas.
〔67〕研究描述了区域性快递企业在我国拓展业务的农村模式。

最后，与英语[可测量性]隐喻相比，汉语[可测量性]还关注物体的整体性，如句〔68〕中的"资产组合"，指"资产持有者对其持有的各种股票、债券、现金以及不动产进行的适当搭配而持有的一组资产"。"组合"的基本意义是"将个别零件组织成为一整体"，此处的语境意义为"几个独立部分组成的整体"。汉语[可测量性]还关注物体的速度，如"投资提速""快速业务""经济减速""加速投资""高速业务""提速业务"等，如句〔69〕所示，其中"增速"和"快速"为主题词，表达速度增长的频数较多。"经济增速"指一国或一地区在一定时期内社会物质生产和劳务发展变化，具体隐喻为[经济发展的速度是物体移动的速度]。

表 5.29　汉语［可测量性］隐喻代表性类符

隐喻类符	LL 值	隐喻频数	构　式	代表性语块
增速	180.21	92	T-subj_S-verb	经济增速
快速	168.89	11	S-adj_mod_T-noun	快速业务

〔68〕在对包含商誉的相关资产组或者资产组合进行减值测试时，要将商誉的账面价值分摊至相关的资产组。

〔69〕今年以来先进制造业投资将明显提速，整体固定资产增速有望保持平稳。

表 5.30 列出了与［可测量性］隐喻相关的目标域词语及相应的代表性语块。英汉语把所有商务活动角色都看成了可测量的物体，即企业、经济、市场等概念具备了大小、高低等物体特征。

表 5.30　［可测量性］隐喻相关的目标域词语（频数≥10）

英　语			汉　语		
目标词	频数	代表性语块	目标词	频数	代表性语块
business	232	small business	企业	396	中小微企业
cost	203	low cost	生产率	125	高生产率
price	171	low price	资产	107	组合资产
trade	136	trade volume	经济	80	经济增速
interest rate	128	low interest rate	银行	73	大银行
economy	108	large economy	投资	72	组合投资
market	100	market size	股东	72	中小股东
bank	84	large bank	业务	66	拓展业务
asset	73	measure assets	市场	63	拓展市场
company	72	large company	成本	59	低成本

5.5.3　［物理特征］隐喻

框架［物体］和［物质］吸纳的角色还包括物体的各种特征，如形状、颜色、质地、温度等。这类隐喻在研究语料中的总形符数为 1 185（隐喻类符数 70)，其中在英语语料库中 650 个（隐喻类符数 42），在汉语语料库中 535 个（隐喻类符数 28）。从隐喻形符的标准化频数（英汉语分别为 212 和 160）和对数似然比检测一致性结果（$p>0.05$，$df=1$，$LL=0.03$）上来看，英汉语相差不大。表 5.31 是按照形状、颜色、质地、温度分类的类符，其中表达形状的类符和形符频数较多。

表 5.31 ［物理特征］隐喻类符分类

	英 语	汉 语
形状	circle elasticity distortion pattern circular line align rigidity network flexible	无形 扭曲 弹性 网络 有形
颜色	/	绿色
质地	sticky stickiness	透明度 黏性 透明
温度	freeze overheat	冻结 热点 热度

表 5.32 列出了［物理特征］隐喻的构式及其代表性隐喻语块，如 business circle、circular economy、trade elasticity 和"无形资产""市场扭曲""绿色信贷"等。从构式上看，英汉语多使用 S-adj＿mod＿T-noun 和 T-noun_mod_S-noun，以形容词性和名词性隐喻表达商务情况，英语偏重名词性而汉语偏重形容词性隐喻。无论是使用形容词还是名词，从意义上看基本都是描述物体的各种特征。

表 5.32 ［物理特征］隐喻语块及构式

构式类型	英语隐喻语块（F>10）		汉语隐喻语块（F>10）	
	代表性语块	总频数	代表性语块	总频数
S-adj_mod_T-noun	circular economy	116	无形资产 绿色信贷	341
S-noun_of_T-noun	patterns of trade	108	/	/
S-verb_T-dobj	align the business	15	/	/
T-adj_mod_S-noun	financial fragility	13	/	/
T-noun_cop_S-adj	/	/	公司透明	15
T-noun_mod_S-noun	trade elasticity	387	公司透明度	66
T-subj_S-verb	/	/	市场扭曲	109

表 5.33 列举了表达形状的类符及主要构式和代表性语块,大部分类符为语料中的主题词。例如,circle 的基本意义是"圆形物、环状物",此处的语境意义是"(具有共同兴趣、利益的人们所形成的)集团、圈子"。business circle 指商业界人士组成的集团,形成的具体隐喻映射为[商务人士集团是圆形物],其上层隐喻为[社会组织是容器],涉及的基本隐喻[关系是临近性/内聚性](RELATIONSHIP IS PROXIMITY/COHESION)。如句〔70〕所示,circular economy 指以资源节约和循环利用为特征、与环境和谐的经济发展模式,把经济活动组成一个"资源—产品—再生资源"的反馈式流程,形成的具体隐喻映射为[经济发展流程是圆形物],涉及的基本隐喻[变化是移动](CHANGE IS MOVEMENT)。其他频数较高的隐喻语块包括 credit line、pattern of trade、dealer network 和"销售网络",如句〔71〕至〔72〕所示,形成的具体隐喻映射分别为[循环信用额度是长线]、[贸易形态是事物形状]、[经销商网络是网状物],涉及的基本隐喻[数量是长度](QUANTITY IS LENGTH)、[状态是形状](STATE IS SHAPE)、[关系是临近性/内聚性]。

〔70〕 We hope that our neighbour countries share a common vision of a *circular* economy with us.

〔71〕 Such conflict can have implications for *patterns* of trade and welfare.

〔72〕 中国汽车企业开始海外品牌建设、完善销售网络,建立售后零部件周转中心。

表 5.33 〔物理特征〕隐喻代表性类符 I

隐喻类符	LL 值	隐喻频数	构 式	代表性语块
circle	/	178	T-noun_mod_S-noun	business circle
circular	/	64	S-adj_mod_T-noun	circular economy
elasticity	162.8	95	T-noun_mod_S-noun	trade elasticity
pattern	6.59	69	S-noun_of_T-noun	pattern of trade
line	/	43	T-noun_mod_S-noun	credit line
align	57.42	23	S-verb_T-dobj	align business
rigidity	/	20	T-noun_mod_S-noun	price rigidity
resilience	49.71	19	S-noun_of_T-noun	resilience of liquidity

隐喻类符	LL 值	隐喻频数	构 式	代表性语块
distortion	43.15	10	T-noun_mod_S-noun	market distortion
flexible	8.67	10	S-adj_mod_T-noun	flexible price level
network	123.79	13	T-noun_mod_S-noun	dealer network
无形	120.94	196	S-adj_mod_T-noun	无形资产
扭曲	104.3	108	T-subj_S-verb	市场扭曲
弹性	29.58	32	S-adj_mod_T-noun	弹性汇率
网络	91.07	14	T-noun_mod_S-noun	销售网络
有形	5.23	12	S-adj_mod_T-noun	有形资产

其次,表达形状变化的频数较高的隐喻类符的意义是"弹性",elasticity 的基本意义是"弹性、可伸缩性",在物理学上指"物体在外力作用下发生形变,当外力撤销后能恢复原来大小和形状的性质"。此处的语境意义是"可变形",在经济学上指"一个变量相对于另一个变量发生的一定比例的改变的属性"。句〔73〕的 trade elasticity 指"进出口商品的供求数量对进出口价值变化反应的程度",形成的具体隐喻映射为〔贸易可变性是物体弹性〕,其上层隐喻为〔可变性是弹性〕(CHANGEABLE IS FLEXIBLE)。"弹性汇率"主要指"市场力量(即供给和需求)决定,政府不设定及维持某种特定的汇率"。同样,flexible 的基本意义是"柔韧的、有弹性的、易弯曲的",语境意义是"可变通的、灵活的",如 flexible price。resilient 的基本意义是"(物质或物体)有弹性的,有回弹力的",语境意义是"对困境有承受力的、有复原力的、有抵抗力的",如 resilience of liquidity。与此意义相反的是 rigid,基本意义是"不弯曲的、坚硬的、定型的",而语境意义是"一成不变的、固执僵化的",如句〔74〕的 price rigidity。

〔73〕 The rising trade *elasticity* can be attributed to the slow changes in the stock of U.S. exporters.

〔74〕 One way to resolve this "international comovement puzzle" is to allow some degree of micro-economic-level nominal price *rigidity*.

〔75〕 人才是金地集团重要的无形资产,金地的发展离不开每一

位员工的努力。

〔76〕高通货膨胀率,导致了一定程度上的<u>市场扭曲</u>。

汉语常用的类符还包括"无形"和"扭曲"。句〔75〕的"无形资产"指"企业拥有或者控制的没有实物形态的可辨认非货币性资产",其中"无形"的基本意义是"某事物的存在不能被人的眼、耳等感觉器官感知",此处的语境意义指"意识层面的非物质或者是以能量等形式存在的",形成的具体隐喻映射为〔资产的形式是物体的形状〕。句〔76〕的"市场扭曲"指"管理者对特定市场进行干预产生的经济情形",干预的形式包括价格上限、价格下限、税收补贴等,"扭曲"的基本意义是"物体因外力作用而扭转变形"。此处的语境意义为"干涉",形成的具体隐喻映射为〔干预市场是扭曲物体〕。

再次,英汉语还使用形容物体质地的隐喻类符"sticky/黏性",基本意义是"(物质)黏性的、发黏的",语境意义是"不易变动的",如句〔77〕的sticky price(黏性价格),指"不易发生变动的价格"。"透明"的基本意义是"〔物体〕光线能通过的",语境意义是"易察觉的、易看出的、(机构或其活动)受公众监督的",如句〔78〕的"公司透明",形成的具体隐喻映射为〔受监督的公司是透明的物体〕。"绿色"的基本意义是"关注环境的、(政治上)支持环保的",句〔79〕的"绿色信贷"指"金融机构根据我国产业结构调整方向,对节能产业和环保产业等绿色产业给予低利率优惠的金融政策手段"(李珂珂、李瑞瑞、储佩玲 2018),形成的具体隐喻映射为〔环保的事物是绿色的物体〕。其他特征隐喻主要为表示物体形状的类符,用于表征各种可量化的商务成分如资产、价格、贸易等的变动情况,即〔状态变化是形状改变〕。

表 5.34 〔物理特征〕隐喻代表性类符 II

隐喻类符	LL 值	隐喻频数	构 式	代表性语块
sticky	5.77	26	S-adj_mod_T-noun	sticky price
stickiness	10.6	18	T-noun_mod_S-noun	price stickiness
黏性	90.49	12	S-adj_mod_T-noun	黏性价格
透明度	94.7	18	T-noun_mod_S-noun	公司透明度
透明	21.87	11	T-noun_cop_S-adj	公司透明
绿色	727.19	82	S-adj_mod_T-noun	绿色信贷

〔77〕 Monetary policy can affect the（ex-ante）real interest rate under *sticky* prices.

〔78〕 参照香港上市公司的做法进行股份制改造,讲究公司<u>透明</u>和现代治理结构。

〔79〕 发展绿色信贷业务,强化环境和社会风险管理,丰富<u>绿色信贷</u>产品和服务。

5.6 小 结

综上所述,[无生命]隐喻包括[物质]和[物体]两大部分。[物质]分为[固体]、[液体]和[气体];[物体]分为[人造物体]和[自然物体],其中人造物体又包括[建筑]、[机器]和其他。此外,[无生命]隐喻还包括[物质]和[物体]共享的[可测量性]和[物理特征]。按英汉语中的总频数,此类隐喻依次为[物体]、[可测量性]、[物理特性]和[物质]隐喻。英语比汉语使用了较多的[无生命]隐喻,英汉语多以名词性隐喻和形容词性隐喻表达商务情况。以[无生命]隐喻中较具代表性的语块"supply chain"和"金融工具"为例(图5.13),"chain""工具"等隐喻类符指示的源域框架的角色对应了目标域框架的相应角色如"经济资源"及组成部分等,词汇单元"supply""金融"和"chain""工具"分别激活了目标域[经济资源]和源域[物体/物质],从而形成了高层隐喻[经济资源是无生命事物],即[经济资源是物体]、[经济资源是物质]。

除了上述研究语料中的主要意义焦点及具体隐喻意义外,源域的框架关系也指示了隐喻[经济资源是无生命事物]的一般意义。如上述图5.4所示,框架[液体]与框架[流动]、[容纳]、[吸收]、[释放]之间存在使用或角色关系,既强调液体的流动性又强调液体的可控性。又如图5.8所示,框架[建筑]与框架[结构]和[容纳]之间存在使用或继承关系,强调建筑的构造稳定性和容纳性。再如图5.9所示,框架[机器]与框架[结构]和[控制]之间存在使用或继承关系,强调机器的构造稳定性和可控性。因而,使用[无生命]隐喻一般来说指示外在的致使性,把事件描述为被其他事物所控制(Tourish and Hargie 2012)。

高层隐喻[经济资源是无生命事物]所含下层隐喻数量较多,每类隐

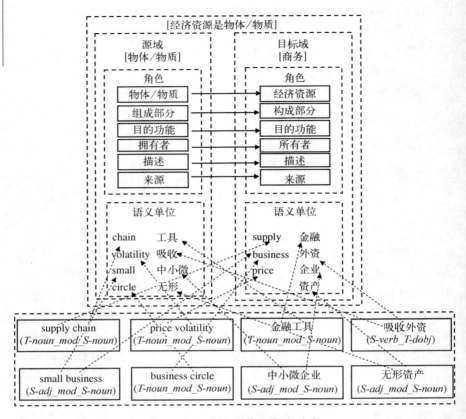

图 5.13　［无生命］隐喻映射

喻在研究语料中突显不同的映射和意义。从［相互联系/系统］隐喻的静态层面（整体或内部结构的相似性）来看,英语以源域［液体］的突显特征"流动性"映射至目标域［资金］,以源域［自然物体］的突显特征"不稳定性"映射至目标域［投资］;汉语以源域［自然物体］的突显特征"畅通性"映射至目标域［贸易］,以源域［建筑］的内部结构组成映射至目标域［经济］,汉语以源域［机器］的内部结构组成映射至目标域［经济］;英汉语都将［无生命］的可测量性特征及其他物理特征映射至目标域。从［相互联系/系统］隐喻的动态层面（功能性）来看,汉语以源域［液体］的功能"被移动"映射至目标域［资金］;英语以源域［建筑］和［机器］的功能"容纳"和"被操作"映射至目标域［商务］。下章讨论［生物体］和［无生命］的共同的行为特征［移动］。

第六章

移动隐喻

6.1 引　言

　　第四章和第五章分别讨论了[生物体]和[无生命]隐喻,两者作为[相互联系/系统]隐喻的核心成员用于概念化抽象事物或复杂系统,主要侧重[相互联系/系统]的静态层面,即结构、特征等方面的映射。[相互联系/系统]的动态层面,即功能方面的映射,主要指以方位、力、移动等较具体的空间经验去概念化抽象复杂系统的状态、变化、原因、行为、目的等,关注系统的功能、稳定性、发展和状况,产生了[移动]隐喻。第四章和第五章分别讨论了[生物体]和[无生命]各自特有的功能映射,本章主要关注[生物体]和[无生命]共同的、一般性的空间移动。本章先介绍框架[移动]的基本概念、所包括的角色或元素,以及所涉及的隐喻映射,再对比分析[移动]隐喻在语言层次和映射层次的异同,最后解读[移动]隐喻所产生的意义。

6.2 [移动]隐喻简述

　　[移动]隐喻(motion/movement)的体验基础是力图式(force schema)和路径图式(path schema)。人们无时无刻不在感受力的作用,如地球引力、人体内部的力、风产生的力等。人们所感知的力有以下特点:力产生于相互作用;力通常有方向性;力总是沿着一条路径运动;力有方向,因而力有起点和终点;力有强度大小之分;力产生于相互作用,从而显示出因果顺序(Johnson 1987:43)。由此,可归纳出五种意象图式(Johnson 1987:45–46):强制图式(compulsion)、障碍清除图式(removal of restraint)、转向图式(diversion)、反作用力图式(counterforce)和潜在性图式(enablement)。力是外力对物体和身体的作用,造成这些物体移动、停留在某地或改变形状,有时我们既是移动者又是被移动者。根据FrameNet(图6.1),与力图式相关的框架有[施加力](核心角色包括"施力者""行为""力")、[使移动](核心角色包括"施加者""地域""原因""目标""初始状态""路径""结果""起点""受力者")和[因果关系](核心角色包括"行为者""被影响者""原因""结果")。

　　路径图式反映了人们在客观世界里运动的经验和对其他事物移动的感知,即事物按一定方向从一个点移动到另一个点,涵盖了三种路径:一是人们用双脚踏过的实际的路径(physical path),如从教室到寝室的路;二是类似抛物线的路径(projected path),如射出的子弹或抛出的石头的轨迹;三是想象中的路径(imagined path),如台风运动的路线和外星人来地球的路线(Johnson 1987:113)。这些有形的和无形的路都反映了路径图式的基本要素:起点、终点、路径、方向、方式和轨迹,因而路径图式又称"起点_路径_终点"图式(source_path_goal schema)。根据FrameNet(图6.1),框架[起点_路径_终点]的核心角色是"目标""方式""路径""起点""射体"。

　　力图式与路径图式有许多共同之处,两者都涉及物体沿着路径朝一个方向移动,但是力图式更强调事物移动的原因。两者共同形成了[移动]框架的基础,即移动者参照某个地标或背景整体或部分移动,其角色包括"区域""距离""时段""目标""路径""起点""速度""移动者""移动方式"等。[移动]框架的一般推理为:移动开始时,移动者在出发点;移动进行时,移动者经过路径上的多个位置;一个移动者一次只能按照一条路径移

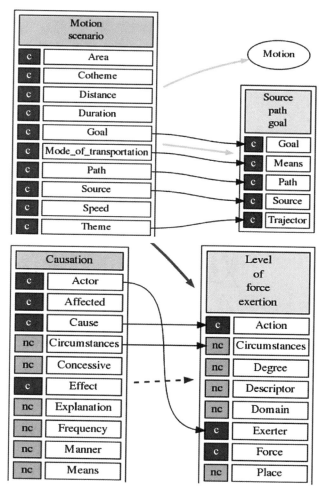

图 6.1 [移动]、[起点_路径_终点]和[施加力]框架及元素[#]

动;移动者通常按照特定的路径和方向移动;移动者的质量影响速度和所需能量。如图6.2所示,[移动]框架的下层或与之有联系的框架包括[空气移动]、[液体移动]、[聚集移动]、[移动辅助]、[移动障碍]、[移动容易性]、[大规模移动]、[非平行移动]、[影响移动外在因素]、[沿路径移动]等。其中[沿路径移动]框架的定义为:移动的实体起始于一地点、结束于另一地点并穿过了两者之间的距离,其下层或与之有联系的框架包括[向上移动]、[向下移动]、[向前移动]、[向后移动]、[穿过移动]、[移动到地点]、[移离地点]、[移动的物体]、[入口]、[垂直性]、[被影响的移动]等(图6.3)。

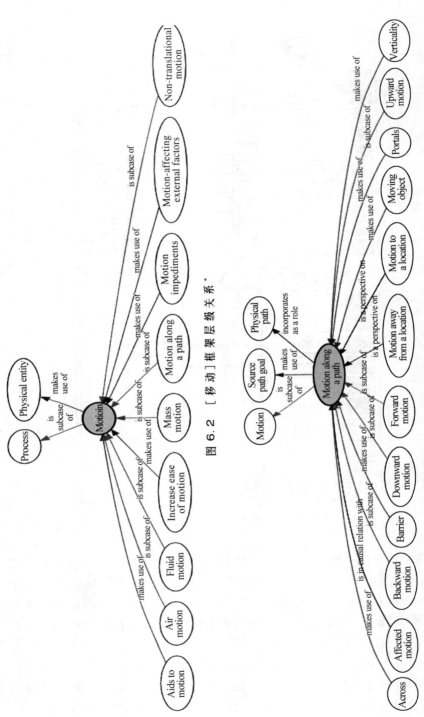

图 6.2 [移动] 框架层级关系*

图 6.3 [沿途径移动] 框架层级关系*

［被影响的移动］产生的原因包括引发、帮助、妨碍、防止等可能多种方式，其下层或与之有联系的框架包括［迫使的移动］、［引导的移动］、［自我移动］、［用车辆的移动］、［移动障碍］等（图 6.4）。其中［自我移动］（图 6.5）指移动者（主要为生命体）自身提供能量而产生的移动，其使用框架为［有意图的行为］，即施事者实施达成某种目标的行为，旨在获得某种期待的结果。

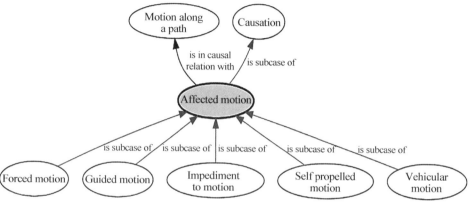

图 6.4　［致使的移动］框架层级关系*

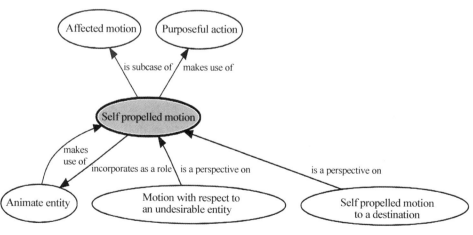

图 6.5　［自我移动］框架层级关系*

框架［有意图的行为］表明，实现目标的过程是从初始状态到最终状态的过程。这种过程类似从一个点移动到另一个点的路程，那么初始状态或未实现目标前的状态是路程的起点,最终状态和目标是路程的终点,为实现目标所付诸的行动是从起点到终点的移动。因而,形成的隐喻是[有意图的行为是有目的的运动](PURPOSIVE ACTION IS GOAL-DIRECTED MOTION),又被称为[位置事件结构]隐喻(LOCATION EVENT STRUCTURE METAPHOR)。产生的映射如表6.1所示,"位置"映射至"状态","移动"映射至"状态改变"等。这些映射依靠路径图式,将身心状态和有意图的活动理解成前往空间位置的运动,涉及的一般隐喻和基本隐喻为:[行为是运动](ACTION IS MOTION)、[原因是力](CAUSES ARE FORCES),如句[1]至[4]所示。

[1] This computer program turns the power on and off.

[2] FDR's leadership brought the country out of the depression.

[3] In the course of the investigation, new evidence was found.

[4] The legislature is considering an alternative approach to deficit reduction.

表 6.1　从[位置/运动]到[事件结构]的部分映射

源域:[位置/移动]	目标域:[事件结构]
位置	状态
移动(位置改变)	状态改变
自我驱动式运动	行为
目的地	意图
向前运动	进步
无法运动	无法行为
障碍	困难
十字路口	选择

[位置事件结构]隐喻可映射至很多目标域,如[情绪改变是垂直运动](CHANGE IN MOOD IS VERTICAL MOVEMENT)、[统治行为是运动](GOVERNING ACTION IS MOTION)、[法律行为是沿着路径运动](LEGISLATIVE ACTIVITY IS MOTION ALONG A PATH)、[生命是一系列运动](LIFE IS A SEQUENCE OF MOTIONS)、[行为阻碍是反作用力](IMPEDIMENTS TO ACTION ARE ANTAGONISTIC FORCES)、[致使数量增加是致使向上运动](CAUSE INCREASE

IN QUANTITY IS CAUSE UPWARDS MOTION）、［致使无法行为是阻止运动］
（CAUSED INABILITY TO ACT IS PREVENTION OF MOTION ALONG A PATH）。与经济和
商务活动相关的隐喻为［提高经济状态是向上运动］（IMPROVING ECONOMIC
STATUS IS UPWARD MOTION）、［妨碍提高经济状态是反作用力］（IMPEDIMENTS
TO IMPROVING ECONOMIC STATUS ARE ANTAGONISTIC FORCES）、［资金转移是液体
流动］（MONEY TRANSFER IS FLUID MOTION）等。

　　［移动］隐喻中最常见、最典型的具体源域是［旅行］框架，［旅行］是
一种［自我移动］，其角色包括"旅行者""地域""方向""目的地""交通方
式""路径"等（图6.6）。与之形成的隐喻有［活动是旅程］（ACTIVITIES ARE

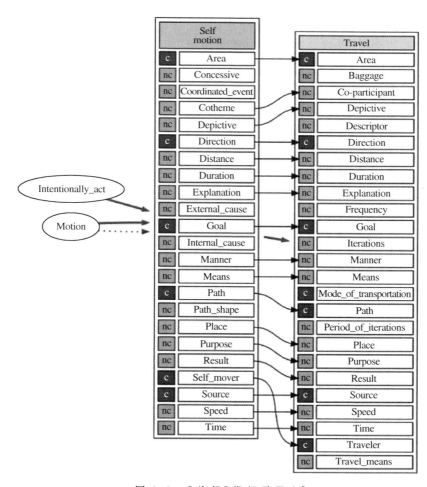

图6.6　［旅行］框架及元素[#]

JOURNEYS)、[浪漫关系是旅程](ROMANTIC RELATIONSHIP IS A JOURNEY)、[癌症是旅程](CANCER IS A JOURNEY)等。

本章把标注为 M[运动、位置、旅行和交通](M1[移动、来去]、M2[放置、推拉]、M3[交通：陆地]、M4[交通：水面]、M5[交通：空中]、M6[位置和方向]、M7[地点]和 M8[静止])、A1.7[固定]、S8[帮助和阻碍]的隐喻归为[移动]隐喻。此类隐喻在研究语料库中的形符共计 7 256 个（类符 265 个），其中在英语语料库中 3 214 个（类符 96 个），在汉语语料库中 4 042 个（类符 169 个）。从隐喻形符的标准化频数（英汉语分别为 1 049 和 1 207）和对数似然比检测一致性结果（p<0.001，$df=1$，LL=108.20）上来看，汉语比英语使用了较多的[移动]隐喻。如表 6.2 所示，英语的[移动]隐喻类形符比小于汉语的[移动]隐喻类形符比（2.99 和 4.18），说明汉语[移动]隐喻表达更为丰富。

表 6.2　[移动]隐喻类符及形符数对比

	隐喻类符数	隐喻形符数					隐喻形符标准化频数	隐喻类形符比
		形容词	名词	动词	其他	合计		
英语	96	752	2 037	408	17	3 214	1 049	2.99
汉语	169	258	1 566	2 218	0	4 042	1 207	4.18
合计	265	1 010	3 603	2 626	17	7 256	1 366	3.65

本章将[移动]隐喻分为六类，将除[水面移动]、[方位]、[固定]、[放置]、[陆空移动]隐喻以外的隐喻总称为[移动-]，以与大类名称[移动]区分，如表 6.3 所示。从标准化频数来看，英语使用了更多的[固定]隐喻，汉语使用了更多的[放置]和[方位]隐喻，两者在其他类隐喻使用上几乎无差异。

表 6.3　[移动]隐喻分类

	英　　语		汉　　语		合　　计	
	原始频数	标准化频数	原始频数	标准化频数	原始频数	标准化频数
[移动-]隐喻	995	325	1 183	353	2 178	410
[放置]隐喻	136	44	345	103	481	91
[水面移动]隐喻	1 173	382	1 364	404	2 537	478

	英　语		汉　语		合　计	
	原始频数	标准化频数	原始频数	标准化频数	原始频数	标准化频数
［陆空移动］隐喻	46	15	117	35	163	31
［方位］隐喻	508	166	814	243	1 322	249
［固定］隐喻	356	116	219	65	575	108
合　计	3 214	1 049	4 042	1 207	7 256	1 366

表 6.4 列出了英汉［移动］隐喻频数较高的类符。英汉语使用了意义相同的类符，如"flow/流动""fixed/固定""enter/进入""raise/提高"。由于该［移动］隐喻的意义是限定的，大部分类符为动词性隐喻或名物化隐喻，如 entry、movement 等，flow、fall 等在此处为名词。

表 6.4　［移 动］隐 喻 类 符（前 20）

英　语						汉　语					
类符	频数	词性	类符	频数	词性	类符	频数	词性	类符	频数	词性
flow	968	*n.*	fall	47	*n.*	流量	428	*n.*	通道	90	*n.*
revolving	336	*a.*	margin	41	*n.*	流动	261	*v.*	下降	83	*v.*
fixed	273	*a.*	movement	40	*n.*	波动	201	*v.*	各级	83	*n.*
position	232	*n.*	outflow	39	*n.*	渠道	175	*n.*	上限	78	*n.*
access	170	*n.*	marginal	38	*a.*	进入	171	*v.*	摩擦	78	*n.*
friction	88	*n.*	raise	33	*v.*	中心	160	*n.*	提高	77	*v.*
tier	19	*n.*	destination	31	*n.*	转移	102	*v.*	层级	73	*n.*
inflow	74	*n.*	enter	28	*v.*	固定	100	*a.*	周期	68	*n.*
entry	55	*v.*	rise	25	*v.*	流	94	*n.*	一级	67	*n.*
sink	50	*v.*	run	25	*v.*	上升	93	*v.*	转回	59	*v.*

表 6.5 列出了［移动］隐喻的构式及其代表性隐喻语块如 cash flow、revolving credit、fixed cost 和"现金流量""经济波动""金融中心"等，如句〔5〕和〔6〕所示。从构式上看，英语多使用 T-noun_mod_S-noun、S-adj_mod_T-noun 等，多以形容词性和名词性隐喻表达商务情况，即英语中源

第六章　移动隐喻

域[移动]的实体和特征更多地映射至目标域,如 inflow、movement、access 等,但意义上呈现动态性。汉语多使用 T-noun_mod_S-noun、T-subj_S-verb 等,多以动词性和名词性隐喻表达商务情况。

〔5〕These potential losses are perceived as a <u>cash *flow*</u> risk by the investors.

〔6〕在<u>现金流量</u>允许的前提下,安排提前还款或进行存量债务置换。

表 6.5 〔移动〕隐喻语块及构式

构式类型	英语隐喻语块(F>10)		汉语隐喻语块(F>10)	
	代表性语块	总频数	代表性语块	总频数
S-adj_mod_T-noun	revolving credit fixed cost marginal cost	806	流动资产 固定利率 流动负债	240
S-noun_mod_T-noun	tier-one supplier entry cost	105	一级资本 一线员工	394
S-noun_of_T-noun	transfer of funds	51	/	/
S-noun_prep_T-noun	access to market	139	/	/
S-prep_T-noun	below the cost	17	/	/
S-verb_T-dobj S-verb_prep_T-noun	enter the market push down interest rate	245 9	提高生产率 转移资产	570
T-adj_mod_S-noun	financial position financial friction	200	/	/
T-noun_cop_prep_S-noun T-noun_cop_S-noun T-noun_cop_S-adj	economy is on the path / /	14	/ 客户是中心 经济稳定	/ 22 18
T-noun_mod_S-noun	cash flow capital flow trade flow tax position investment flow	1 519	现金流量 金融中心 贸易摩擦 企业层级 职业通道	1 507
T-subj_S-verb	insurance cover price fall /	108	经济波动 资本流动 外资进入	1 291

6.3 [流动]隐喻

如上所述,[水面移动]隐喻是[移动]隐喻中频数最高的次类隐喻,而且英汉语使用该隐喻的标准化频数(分别为 382 和 402)相差无几,其中flow(频数 968)和"流量"(频数 425)分别为频数最高的类符,因而将此类隐喻简称为[流动]隐喻。此类隐喻与第五章的[液体]隐喻有联系,区别在于本章更强调液体的流动。如图 6.7 所示,框架[液体流动]是框架[流动]的下位框架,[液体]是其吸收的角色,其下位框架还包括[血流]、[释放液体]、[阻止液体的流动]等。[液体流动]的角色包括"液体""起点""路径""终点""区域""液体流动"等。

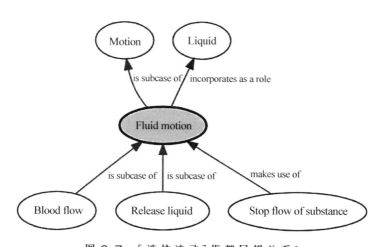

图 6.7 [液体流动]框架层级关系*

如表 6.6 所示,英汉语[流动]隐喻的大部分类符为语料中的主题词,英语[流动]隐喻常用的构式为 T-noun_mod_S-noun,但表达动态意义的"流动",汉语[流动]隐喻常用的构式为 T-subj_S-verb。英汉语中[流动]隐喻意义相近的类符包括"flow/流动/流量""inflow/流入""outflow/流出""流通""流失"等,其中频数最高的载体词分别是 flow 和"流量",与它们组成的频数最高的隐喻语块分别是 cash flow 和"现金流量",其他语块包括 capital flow、trade flow、investment flow 和"资本流动""流动资产""流动负债"等,如句[7]至[14]所示。

〔7〕 These potential losses are perceived as a cash *flow* risk by the investors.

〔8〕 Second, the relationship between openness as well as financial development of a country and capital *inflows* is, in general, not linear.

〔9〕 In our empirical analysis, we first show that per-shipment trade costs are sizeable and important for trade *flows*.

〔10〕 Some developing countries, especially the more rapidly emerging countries, also need to consider the impact of the crisis and the evolving policy environment on their outward investment *flows*.

〔11〕 经营活动产生的现金流量净额大幅变动主要是由于本期采购商品付现增加。

〔12〕 国际资本流动的大幅波动对新兴市场经济体形成巨大冲击,增加了金融系统的不稳定性。

〔13〕 本集团的其他流动资产主要为向银行购买的短期理财产品及项目获取进程中支付的款项。

〔14〕 其他流动负债为本集团所属联通运营公司面向银行间债券市场发行的超短期融资券,均无担保,并于到期按面值加利息兑付。

表 6.6　[流动]隐喻代表性类符

隐喻类符	LL 值	隐喻频数	构　式	代表性语块
flow	453.98	968	T-noun_mod_S-noun	cash flow
			T-adj_mod_S-noun	financial flow
inflow	65.9	74	T-noun_mod_S-noun	capital inflow
sink	11	50	S-adj_mod_T-noun	sunk cost
outflow	9.57	39	T-noun_mod_S-noun	capital outflow
流量	533.98	427	T-noun_mod_S-noun	现金流量
流动	156.2	261	S-adj_mod_T-noun	流动资产
			T-subj_S-verb	资本流动
波动	268.97	201	T-subj_S-verb	经济波动

隐喻类符	LL 值	隐喻频数	构　式	代表性语块
流	／	94	T-noun_mod_S-noun	现金流
溢	90.37	58	S-verb_T-dobj	溢价
上涨	17.03	51	T-subj_S-verb	价格上涨
浮动	41.29	48	T-subj_S-verb	利率浮动
流动性	305.66	39	T-noun_mod_S-noun	市场流动性
流入	88.4	35	T-subj_S-verb	现金流入
流通	97.03	29	T-subj_S-verb	产品流通
流失	／	27	T-subj_S-verb	员工流失
流出	15.03	23	T-subj_S-verb	现金流出
渗透	／	14	T-subj_S-verb	进口渗透
注入	11.89	10	S-verb_T-dobj	注入资金

　　flow 的基本意义是"液体持续、平缓、稳定的流动","流量"指"流动的物体在单位时间内通过的数量",此处的语境意义为"某物持续不断的供应"。cash flow(现金流量)指"企业通过一定经济活动(包括经营活动、投资活动、筹资活动和非经常性项目)而产生的现金流入、现金流出及其总量情况的总称"。例如,销售商品、提供劳务、出售固定资产、收回投资、借入资金等形成企业的现金流入;购买商品、接受劳务、购建固定资产、现金投资、偿还债务等形成企业的现金流出。现金流量是衡量企业经营状况是否良好、是否有足够的现金偿还债务、资产变现能力的重要指标。cash flow(现金流量)的两个词汇单元分别激活的框架为[资金]和[液体],形成的具体映射是[资金持续供应是液体持续流动],该隐喻蕴含于隐喻[资金是液体](MONEY IS FLUID),其上位隐喻是[资源是液体](RESOURCE IS LIQUID)和[资金是物质](MONEY IS A SUBSTANCE),又指向了基本隐喻[数量是水](QUANTITY IS WATER)。

　　此外,英汉语[流动]隐喻的类符多为动词性的,描述"流动"的各种形式,突显了框架成分的方式(float、浮动)、结果(sink、沉没)、方向(outflow、流入)、程度(surge、涌入)等,组成的语块如表 6.7 所示。英汉语[流动]隐喻还产生了一些专门商务词汇,如 sunk cost(沉没成本)指"已经付出且不可收回的成本";"溢价"指"所支付的实际金额超过证券或股票的名目价值或面值";"进口渗透"指"一国某年 j 产业(或者 j 产品)的进口占其消费总量多大比重"。

表 6.7　[流动]隐喻语块

隐喻载体词 (F>10)	目标域词语 (F>10)	隐喻语块(F>10)		
flow　sink　inflow float　outflow spill	cash　capital cost	cash flows capital flows trade flows capital inflows	investment flow sunk cost capital outflows	financial flows portfolio flows cash outflows
流量　流动　波 动　流溢　浮 动　流入　流通 流失　流出　渗 透　注入	现金　资本 汇率	现金流量 资本流动 流动资产 流动负债 员工流动 经济波动	市场波动 价格波动 客户渠道 现金流 汇率波动 进口渗透	溢价 现金流入 资本流入 货币流通 员工流失 现金流出

6.4　[移动-]隐喻

如上所述,此类隐喻指除[水面移动]、[方向地点]、[固定]、[放置]、[陆空移动]隐喻以外的隐喻,为与大类名称[移动]区分,特标示为[移动-]。英汉语[移动-]隐喻的类符多为动词性的,可大致分为四类(见表 6.8):表达概括意义的类符如 movement、"运行"等;表达移动方式的类

表 6.8　[移动-]隐喻类符分类(频数≥10)

英　　语	汉　　语
movement　mobility　move	移动
revolving　friction　run　return　cross	摩擦　运行　周期
access　entry　enter　exit　entrant	进入　引进　退出　走出去　准入
fall　raise　rise　falling　rising	上升　下降　提高　降低　下行　下跌 下滑　上行　提升　提高　降

符 revolve、friction、"摩擦"等；表达进出移动的类符，如 access、exit 和"进入""退出"等；表达上下移动的类符如 fall、rise 和"上升""下降""提高"等。此外，汉语[移动]隐喻突显了上下移动，如"下降""上升""下行""下跌""下滑"等，表达的意义多为：上、下、进、出、升、降。

首先，表达移动概括意义的类符如 movement、mobility、"移动"均为语料中的主题词（见表6.9）。句〔15〕的 capital mobility（资本流动性）指"生产活动资本能以低成本跨境流动的可能性，而不是资本的实际流动"，形成的具体映射为[资本变化是物体的移动]；句〔16〕的 exchange rate movement（汇率变动）指"货币对外价值的上下波动，包括货币贬值和货币升值"，形成的具体映射为[货币对外价值的变化是物体的移动]，又如句〔17〕的 movement of capital；句〔18〕的"移动支付"指"消费者通过移动终端（通常是手机、PAD 等）对所消费的商品或服务进行账务支付的方式"，形成的具体映射为[使用终端支付是物体的移动]。值得注意的是，此处"移动"转喻地指称"移动终端"，"支付"指"支付方式"，因而语块"移动支付"的两个词语均为动词，但构式为 S-noun_mod_T-noun。

表6.9　[移动-]隐喻代表性类符 I

隐喻类符	LL 值	隐喻频数	构　式	代表性语块
movement	76.72	40	T-noun_mod_S-noun	exchange rate movement
mobility	95.19	21	T-noun_mod_S-noun	capital mobility
移动	45.14	9	S-noun_mod_T-noun	移动支付

〔15〕Some real world cases are adapted to study the implications of capital *mobility* for optimal aid policies.

〔16〕U.S. activity and inflation appear to be importantly influenced by these exchange rate *movements*.

〔17〕The *movement* of *capital* from less productive to more productive uses is a story repeated over and over again throughout history and around the world.

〔18〕该应用适应现代人快节奏、高效率的生活方式，拓宽了 IC 卡业务在新兴**移动**支付渠道的应用。

其次，表6.10列出了为主题词的表达移动方式的类符。revolving 的基本意义为"旋转的;轮转式的",revolve 的基本意义为"(物体)旋转;绕一个轴转动;以环形、回路或轨道运行;沿曲折的路线运行;特指运行一周而回到原处"。与之类似的"运行"的基本意义指"循一定轨迹周而复始的转动、前进"。"运营""运作"的意义含"运行"因而也被标为隐喻类符。此外,名词"周期"的基本意义为"事物在运动、变化过程中,某些特征连续两次出现所需的时间"。这类类符的语义既突显[移动]的方式即环形运动,又突显从起点回到起点的整个过程。

表 6.10　[移动-]隐喻代表性类符 II

隐喻类符	LL 值	隐喻频数	构　式	代表性语块
revolving	218.38	336	S-adj_mod_T-noun	revolving credit
friction	117.27	88	T-noun_mod_S-noun	trade friction
			T-adj_mod_S-noun	financial friction
run	/	25	S-verb_T-dobj	run business
摩擦	15.79	78	T-noun_mod_S-noun	贸易摩擦
周期	79.47	68	T-noun_mod_S-noun	经济周期
运行	93.51	55	T-noun_mod_S-noun	经济运行
运营	887.12	29	T-noun_mod_S-noun	资本运营

值得注意的是,在"经济运行""资本运营"和下文中的"贸易摩擦"这些语块中,目标域词语为名词、源域词语为动词。它们的意义整体上偏名词性,如"资本运营"指"运用市场法则,通过资本本身的技巧性运作和科学性运动实现价值增值、效益增长的一种经营方式"。从语法位置上看,它们分别在句〔19〕、〔20〕和〔23〕中充当定语、宾语和主语。从语法关系上看,"贸易摩擦"为偏正式结构,指"在贸易方面的摩擦";"经济运行"和"资本运营"为动宾式的 OV 顺序。因而,本章认为这三个语块的构式为 S-noun_mod_T-noun。

〔19〕生产规模的扩大可以提高经济运行效率。

〔20〕长江电力深耕国际化发展、市场化建设和资本运营,推动科技创新和信息化建设。

英汉语[移动]隐喻中频数最高的语块为"revolving credit"和"经济周期",如句〔21〕和〔22〕所示。revolving credit(循环信用)是商务话语中专门词汇,意为"客户在规定的时间内可以循环使用的一定金额的信用限度",具体指下述情形:每月在信用卡当期账单的到期还款日前,客户可以按照自己的财务状况自行决定还款金额的多少,当偿还的金额等于或高于当期账单的最低还款额但低于本期应还金额时,剩余的延后还款的金额就是循环信用余额。revolving credit(S-adj_mod_T-noun)的两个词汇单元分别激活的框架为[资金]和[移动]。如表 6.11 所示,信用限额是起点,最低还款额是中间点,应还款金额是终点,偿还完借款是回到起点,形成的具体映射是[循环使用信用金额是按环形路移动],映射原则可总结为:信用额恢复被理解为物体回到起点,是因为运动起点是起始位置而信用额是初始状态。该具体映射蕴含于隐喻[数量改变是位置改变](CHANGE OF QUANTITY IS CHANGE OF LOCATION)和[数量变化是沿着路径移动](SCALAR CHANGE IS MOTION ALONG A PATH),指向的基本隐喻为[状态是位置](STATES ARE LOCATIONS)和[标量是路径](SCALES ARE PATHS)。

〔21〕Each of the *revolving* credit facilities requires that we maintain our current credit policies.

〔22〕经济周期的波动将改变企业面临的融资环境,制约企业的融资选择。

表 6.11　[环形移动]映射

源域:[移动]	目标域:[资金]
环形路	信用额使用过程
起点/终点	信用限额
中间点	最低还款额
回到起点	偿还完借款

"经济周期",也称"商业周期或商业循环",一般分为四个阶段即繁荣、衰退、萧条、复苏,指经济运行中经济扩张与经济紧缩交替更迭、循环往复的现象,是国民总产出、总收入和总就业的周期性波动情形,如句〔22〕所示。"周期"的语境意义是"经济扩张与经济紧缩交替更迭所需的

时间"。值得指出的是,与之相对应的英语词语为 cycle 被标注为源域[机器],因为其基本意义为"机器完成一次过程所需的时间"(*the period of time needed for a machine to finish a process*)。"经济周期"(T-noun_mod_S-noun)的两个词汇单元分别激活了源域框架[运动]和目标域框架[经济状态],形成了具体的隐喻映射[经济状态更迭的时间是物体位置变化的时间],指向的基本隐喻为[经济状态是位置]和[状态变化是物体位置变化],映射原则可总结为:经济状态被理解为物体位置,是因为物体会不断改变位置形成周期而经济状态也会变化形成周期。

再次,"friction/摩擦"也是一种移动方式,其基本意义为"物体和物体紧密接触并来回移动",语境意义为"(因意愿、性情、见解不协调而造成的)对立、争执、冲突"。句〔23〕和〔24〕中"trade friction/贸易摩擦"指"国际贸易中一国的持续顺差及另一国的持续逆差造成的冲突",或"一国的贸易活动触及或伤害另一国的产业所引起的冲突",主要包括一国对另一国实施的反倾销措施、反补贴措施和保障措施三种形式,形成的具体隐喻映射为[贸易冲突是物体摩擦],涉及的一般隐喻为[对抗是摩擦](ANTAGONISM IS FRICTION)。此外,run 也是一种移动方式,其基本意义为"快速移动、(使)猛烈移动",此处的语境意义为"经营、负责",如句〔25〕中的 run a business 指"经营生意",形成的具体隐喻映射为[经营生意是使物体移动]。

〔23〕 近年来国际形势风云变幻,导致中国与贸易伙伴间的**贸易摩擦**日益频繁。

〔24〕 Due to the current monopolistic competition, a change in the trade *friction* only affects a domestic firm.

〔25〕 Reducing investments is no way to *run* a business when you are trying to expand the business.

再者,表 6.13 列出了表达进出意义的隐喻类符,英语中多为名词性隐喻而汉语中多为动词性隐喻,如句〔26〕至〔29〕所示。以 market access 和"进入市场"为例。此处的"market/市场"不是实际的贸易场所,而是指各方参与交换的多种系统。market access/entry(市场准入)指"在国际贸易方面一国允许外国的货物、劳务与资本参与国内市场的程度",涉及对各种进出口贸易的限制措施,包括关税和非关税壁垒。如表 6.12 所示,两个词汇单元分别激活源域框架[运动]和目标域框架[市场系统]。"进入"的基本意义是"由外入内,到达某容器的内部",此处的语境意义为"处于某种时期、状态",形成了具体的隐喻映射[参与市场贸易是进入某个空间],指向的基本隐喻为[市场是地点](MARKETS ARE LOCATIONS)。access的基本意义为"到达某地方的通道、入径",语境意义为"使用某事物带来利益的权利或机会",形成了具体的隐喻映射[准入市场的机会或权利是到达某地的路径],指向的基本隐喻为[机会是路径](OPPORTUNITIES ARE PATHS)和[市场是地点](MARKETS ARE LOCATIONS)。映射原则可总结为:市场被理解为地点,是因为达到某地的路上有障碍而参与他国贸易市场有限制。其他映射如表6.13所示。

表 6.12　[移动-]隐喻代表性类符 III

隐喻类符	LL 值	隐喻频数	构　式	代表性语块
access	175.07	170	S-noun_prep_T-noun	access to market
			T-noun_mod_S-noun	market access
entry	51.84	55	T-noun_mod_S-noun	market entry
			S-noun_mod_T-noun	entry cost
enter	32.9	28	S-verb_T-dobj	enter the market
进入	26.33	171	T-subj_S-verb	外资进入
			S-verb_T-dobj	进入市场
引进	165.33	55	S-verb_T-dobj	引进外资
退出	83.26	37	T-subj_S-verb	企业退出
走出去	189.19	48	T-subj_S-verb	企业走出去

表 6.13　[进入]映射

源域:[到达某地]	目标域:[市场准入]
地点	市场
进入	准入
路径	机会
障碍	限制

[26] In their framework, the possibility of domestic rent

destruction arising from granting foreign <u>market *access*</u> are likely to be small given the smaller trading partner's limited economic size.

〔27〕 To overcome barriers to innovation and <u>market *entry*</u> through joint EU-China public and private partnership.

〔28〕 随着技术更新速度的加快和全球市场竞争的加剧,产品和服务的固有优势被迅速侵蚀,企业要<u>进入新市场</u>、增加市场份额和增强竞争优势,最基本的手段是不断创新。

〔29〕 中国政府一直鼓励有实力的<u>企业走出去</u>,参与国际的竞争和合作。

最后,表 6.14 列出了表达方向性移动的类符,如 fall、rise 和"上升""下降""提高"等。这些表示方向性移动的类符为规约化的隐喻表达,与它们成的语块的规约性就相对较弱,如句〔30〕至〔35〕中的 price fall、"成本上升"等所示。它们指示的一般隐喻映射为〔数量减少是向下移动〕(DECREASE IN QUANTITY IS DOWNWARD MOTION)、〔数量增加是向上移动〕(INCREASE IN QUANTITY IS UPWARD MOTION)、〔提高经济状态是向上运动〕(IMPROVING ECONOMIC STATUS IS UPWARD MOTION)。

表 6.14 〔移动-〕隐喻代表性类符 IV

隐喻类符	LL 值	隐喻频数	构 式	代表性语块
fall	/	47	T-subj_S-verb	price fall
raise	10.52	32	S-verb_T-dobj	raise tariff
rise	/	25	S-noun_prep_T-noun	rise in trade
falling	/	24	S-adj_mod_T-noun	falling price
上升	278.67	93	S-verb_T-dobj	成本上升
下降	446.42	83	T-subj_S-verb	成本下降
提高	480.35	77	S-verb_T-dobj	提高生产率
下滑	41.91	19	T-subj_S-verb	经济下滑
下跌	/	22	T-subj_S-verb	价值下跌

〔30〕 The world <u>price *falls*</u> when a subsidy or tariff rises.

〔31〕During a period of *falling* interest rates, Ford Credit would expect its pre-tax cash flow to initially decrease.

〔32〕An optimal agreement may allow governments to *raise* tariffs to prevent domestic policies from being distorted.

〔33〕当资本流动<u>成本上升</u>到一定水平时,小辖区可以靠低税负来吸引资本流入。

〔34〕企业的新政策为企业节约财务成本超过人民币 150 万元,<u>融资成本下降</u>一半以上。

〔35〕进口竞争可能激励中国制造业企业不断进行技术革新,<u>提高生产率</u>。

以"提高生产率"为例,"提高"的基本意义为"使位置等方面比原来高",此处的语境意义为"使程度、水平、数量、质量等方面比原来高"。生成率指"生产率一般指单位设备(如一台机床或一条自动生产线)或设备的单位容量(如高炉的每立方米容积)在单位时间(如一小时、一昼夜)内出产的合格产品的数量"。"提高生产率"(S-verb_T-dobj)的两个词汇单元分别激活源域框架〔向上运动〕和目标域框架〔制造业〕,形成了具体的隐喻映射〔生产率增加是物体位置变高〕,映射原则可总结为:生产率被理解为物体位置,是因为物体位置可升高或下降而生产率数值可增加或减少。如图 6.8 所示,源域框架〔向上运动〕与框架〔垂直性〕是使用关系,词汇单元"生产率"是一种数值,因而指向了基本隐喻〔数量是垂直性〕(QUANTITY IS VERTICALITY)。该隐喻蕴含了〔多是向上〕(MORE IS UP),使用了隐喻〔使数量增加是使向上运动〕(CAUSE INCREASE IN QUANTITY IS CAUSE UPWARD MOTION)。

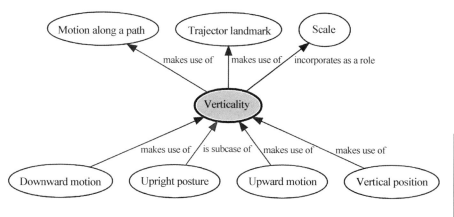

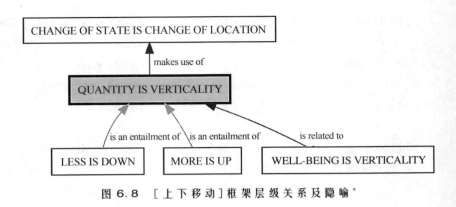

图 6.8　［上下移动］框架层级关系及隐喻*

6.5　［方位］隐喻

　　如图 6.3 所示,框架［移动］的下位框架包括［离开某个位置］、［移动到某个位置］、［向上移动］、［向下移动］、［向前移动］、［向后移动］等,因而［位置］和［方向］隐喻是［移动］隐喻的重要分支。框架［位置］的角色包括"方向""距离""背景""图标"等,框架［方向］的角色包括"距离""界标""路径"等。以［位置］和［方向］为源域形成的基本隐喻是［行为是在某个位置］(ACTION IS BEING IN A LOCATION)、［经历某个状态是在某个位置］(EXPERIENCING A STATE IS BEING AT A LOCATION)。表达方向的动词性隐喻类符已归为［移动-］隐喻,［方位］隐喻的类符多为名词、介词、副词,如 position、below、"＊级/层/面/游"等,如表 6.15 所示。

表 6.15　［方位］隐喻类符分类(频数≥10)

英　　　语	汉　　　语
position　tier　margin　marginal　destination	中心　各级　层级　一级　一线层　地位　二级　沿线　边际转折点　目的地
top　upstream　below　downstream　direction	下游　走势　上下游　动向

　　第一类［方位］隐喻的类符表示地点的位置,多为概括意义的类符,大

多为语料中的主题词,如表 6.16 所示。其中英语[位置]隐喻中频数最高的类符和语块分别是 position 和 financial position(T-adj_mod_S-noun)。financial position(财务状况)指"通过资金平衡表、利润表及有关附表价值形态等反映的企业某个时间段的资产及权益情况和经营活动状况",如句〔36〕所示。position 的基本意义为"空间位置",语境意义为"状态"。financial position 的两个词汇单元激活了源域框架[位置]和目标域框架[财务],形成了具体的隐喻映射[财务状态是物体位置](ECONOMIC STATUS IS LOCATION),指向的基本隐喻为 [状态是位置](STATES ARE LOCATIONS),映射原则可总结为:财务状态被理解为位置,是因为物体位置会改变而财务状态会变化。

〔36〕The adoption of the new standard will not have a material impact to our consolidated <u>financial *position*</u> or results of operations.

〔37〕国际经验表明,一国货币国际化进程中,通常伴随着新的国际<u>金融中心</u>的崛起。

汉语[位置]隐喻中频数最高的类符和语块分别是"中心"和"金融中心"(T-noun_mod_S-noun)。狭义的金融中心指"在商品货币的运行中处于中心地位的金融市场";广义的金融中心指"在宏观地理区域内发挥金融活动中枢作用的大中城市"。"中心"的基本意义是"跟四周距离相等的位置",通常以一个物体为中心点可将方向分为远近、上下和高低等,离中心点较近的物体被认为积极的。此处语境意义是"在某一方面占重要地位的城市或地区、事物的主要部分",因而用"中心"指称经济发达区。"金融中心"的两个词汇单元激活了源域框架[中心边缘]和目标域框架[金融]。框架[中心边缘]突显框架[位置]的角色"距离",在基本隐喻[重要性是中心性]的作用下,形成了具体的隐喻映射[发挥重要作用的中心城市是位置的中心]。

表 6.16　[方位]隐喻代表性类符 I

隐喻类符	LL 值	隐喻频数	构　式	代表性语块
position	49.51	232	T-adj_mod_S-noun	financial position
			T-noun_mod_S-noun	tax position

隐喻类符	LL 值	隐喻频数	构　式	代表性语块
tier	35.79	79	S-noun_mod_T-noun	tier-one supplier
margin	226.5	41	T-noun_mod_S-noun	profit margin
marginal	28.13	38	S-adj_mod_T-noun	marginal cost
destination	27.77	31	T-noun_mod_S-noun	export destination
中心	470.5	159	T-noun_mod_S-noun	金融中心
各级	/	83	S-noun_mod_T-noun	各级公司
层级	/	70	T-noun_mod_S-noun	企业层级
一级	115.15	66	S-noun_mod_T-noun	一级资本
一线	27.97	54	S-noun_mod_T-noun	一线员工
层		45	T-noun_mod_S-noun	公司层
地位	18.52	41	T-noun_mod_S-noun	市场地位
二级	100.51	39	S-noun_mod_T-noun	二级资本
沿线	255.16	35	S-noun_mod_T-noun	沿线经济带
转折点	/	11	T-noun_mod_S-noun	债务转折点
动向	5.62	11	T-noun_mod_S-noun	投资动向
目的地	7.37	11	T-noun_mod_S-noun	出口目的地

　　英汉语[位置]隐喻中有一些意义相同的类符,如"marginal/边际",marginal 的基本意义为"(与)(在)边缘(有关)的",此处的语境意义为"(与)微小(单位)变化有关的"。频数较高的语块为句[38]和[39]中的 marginal cost(边际成本),指"在一定产量水平下,增加或减少一个单位产量所引起成本总额的变动数"。当实际产量未达到一定限度时,边际成本随产量的扩大而递减;当产量超过一定限度时,边际成本随产量的扩大而递增。该语块指示的具体隐喻映射是[引起成本变化的产量限度是位置的边缘部分]。

[38] Since with imperfect competition prices are set above *marginal* costs, domestic consumption of any given variety is too low.

〔39〕就外购与自制两者比较而言,当外购中间品相对于自制的边际生产力大于其<u>边际成本</u>时,较高的垂直专业化水平会显著提升企业的劳动生产率。

又如,"tier/级(层)"的基本意义为"上或下石阶或楼梯时放脚的踏脚处",此处的语境意义为"等次"。与它们组成的语块如句〔40〕和〔41〕中的 tier-one supplier 和"一级资本"。"一级资本"又称"核心资本",是银行资产中最重要的组成部分,"一般由普通股、优先股、资本溢价、未分配利润、可转换成股票的债券、呆账准备金以及其他资本储备所组成",形成的具体隐喻映射是[资本的等级是空间的层次](LEVELS IN AN ORGANIZATION ARE LAYERS OF THE DIMENSIONAL SPACE),指向的基本隐喻为[权利是上面](POWER/CONTROL IS ABOVE)。

〔40〕These CSR programs can have a beneficial impact at the level of *tier*-one suppliers.

〔41〕集团<u>一级资本</u>规模在全球 1 000 家大银行中的排名由上年的第七位上升到第四位。

第二类[方向地点]隐喻类符表示物体所在的方向。例如,表 6.17 中 top 的基本意义是"顶端、顶部","upstream/上游"的基本意义是"逆流而上(的),在(往)上游(的)",两者的语境意义为"最重要的"。与它们组成的语块包括 top supplier、upstream supplier、"上下游企业"等,如句〔42〕至〔45〕所示,形成了具体隐喻映射为[重要的企业是位置高的物体],指向了基本隐喻[重要的是高的](IMPORTANT IS HIGH)。

表 6.17 [方位]隐喻代表性类符 Ⅱ

隐喻类符	LL 值	隐喻频数	构 式	代表性语块
top	/	17	S-adj_mod_T-noun	top supplier
upstream	/	17	S-adj_mod_T-noun	upstream supplier
below	80.76	12	S-prep_T-noun	below the cost
上下游	89.33	37	S-noun_mod_T-noun	上下游企业
下游	68.66	30	T-noun_mod_S-noun	出口下游
走势	25.8	29	T-noun_mod_S-noun	经济走势

〔42〕 We publish a list of our *top* suppliers each year, and disclose our greenhouse gas emissions.

〔43〕 The CMRT was developed to provide companies with a common format for their *upstream* suppliers to identify the use of the four materials.

〔44〕 新能源电动汽车及其上下游企业面临广阔的发展空间。

〔45〕 财税政策由于能同时从供给和需求两方面影响经济走势。

6.6 〔固定〕隐喻

本章把标注为A1.7〔限制〕和M8〔静止不动〕的类符归为〔固定〕隐喻,如 fixed、bind、instability 和"固定""上/下限""钉住""桎梏""陷阱"等,与它们组成的语块如表6.18所示。框架〔限制〕的下位框架是〔阻碍运动〕(运动由于障碍或反作用力或自身不能运动而受到阻碍),与框架〔阻碍运动〕相关的隐喻包括〔困难是运动中的障碍〕(DIFFICULTIES ARE IMPEDIMENTS TO MOVEMENT)和〔阻止状态改变是阻止位置改变〕(PREVENTED CHANGE OF STATE IS PREVENTED CHANGE OF LOCATION),并蕴含于隐喻〔状态改变是位置改变〕(CHANGE OF STATE IS CHANGE OF LOCATION)。

表 6.18 〔固定〕隐喻类符

隐喻类符	LL 值	隐喻频数	构 式	代表性语块
fixed	153.07	273	S-adj_mod_T-noun	fixed cost
固定	51.05	100	S-adj_mod_T-noun	固定利率
上限	108.48	78	T-noun_mod_S-noun	价格上限
稳定	28.21	17	T-noun_cop_S-adj	经济稳定

英汉语〔固定〕隐喻的主要类符为"fixed/固定",其基本意义为"(物体)处在特定位置而不能移动的",语境意义为"(价格、比例或时间)事先确定而不能更改的"。英汉语〔固定〕隐喻中频数较高的语块分别为 fixed cost(固定成本,又称固定费用)和"固定利率"。fixed cost 指"在一定时期

和一定业务量范围内不受业务量增减、变动影响而能保持不变的成本"，"固定利率"指"由国家规定在一定时期内不受社会平均利润率和资金供求变化所影响的利息率"，如句〔46〕和〔47〕所示。由此，形成的具体映射是〔成本额/利率不变化是位置不改变〕。

〔46〕 Such *fixed* costs accrue by organizing the shipment of each bundle of goods, independent of its size.

〔47〕 本集团于 2017 年 12 月 31 日的债务总额中约有 54.5% 为固定利率贷款，45.5% 为浮动利率贷款。

6.7 〔放置〕隐喻

本章把标注为 M2 的类符归为一类，表达的意义为"放置、提取、拉动、推动、运输"等。这类隐喻的类符主要为 transfer、transmit、transmission 和"转移""转回""转出""转入""中转"等，如表 6.19 所示，因而这类隐喻也可称为〔转移〕隐喻。

表 6.19 〔放置〕隐喻代表性类符

隐喻类符	LL 值	隐喻频数	构　式	代表性语块
transfer	230.32	24	T-noun_mod_S-noun	fund transfer
转移	333.2	102	S-verb_T-dobj	转移资产
转回	/	59	S-verb_T-dobj	转回资产
投入	220.96	36	S-verb_T-dobj	投入资金
投放	118.25	25	S-verb_T-dobj	投放贷款

句〔48〕和〔49〕中的 fund transfer（资金转移）指"证券化的基础资产从发起人（原始权益人）转移到特殊目的机构或公司的过程"。transfer 的基本意义为"从一地转往另一地"，此处的语境意义为"转让（财产、权利）"。"资产转移"（T-subj_S-verb）激活了具体的隐喻映射〔资产的控制者变化是物体位置的移动〕，指向的基本隐喻为〔控制者变化是物体转移〕

（CHANGE IN CONTROLLER IS OBJECT TRANSFER）和［造成的状态变化是造成的位置变化］（CAUSED CHANGE OF STATE IS CAUSED CHANGE OF LOCATION），映射原则可总结为：资产转移被理解为物体转移，是因为物体从一个位置会移动到另一个位置，而资产的控制者会从甲转变为乙。

［48］ This includes cooperation on business visas, corporate social responsibility （CSR）, fund *transfer* and transparency of procedures.

［49］ 公司发生金融资产转移时，如已将金融资产所有权上几乎所有的风险和报酬转移给转入方，则终止确认该金融资产。

此外，［放置］隐喻还包括 cover、push 和"投放""投入""覆盖率""传导"等其他类符，与它们组成的语块包括 insurance coverage、push down interest rate、price transmission 和"客户覆盖率""价格传导""推动公司"等。值得注意的是，汉语中使用了较多的"投放""投入""投向"等类符，如句［51］和［52］所示。

［50］ We maintain a program of insurance *coverage* for a variety of property, casualty, and other risks.

［51］ 全年推进援助项目 20 余个，直接投入资金 300 万元，间接引进资金 1 000 余万元。

［52］ 在旅游资源聚集地区，累计投放贷款 30.3 亿元支持旅游综合体、旅游酒店等。

6.8 ［陆空移动］隐喻

英汉语使用的［陆地移动］和［空中移动］隐喻类符包括 path、vehicle、track、pathway、flight 和"通道""转轨""路径""大通道""起飞""腾飞"等，如句［53］和［56］所示。与它们组成的部分语块如表 6.20 所示，指向的基本隐喻是［方法是路径］（MEANS IS PATH）。

〔53〕The global economy is already on an irreversible *path* to an economic downturn.

〔54〕Negative fallout from sudden capital *flight* from emerging markets continues to be a global concern.

〔55〕逐步探索和建立与之匹配的人力资源规划、绩效考核、职业通道和薪酬策略。

〔56〕印度的投资率以前一直很低,但是自世纪年代经济起飞以来,投资率快速上升。

表 6.20　[陆空移动]隐喻代表性类符

隐喻类符	LL 值	隐喻频数	构　式	代表性语块
path	26.67	24	T-noun_cop_prep_S-noun	economy is on the path
flight	/	9	T-noun_mod_S-noun	capital flight
通道	15.7	89	T-noun_mod_S-noun	职业通道
起飞	/	6	T-subj_S-verb	经济起飞

6.9　[移动]隐喻意义

表 6.21 列举了[移动]隐喻所涉及的主要目标域词语,反映了所认知的概念如现金、资本、成本、市场、投资等。从与目标域词语组成的频数最高的代表性语块来看,英语主要使用(液体)流动、进入(地点)、位置(高低)等概念来认知上述概念。总体来说,英汉语使用的最具代表性的概念隐喻是[经济状态变化是物体移动位置]。

表 6.21　[移动]隐喻相关的目标域词语(前 10)

英　　语			汉　　语		
目标词	频数	代表性语块	目标词	频数	代表性语块
cash	432	cash flow	现金	547	现金流量

续　表

英　　语			汉　　语		
目标词	频数	代表性语块	目标词	频数	代表性语块
capital	371	capital flow	经济	342	经济波动
credit	375	revolving credit	企业	254	企业层级
cost	306	fixed cost	资本	251	资本流动
trade	274	trade flow	资产	199	流动资产
market	149	market access	成本	164	成本上升
financial	140	financial position	市场	153	进入市场
supplier	109	tier-one supplier	公司	151	各级公司
investment	95	investment flow	外资	150	外资进入
tax	90	tax position	员工	143	一线员工

　　满足隐喻映射的类符指示主要意义焦点。英语隐喻类符中满足映射原则的是 flow，汉语中无满足映射原则的隐喻类符，但频数最高的为"流量"。在 WordNet 和 SUMO 中查询"flow/流量"获得的主观评价意义突出了"持续性"和"充足性"，映射原则可总结为：资金状态变化被理解为液体流动，是因为大量的液体会持续流动而大量的资金会持续转换所有权。这与第五章的[液体]隐喻异同共存，同在两者都强调"流动"，异在[液体]隐喻强调水的不稳定性而[流动]隐喻强调持续性。

　　以代表性语块如 cash flow 和"现金流量"为例，两个词汇单元"cash/现金"和"flow/流量"分别激活了目标域[资金]（状态）和（位置）[移动]，隐喻类符如 flow、"进入"等指示的源域框架的角色对应了目标域框架的相应角色如"经济状态的变化"等，形成了隐喻[经济状态变化是物体移动位置]。

　　激活隐喻[经济状态变化是物体移动位置]也同时激活了相应的隐喻级联或层级性网络结构及其较具体的隐喻意义，如图 6.10 所示。高层隐喻是[状态是位置]，下层隐喻是[状态变化是位置改变]、[状态不变是位置不变]，映射至目标域的具体映射包括[价值变化是物体移动]、[资金转移是液体流动]、[财务状态是物体位置]等。

　　除了上述研究语料中的主要意义焦点外，源域的框架关系也指示了隐喻[经济状态变化是物体移动位置]的其他意义。如上文图 6.7 所示，

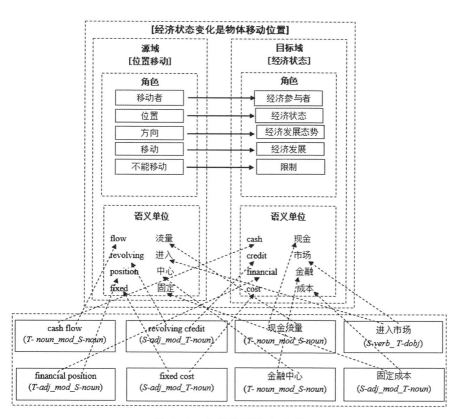

图 6.9 [移动]隐喻映射

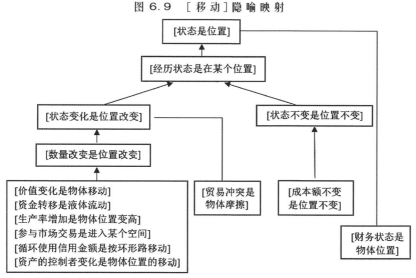

图 6.10 [移动]隐喻层级关系

[液体移动]可以被[释放]或[阻止],即突显可控性。再如上文图6.8所示,[上下移动]隐含着数量多少。又如图6.2至6.5所示,[移动]有其一定的路径和目标,即向上、向前移动,反之则为向下、向后移动,同样商务活动中的[移动]也有其特定的路径和目标,即始终向虚拟的目标"经济繁荣"前进。

6.10 小 结

本章讨论了[生物体]和[无生命]共同的行为特征[移动]为源域产生的隐喻,主要包括[流动]、[方位]、[固定]、[放置]、[陆空移动]等六类隐喻。英语比汉语使用了更多的[放置]和[固定]隐喻,汉语比英语使用了更多的[方位]隐喻。总体来说,形成的高层隐喻是[经济状态变化是物体移动位置]。至此,已完成[相互联系/系统]隐喻家庭的讨论,下一章将论述[竞争]隐喻家庭。

第七章

体育与战争隐喻

7.1 引　言

　　如第二章(2.3.6)所述,概念隐喻与概念隐喻之间由于共享源域或目标域,组成了隐喻家庭。第四章、第五章和第六章主要讨论[相互联系]隐喻家庭,本章讨论[竞争]隐喻家庭。如图 7.1 所示,框架[竞争]的下位框架包括[娱乐性竞争]、[体力性竞争]、[经济竞争]和[政治竞争]。在[竞争]隐喻家庭里,[经济竞争]和[政治竞争]通常是目标域,如[贸易争端]、[选举]等;[娱乐性竞争]和[体力性竞争]通常充当源域,如[体育]和[战争]。本章讨论[娱乐性竞争]和[体力性竞争]的主要代表性成员[体育]和[战争]作为源域形成的隐喻,分析英汉语在隐喻形式、隐喻映射层面的异同,最后解读这些隐喻所产生的意义。

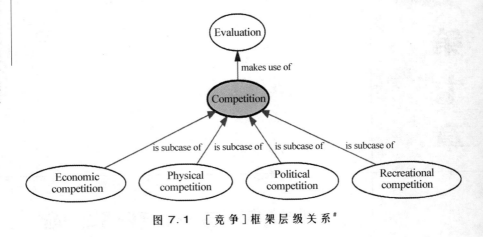

图 7.1　[竞争]框架层级关系#

7.2　[体育]隐喻

7.2.1　[体育]隐喻简述

如图 7.2 所示,[娱乐性竞争]的下位框架包括[竞争性体育]、[赌博]、[游戏]和[赛跑],本研究将上述框架作为源域形成的隐喻统称为[体育]隐喻。该隐喻指个人或队伍之间涉及输赢的竞赛,其角色包括"体育事件""竞争者""奖项""结果""活动""地点""时间"等(参考图 7.1 [竞争]框架角色),涉及的一般推理为:在某种度量如距离、数量、强度上表现更佳的竞争者为赢家,其他人为输家。

以[娱乐性竞争]([体育])为源域,以[经济竞争]和[政治竞争]作为目标域,形成了许多表达竞争意义的隐喻,用于描述社会系统的竞争性,如[商务竞争是竞争性体育](BUSINESS COMPETITION IS COMPETITIVE SPORTS)、[选举是竞争性体育](ELECTIONS ARE COMPETITIVE SPORTS EVENTS)、[教育评价是赌博](EDUCATIONAL EVALUATION IS GAMBLING)、[选举是游戏](ELECTIONS IS A GAME)、[选举是赛跑](ELECTIONS IS A RACE)等,如句[1]至[3]所示。除上述隐喻外,还有[国家政治是体育赛场](NATIONAL POLITICS IS A SPORTS FIELD)、[政党是运动队](POLITICAL PARTIES

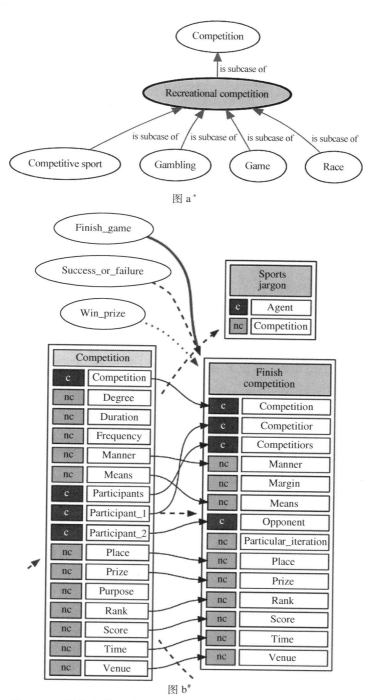

图 7.2 ［娱乐性竞争］框架层级关系和［竞争］框架元素

ARE SPORTS TEAMS）、［法官是体育裁判］（JUDGES ARE SPORTS REFEREES）、［选举是拳击比赛］（ELECTION IS A BOXING MATCH）等更具体的映射。

〔1〕New entrants need to understand that the <u>financial *arena*</u> is a carefully regulated space with a compelling rationale under surveillance.

〔2〕Further structural reforms are needed to allow its <u>economy to *compete*</u> successfully in Europe and internationally.

〔3〕This year's US presidential <u>election</u> is shaping up to be a very close *race*.

本章把标注为 K5［体育运动和游戏］和 K6［儿童游戏与玩具］的隐喻归为［体育］隐喻。表 7.1 说明，在研究语料中的隐喻总形符数为 2 233 个（隐喻类符 47 个），其中在英语语料库中 1 385 个（隐喻类符 26 个），在汉语语料库中 848 个（隐喻类符 21 个）。从隐喻形符的标准化频数（英汉语分别为 452 和 377）和对数似然比检测一致性结果（$p >$ 0.05, $df=1$, LL = 2.79）上来看，英汉语使用［体育］隐喻的频率差异不大。英汉语中［体育］隐喻类形符比的值差异较小（1.88 和 2.48），但汉语的隐喻表达要略丰富。

表 7.1　［体育］隐喻类符及形符数对比

	隐喻类符数	隐喻形符数					隐喻形符标准化频数	隐喻类形符比
		形容词	名词	动词	其他	合计		
英语	26	696	460	229	0	1 385	452	1.88
汉语	21	0	270	578	0	848	377	2.48
合计	47	696	730	807	0	2 233	420	2.10

表 7.2 表明英汉语都使用了意义相同或相近的［体育］隐喻类符，如描述框架性质的概括性词语"compete/竞争"，表达框架角色"竞争者"的词语如"competitor/对手"，表达框架角色"结果"的词语如"lose/失败""win/赢""lead/领先"等，还有一些表达体育活动中较具体的角色，如 score、goal、playing field 等。

表 7.2 ［体育］隐 喻 类 符（频 数 ≥10）

英　　　语						汉　　语		
类　符	频数	词性	类　符	频数	词性	类　符	频数	词性
competitive	629	*a.*	competitiveness	32	*n.*	竞争	422	*v./n.*
exercise	156	*v./n.*	competitor	30	*n.*	领先	125	*v.*
leader	134	*n.*	competing	21	*a.*	排名	112	*n.*
compete	66	*v.*	playing field	17	*n.*	竞争力	78	*n.*
lose	53	*v.*	win	12	*v.*	对手	51	*n.*
goal	50	*n.*	scorecard	11	*n.*	引领	41	*v.*
leading	46	*a.*				失败	25	*v.*
lead	39	*v.*				赢	22	*v.*
score	37	*n.*				淘汰	17	*v.*
leadership	33	*n.*				竞赛	11	*n.*

　　表 7.3 列出了［体育］隐喻的代表性隐喻语块（频数大于 10）及相应的构式。如句〔4〕至〔12〕所示，英语中频数较高的语块有 competitive bid、business leader、exercise price、credit score 等，汉语中频数较高的语块有"市场竞争""交易对手""行业领先""行业排名""淘汰企业"等。从构式上看，英语多使用 S-adj_mod_T-noun、T-noun_mod_S-noun 和 S-verb_T-dobj 等，以形容词性、名词性和动词性隐喻表达商务情况；汉语多使用 T-noun_mod_S-noun 和 T-subj_S-verb 等。虽然汉语使用了 S-adj_mod_T-noun（领先企业），但此处的"领先"是动词作形容词用。换句话说，英语中的描述更静态；而汉语更偏向动态过程。

表 7.3　［体育］隐喻语块及构式

构 式 类 型	英语隐喻语块（F>10）		汉语隐喻语块（F>10）	
	代表性语块	总频数	代表性语块	总频数
S-adj_mod_T-noun	competitive bid leading companies	687	领先（的）企业	23
S-noun_mod_T-noun	competitor prices	24	/	/
S-noun_of_T-noun	exercise of stock options competitiveness of business	107	/	/

续　表

构式类型	英语隐喻语块（F>10）		汉语隐喻语块（F>10）	
	代表性语块	总频数	代表性语块	总频数
S-noun_prep_T-noun	playing fields for business	31	/	/
S-verb_T-dobj	exercise price lead firms	156	淘汰企业	48
S-verb_prep_T-noun	compete for business	38	/	/
T-adj_mod_S-noun	corporate goal	37	/	/
T-noun_mod_S-noun	business leader credit score	231	市场竞争 交易对手 行业排名	726
T-subj_S-verb	firms compete firms lead	60	企业失败 企业获胜	51

〔4〕 Due to commitment to innovation, U.S. firms have become the world's *leading* semiconductor companies.

〔5〕 One company's market share also affects the rate at which firms react to changing *competitor* price.

〔6〕 The campaign to promote investment, and if achieved, will help level the *playing fields* for American businesses to invest and compete in China.

〔7〕 The new policy has increased the probability of success in achieving our corporate *goals* and driven the improved-decision-making across the organization.

〔8〕 欧洲一体化将会加剧区域的市场竞争强度从而淘汰那些低效率的企业。

〔9〕 国家将培育一批有实力和影响力的行业领先企业，并从财税、投融资、研究开发、进出口、人才、市场等方面给予政策上的支持。

〔10〕 由于文化与管理融合不当风险等，因此，并购失败的例子不在少数，需注重防范、妥善应对。

〔11〕 这些 PE 机构大致有 4 个共同点：行业排名靠前、产业背景深厚、明星投资案例、明星投资人。

〔12〕 西门子股份公司是全球电子电气工程领域的领先企业。

7.2.2 ［体育］隐喻映射

首先,英汉［体育］隐喻突显了体育活动的竞争性。如表 7.4 所示,表达竞争意义的类符有 competitive、compete、competitor、competitiveness 和"竞争""竞争力",它们均为语料中的主题词。competitive 是英语中满足隐喻映射原则的隐喻类符,指示源域［体育］在英语中最典型的映射。与它们组成的语块包括 competitive bid、competitive economy、compete for business、competing transaction、competitor price、competitiveness of businesses 等,如句［13］至［17］所示,主要为名词性和形容词性隐喻。多个词典中 compete 的释义表明其基本意义为"在体育事件中力图比别人更好或更成功",如"to take part in a competition or sports event"(朗文词典)、"to take part in a contest or game"(牛津词典)、"to take part in a race or competition"(剑桥词典)等。它在上述语块中的语境意义为"公司与其他公司竞争时,力图使人们不买其他公司而买自己公司的产品或服务",主要用于描述同行企业在市场上的价格、出口等领域的竞争。

以 competitive bid(S-adj_mod_T-noun)为例,competitive bid(竞争性招标)指下述情形:"在货物、工程和服务的采购行为中,招标人通过事先公布的采购要求,吸引众多的投标人按照同等条件进行平等竞争,并从中择优选定项目的中标人的行为过程",其实质是以较低的价格获得最优的货物、工程和服务。该语块的两个词汇单元 bid 和 competitive 分别激活目标域框架［贸易］和源域框架［体育］,形成了隐喻映射［招投标是竞争性体育］。

表 7.4 ［体育］隐喻代表性类符 I

隐喻类符	LL 值	隐喻频数	构　式	代表性语块
competitive	470.38	629	S-adj_mod_T-noun	competitive bid
compete	69.65	66	T-subj_S-verb	firm compete
competitiveness	38.23	32	T-adj_mod_S-noun	economic competitiveness
competitor	52.58	30	S-noun_mod_T-noun	competitor price
competing	23.04	21	S-adj_mod_T-noun	competing importer

续　表

隐喻类符	LL 值	隐喻频数	构　式	代表性语块
竞争	872.95	336	T-noun_mod_S-noun	市场竞争
竞争力	497.97	78	T-noun_mod_S-noun	出口竞争力

〔13〕The outstanding amount of the *Competitive* Bid Loans set forth on such Bank's record or the Administration.

〔14〕Reforms and policies are needed by companies of all sizes to prosper in a *competitive* global economy.

〔15〕The expected efficiencies awaited from cooperation between *competing* firms should compensate more easily than before.

〔16〕Foreign firms *compete* much more intensely with other importers rather than domestic producers.

〔17〕This investment will promote further growth and global *competitiveness of* our nation's minority-owned businesses.

　　同样,汉语中满足隐喻映射原则的隐喻类符为"竞争",与之形成的语块包括"市场竞争""出口竞争""价格竞争"等,如句〔18〕至〔20〕所示。同理,"竞争"的基本意义指"体育事件中为了己方的利益而跟人争胜",此处的语境意义同 compete 上述的语境意义。"市场竞争"(T-noun_mod_S-noun)中"市场"与"竞争"之间是领属性修饰关系,"竞争"为动词但作名词使用。此处的"市场"并非指具体的"买卖货物的场所",而是较抽象的"在一定经济范围内商品行销的区域"。市场竞争是市场经济的基本特征,即企业从各自的利益出发,为取得较好的产销条件、获得更多的市场资源而竞争,实现企业的优胜劣汰,进而实现生产要素的优化配置。词汇单元"市场"和"竞争"分别激活目标域框架[市场]和源域框架[体育],形成了隐喻映射[企业获取市场资源是运动员参加比赛]。

〔18〕国有企业在市场竞争中的最佳定位受到行业特点的影响。

〔19〕民营部门在制度密集型部门的出口竞争中对地区制度水平又有着怎样的影响?

〔20〕出口退税等贸易政策降低了企业对国际市场<u>价格竞争</u>的
敏感度。

其次,英汉［体育］隐喻映射还突显了竞争性体育的结果,即一方领先
或获胜。英汉语表达竞争结果的隐喻类符有"lead/领先""lose/失败"
"win/赢""goal""score""排名""淘汰"等,它们大都为语料中的主题词,
如表 7.5 所示。

表 7.5　［体 育］隐 喻 代 表 性 类 符 II

隐喻类符	LL 值	隐喻频数	构　式	代表性语块
leader	62.43	134	T-noun_mod_S-noun	business leader
lose	/	53	S-verb_T-dobj	lose sales
goal	183.89	50	S-noun_of_T-noun	goal of employment
leading	13.64	46	S-adj_mod_T-noun	leading company
lead	/	39	S-verb_T-dobj	lead the industry
score	/	33	T-noun_mod_S-noun	credit score
leadership	163.88	12	T-adj_mod_S-noun	economic leadership
领先	269.05	125	T-noun_mod_S-noun	行业领先
排名	250.47	112	T-noun_mod_S-noun	行业排名
引领	76.52	41	S-verb_T-dobj	引领产业
失败	/	25	T-noun_mod_S-noun	投资失败
赢	128.12	21	S-verb_T-dobj	赢得客户
淘汰	/	17	S-verb_T-dobj	淘汰企业

在此类隐喻类符中,英语中频数最高的类符是 leader,与其同源的其
他隐喻类符为 lead、leading、leadership,与它们组成的语块包括 business
leader、industry leader、leading companies、economic leadership,如句〔21〕至
〔25〕所示。leader 的基本意义为"比赛中在其他人前面的人或组"(朗文
词典)、"在比赛中获胜的人"(麦克米伦词典)。lead 的基本意义为"在比
赛中领先"。频数最高的语块 business leaders 意为"商业领袖"或"最成功

的公司或行业",此处 leader 的语境意义指"控制群组和组织的人"及"最好的或最成功的产品或公司"。词汇单元 business 和 leaders 分别激活目标域框架[贸易]和源域框架[体育],形成了具体的隐喻映射[控制公司的人是领先的参赛者]或[最成功的公司是领先的参赛者],其指向的基本隐喻为[影响/控制是领先](INFLUENCE/CONTROL IS LEAD)。

[21] Madam Ho is CEO of Temasek and a world-class <u>business leader</u> whom I greatly admire.

[22] The innovation of our programs has established us as an <u>industry *leader*</u> in electronics recycling.

[23] Last year, we joined a small number of <u>*leading* companies</u> in setting a target to achieve 40 percent female representatives.

[24] History has shown that U.S. <u>economic *leadership*</u> is vital to the well-being of American workers and families.

[25] The knowledge acquired through export experience can <u>*lead* firms</u> to invest abroad.

汉语中与 lead 意义相近的频数最高的类符是"领先",与之组成的语块包括"行业领先""市场领先""同业领先",如句[26]至[28]所示。其基本意义为"共同前进过程中走在最前面",通常指"在某种比赛中的最前面",此处的语境意义同 lead 在商务话语中的意义。"行业领先"指公司或企业在运营、客户和产品某个方面或多个方面比其他企业更优秀、更有竞争力,形成了具体的隐喻映射[公司在行业中提供最好的产品或服务是参赛者在比赛中领先],其指向的基本隐喻[影响/控制是领先]。值得注意的是,"行业领先""市场领先""同业领先"等这些语块中"行业""市场"和"同业"与"领先"之间是领属性修饰关系,因而构式为名词性构式 T-noun_mod_S-noun。

[26] 本公司零售银行较早确立<u>行业领先</u>地位,在客群、渠道、产品、品牌等方面形成了品牌效应。

[27] 本公司成功牵头多个跨境并购重大项目,保持<u>市场领先</u>。

[28] 企业自主研发的模式,大胆创新,以<u>业界领先</u>的技术架构和业务架构整合了各类产品。

此外,与其他表达体育竞争结果的隐喻类符组成的语块包括 inflation goal、lose market share、credit score、supplier scorecard 和"交易对手""行业排名""投资失败""淘汰企业""引领经济发展"等。

除上述主要隐喻外,英语还使用了类符 exercise,与之组成的语块有 exercise price、the exercise of option、exercise option 等。exercise(名词和动词)的基本意义为"(身体)锻炼、锻炼(身体的部位)",此处的语境意义为"发挥(能力)、行使(权利)、运用(方法)"。exercise price(履约价格或执行价格)指"期货期权的买方或卖方在履行合约时卖出或买入一定数量的期货合约的价格",又称履约价格、敲定价格(strike price)、约定价格。此外,exercise option(行使期权)指"依据期权合约购进或售出标的资产的行为"。

〔29〕 The issuance of Shares on the *exercise* of an option shall be subject to all of the applicable requirements.

〔30〕 Failure to *exercise* such options would result in an economic penalty in such amount that renewal appears, at the inception of the lease, to be reasonably assured.

7.2.3 〔体育〕隐喻意义

表 7.6 列举了〔体育〕隐喻所涉及的主要目标域词语,主要认知经济活动的竞争性质,以及商务活动各领域中的竞争,如投标活动、市场运行、产品服务等。从与目标域词语组成的频数最高的代表性语块来看,英汉语主要使用〔体育〕的竞争性和结果的领先性来认知上述概念。从英语类符的意义来看,主要突显〔体育〕框架的角色"结果",触发该框架的竞争性,而未显著提及"体育事件""奖项"等角色,也未明确竞争的双方或对手。英汉语都明显提及了"竞争"的施事者如句〔15〕中的"公司",同时也表明了"领先"的施事者如句〔22〕中的"企业",或者如句〔25〕中不定指的施事者,这表明了企业积极参与竞争的态度以及领先的优势。此外,表明竞争的负面结果的隐喻类符相对较少,英汉语表示"领先""赢"的形符数为 410,而表示"输""失败"的形符数为 96。总体来说,英汉语使用的最具代表性的概念隐喻是〔商务竞争是竞争性体育〕。

表 7.6　[体育]隐喻相关的目标域词语（前 10）

英　语			汉　语		
目标词	频数	代表性语块	目标词	频数	代表性语块
bid	531	competitive bid	市场	161	市场竞争
business	131	business leader	进口	98	进口竞争
option	75	exercise of option	企业	85	企业竞争力
price	53	exercise price	行业	60	行业领先
industry	50	industry leader	交易	51	交易对手
firm	49	firm compete	出口	47	出口竞争力
market	40	competitive market	同业	31	同业领先
company	39	leading company	税收	26	税收竞争
economy	31	leading economy	财政	23	财政竞争
economic	20	economic leadership	公司	18	公司竞争力

　　如图 7.3 所示，上述英汉[体育]隐喻中的代表性语块如 business leader 和"行业领先"中的两个词汇单元 bid 和"行业"激活了目标域[商务]。隐喻类符如 leader 和"领先"指示源域[体育]的角色"结果（输赢）"，对应目标域角色"结果（盈亏）"，从而激活隐喻映射[商务竞争是竞争性体育]。"compete/竞争"和"lead/领先"这两个词目在 Wmatrix、WordNet 和 SUMO 中的赋码和意义中突出了"竞争"。如上所述，英汉语中满足隐喻映射原则的隐喻的类符为 competitive 和"竞争"，它们指示了英汉语源域[体育]在英汉语中的典型映射，即隐喻映射[商务活动是竞争性体育]突显了"商务活动的重要特征——竞争性"，那么该映射原则可总结为：商务活动被理解为竞争性体育，是因为体育活动中参赛者为获取最高名次而相互竞争，而商务活动中公司为获取最大利益而相互竞争。由于"竞争"本身就是评价特征，直接形成了[体育]隐喻的评价意义，即强调公司的竞争性优势，给予公司积极评价。此外，英汉语中典型映射虽然相同，但英语偏使用形容词性隐喻即描述竞争的特征，而汉语偏使用动词性隐喻即描述竞争的过程或状态。

　　此外，[商务]是"竞争隐喻家庭"的识解成员，商业竞争表现为企业之间为树立各自品牌而采取的各种竞争性行为。在游戏和体育运动中，玩家和运动员按照规则使用不同的策略而相互竞争，结果有输赢之分。同样，在商务活动中，公司或企业按照商务规则使用不同的策略而相互竞

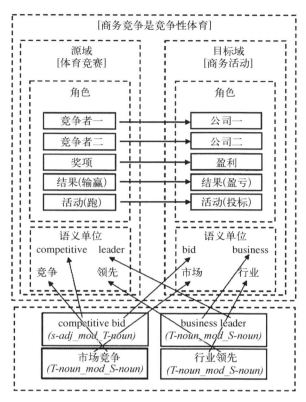

图 7.3 [体育]隐喻映射

争,结果也有胜负之分。[体育]隐喻因其明显的竞争性特征而成为商务话语中的常见隐喻(Skorczynska & Deignan 2006;Boers 2000)。也有研究表明,使用[体育]隐喻能激发经济危机中所需的竞争意识和战斗精神;又如,在经济上升期使用[体育]隐喻突显竞争中获胜,在经济衰退期使用该隐喻则突显要为目标而竞争(Awab & Norati 2013)。

7.3 [战争]隐喻

7.3.1 [战争]隐喻简述

如前所述,[体力性竞争]的定义为"涉及身体接触的两者之间的竞争,目的通常是赢得资源(如领土)",其下位框架包括[战争]、[搏击]、[打猎]等。如图 7.4 所示,框架[战争]使用的框架是[体力搏斗]。

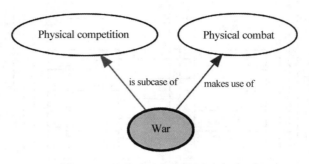

图 7.4 [战争]框架层级关系*

在 FrameNet 里,概念[战争]最接近图 7.5 中的[敌对冲突]及其下位框架[打仗]和[进攻],它们的核心角色包括"事件""目的""敌对双方"等,以及非核心角色包括"工具""方式""地点""结果"等。据此,框架[战

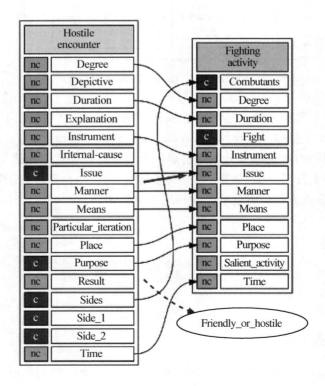

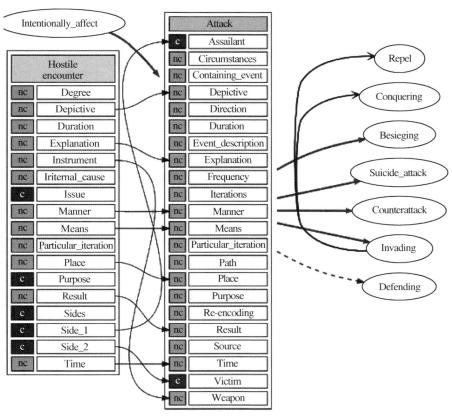

图 7.5 [战争]相关框架及元素#

争]的角色包括"战场""敌人进攻""指挥官""军队""武器""战略""民众""胜利""攻打"等,其一般推理是:由于敌方入侵引起战争,军队在指挥官制定的战略下在战场上与敌方搏斗,力争尽快获得胜利而不被打败,通常是敌方被征服。

框架[战争]常用作叙事工具来解释复杂的抽象事件,形成了中西方文化中较为固化的概念隐喻,如[争论是战争](ARGUMENT IS WAR)、[外交是战争](DIPLOMACY IS WAR)、[选举是战争](ELECTION IS WAR)、[应对疾病是战争](DISEASE TREATMENT IS WAR)、[应对社会问题是战争](ADDRESSING SOCIAL PROBLEMS IS WAGING WAR)等,如句[31]至[34]所示。

〔31〕He *bombarded* them with clever arguments.
〔32〕The cancer patient fought a long *battle*, but she eventually

succumbed to her disease.

〔33〕在抗击新冠肺炎的**战役**中,中原大地处处闪耀着"志愿红"。

〔34〕脱贫攻坚**战**不是轻轻松松一**冲锋**就能打赢的,必须高度重视面临的困难挑战。

[战争]隐喻常用于表达抗击各类疾病如手足口病、SARS 病毒、禽流感、癌症、甲流/猪流感等(Chiang & Duann 2007; Nerlich & Koteyko 2012; 孙亚 2012)。常用的[战争]隐喻类符有 attack、target、stockpile、destroy、kill、beat、defeat、weapon、arsenal、bullets、invasion、offensive、attack 等(Camus 2009)。从思维层面来看,概念隐喻为[(应对)疾病是战争],形成的诸多映射关系包括[免疫系统是防御系统],政府派出的[医务人员是军队]、[疾病得到控制是战争胜利]、[政府的防控政策是策略]等。从交际功能上来看,[战争]隐喻在健康话语中也是"双刃剑"。媒体报道中广泛使用的"战争隐喻"虽在号召公众行动方面产生了积极作用,例如[战争]隐喻的使用可以促使人们在抗击疫情中接受对动物的屠宰政策(Larson, Nerlich & Wallis 2005)。然而,[战争]隐喻本身带来的血腥、伤亡等负面联想也容易引起受众的错误解读,进而造成不必要的社会恐慌,不利于疾病的控制(周敏、林丹燕 2010)。商务话语中常使用[战争]隐喻来理解和解释商务概念,如[贸易]、[企业并购]、[市场]、[经济危机]等(Awab & Norazit 2013; Koller 2005; Sun & Jiang 2014; Tomoni 2012)。

本章把标注为 G3[战争]、A1.2[损毁及破坏]、E3-[暴力的、侵略的]、S8[帮助和阻碍]、X7+[计划]和 X8+[尝试]的隐喻归为[战争]隐喻。据识别和标注结果(见表 7.7),[战争]隐喻在研究语料中的总形符数为 2 854(隐喻类符 80 个),其中在英语语料库中 1 140 个(类符 42 个),在汉语语料库中 1 714 个(类符 38 个)。从隐喻形符的标准化频数(英汉语分别为 372 和 511)和对数似然比检测一致性结果($p<0.001$, $df=1$, $LL=83.00$)上来看,汉语比英语使用了更多的[战争]隐喻。英语中[战争]隐喻类形符比的值比汉语的略高(分别为 3.68 和 2.22),说明英语的[战争]隐喻表达更丰富。

再者,表 7.8 表明英汉语使用了意义相同的[战争]隐喻类符,如名词性隐喻"target/目标""strategy/战略""barrier/壁垒""mission/使命"等,动词性隐喻"protect/保护"等。此外,英语[战争]隐喻类符数稍多即表达更丰富,但隐喻类符的意义较为宽泛,如 damage、campaign、hit、attack、 struggle 等,而汉语[战争]隐喻类符的意义较为具体,如"冲击""扩张""摩擦""部署""侵占""进军"等。

表 7.7 [战争]隐喻类符及形符数对比

	隐喻类符数	隐喻形符数	隐喻形符标准化频数	隐喻类形符比
英语	42	1 140	372	3.68
汉语	38	1 714	511	2.22
合计	80	2 854	537	2.80

表 7.8 [战争]隐喻类符(频数 ≥ 10)

英 语						汉 语					
类符	频数	词性	类符	频数	词性	类符	频数	词性	类符	频数	词性
target	182	n./v.	mission	27	n.	保护	360	v.	领军	38	v.
strategy	176	n.	damage	27	v.	战略	272	n.	部署	30	v.
barrier	139	n.	campaign	21	n.	队伍	222	n.	进军	29	v.
protection	127	n.	attack	16	n.	目标	146	n.	侵占	24	v.
protect	107	v.	destruction	14	n.	冲击	122	v.	占据	20	v.
objective	72	n.	hit	14	v.	扩张	113	v.	口径	18	n.
strategic	56	a.	struggle	13	n.	策略	111	n.	进驻	18	v.
force	33	n.	aim	11	n.	壁垒	84	n.	战	15	v.
						使命	41	n.			

　　表7.9列出了[战争]隐喻的代表性隐喻语块(频数大于10)及相应的构式。英语中频数较多的语块有 trade barrier、business strategy、asset protection、sales force 等,汉语中频数较多的语块有"人才队伍""保护消费者权益""公司战略""贸易壁垒""目标市场"等,如句[35]至[43]所示。从构式上看,英语多使用 T-noun_mod_S-noun、S-verb_T-dobj、S-adj_mod_T-noun、S-noun_of_T-noun 等,以名词性隐喻、动词性隐喻和形容词性隐喻表达商务情况;汉语多使用 T-noun _ mod _ S-noun、S-verb _ T-dobj、S-noun_mod_T-noun、T-subj_S-verb 等,以名词性隐喻和动词性隐喻表达商务情况。英语中映射至目标域的多为[战争]的实体和特征,如 target、 strategy、barrier、strategic 等;而汉语中映射至目标域的多为[战争]的功能,如"冲击""扩张"等。

〔35〕This model derives an expected rate of return based on the *target* asset allocation of a plan.

〔36〕Hutchison Whampoa has bought back ＄5 billion of its debt to reduce interest payments, and has announced a very conservative investment *strategy*.

〔37〕It is not limited to specific sectors or a certain size of the *target* enterprise.

〔38〕We must *protect* consumers and hold industry to high standard.

〔39〕The Committee has recently clarified the commitment to achieving the existing inflation *target*.

〔40〕本行在企业文化建设中突出保护消费者权益,将"以客户为中心"的经营理念贯穿落实到经营管理各环节。

〔41〕南航积极探索和实践社会责任管理,把社会责任管理体系融入公司战略、企业文化和日常运营,坚持负责任地对待利益相关方。

〔42〕进一步提升采购队伍素质,组织进行采购业务培训和采购专家队伍建设,建立健全供应商管理考核机制。

〔43〕对专业市场目标客户量身定制"支付结算、贷款融资、信用卡透支、分期付款、理财规划"为一体的全方位、多层次综合金融服务方案。

表 7.9　[战争]隐喻语块及构式

构式类型	英语隐喻语块(F>10)		汉语隐喻语块(F>10)	
	代表性语块	总频数	代表性语块	总频数
S-adj_mod_T-noun	strategic investment strategic transaction	122	/	/
S-noun_mod_T-noun	target asset allocation	36	战略客户 目标市场 战略产业	202
S-noun_of_T-noun S-noun_prep_T-noun	barriers of trade barriers to trade	45 81	公司的战略	37

构 式 类 型	英语隐喻语块（F>10）		汉语隐喻语块（F>10）	
	代表性语块	总频数	代表性语块	总频数
S-verb_T-dobj	protect consumers protect assets	198	保护消费者权益 保护投资者 保护投资 部署工作 进军市场	530
T-adj_mod_S-noun	financial repression	52	／	／
T-noun_mod_S-noun	trade barrier asset protection business strategy trade mission inflation target	574	人才队伍 公司战略 贸易壁垒 投资策略 经营目标	809
T-subj_S-verb	／	／	企业进驻	130

　　英汉语[战争]隐喻类符数量多,但每个类符的频数都不多,因而无满足隐喻映射原则的隐喻类符。根据隐喻类符的意义,英汉[战争]隐喻主要强调[战争]框架中的战争过程(攻打、防护、抵御)、战争结果(毁坏、占领)、战争的参与者和目标、战争方法(策略、壁垒)等角色。以下主要从[战争]隐喻映射的上述方面探索英汉语之间的异同。

7.3.2　[战争]隐喻映射 I

　　首先,英汉语[战争]隐喻突显了与源域相关的行为[保护]。英语类符"protect(ion)/保护"的频数最高,激活了框架[保护]及其上层框架[伤害]。"受害者"又是框架[进攻]的核心元素,因而"protect(ion)/保护"间接地激活框架[战争]。如图 7.6 所示,框架[保护]的角色主要包括"被保护者(资产)""危险""保护""事件""方式""程度"等。框架[保护]与[伤害]、[保护以免接触]之间是使用关系,与[置于被保护位置]是视角关系,与[自我防卫]是上下位关系。框架[保护]作为源域形成的隐喻包括[权利是防御伤害](RIGHTS ARE SHIELDS FROM HARM)、[防止经济困难是防御身体伤害](PREVENTING ECONOMIC HARDSHIP IS SHIELDING FROM PHYSICAL HARM)。

　　如表 7.10 所示,"protect(ion)/保护"是语料中的主题词,与它们形成

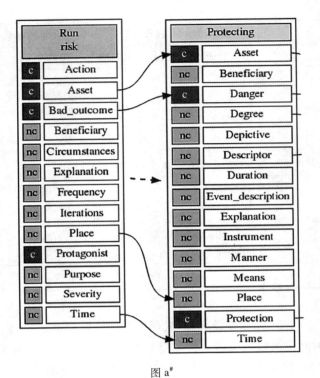

图 a#

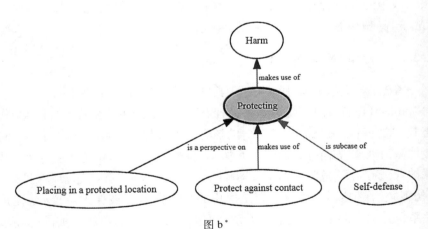

图 b*

图 7.6 ［保护］框架元素及层级关系

的语块包括 consumer protection、investor protection、protect consumers、protect assets 和"保护消费者权益/利益""保护投资者""保护消费者""保

护客户权益"等,如句〔44〕至〔47〕所示。protect(ion)作为名词和动词分别使用在构式 T-noun_mod_S-noun 和 S-verb_T-dobj 中,"保护"作为动词的构式为 S-verb_T-dobj,但也用在 T-noun_mod_S-noun 中,如"贸易保护"(OV 语序)。

表 7.10　[战争]隐喻代表性类符 I

隐喻类符	LL 值	隐喻频数	构　式	代表性语块
protection	102.49	105	T-noun_mod_S-noun	consumer protection
		12	S-noun_Prep_T-noun	protection for customer
		8	S-noun_of_T-noun	protection of investment
		2	T-adj_mod_S-noun	financial protection
protect	29.12	107	S-verb_T-dobj	protect financial system
保护	210.83	360	S-verb_T-dobj	保护消费者权益

〔44〕 As we expand our business to serve customers in new and more convenient ways, we are adapting to better *protect* consumers.

〔45〕 One intention of the global IIA regime is to promote investor *protection*.

〔46〕 通过针对性分级、分类培训,提升全行员工**保护**消费者权益的主动性和工作水平。

〔47〕 永远保证**保护**投资者,保证保护外国投资不被没收,保证对在非常情况下造成外国投资者的损失予以赔偿承诺等。

　　"protect(ion)/保护"的基本意义是"使某人或某物免受身体上的伤害",此处的语境意义指"使某人或公司的利益免受损失"。战争中易受伤害的群体是弱势群体(vulnerable group)即民众,战争中需保护民众不受伤害。同样,商务活动中利益相关者(stakeholder)由于信息不对称和专业知识缺乏而处于弱势,企业在经营管理过程中要考虑企业的各种利益相关者。管理学意义上的利益相关者是受组织决策和行动影响的任何相关者,包括市场部分和非市场部分:与企业有关的股东(内部员工股东和外部股东)、员工、债权人、供应商、零售商、消费者以及竞争者;政府、社会活动团体、媒体、一般公众、支持企业的团体等。上述隐喻语块指示了具体隐喻映射［保护相关者权益不受损失是保护民众不受身体伤害］，涉及的基本隐喻是［权利是防御伤害］，映射原则可总结为：商务被理解为战争，是因为战争中需保护民众的生命不受伤害，而商务活动中需保护民众的权益不受损失。

此外，框架［防卫］是框架［保护］的次框架，英语中相关的隐喻类符有 defense、defend、resist、resistance、repress、repression 等，与它们组成的隐喻语块有 economic defense、defend financial system、resist payment、financial repression 等，汉语无相似的隐喻使用。

其次，英汉语［战争］隐喻类符指示了战争的方式，如攻打、防护、抵御。英汉语［战争］隐喻中表达"战斗"的类符有如 campaign、attack、struggle、combat、fight 等，以及"冲击""扩张""领军""进军""部署""进驻""作战""战"等。可见，英语类符的意义较宽泛，而汉语类符的意义较具体。与它们组成的语块包括 market campaign、attack banks、struggling economy、combat recession、fight recession 和"资本冲击""出口扩张""领军企业""进军市场""贸易战"等，如句〔48〕至〔53〕所示。

〔48〕The government needs to find a way to resuscitate and revitalize the county's *struggling* economy.

〔49〕The increase interest rate of about 3 percent impair the Fed's ability to *fight* recession.

〔50〕Using conventional interest rate policy will constrain the ability of monetary policy to *combat* recession.

〔51〕政府今年来致力于最终产出扩张，尤其是*出口扩张*，是企业就业增加的主要动力。

〔52〕在当前国际局势紧张的情况下，国家遭遇了短期的流动*资本冲击*。

〔53〕各种形式的保护主义和*贸易战*，成为过去一年影响全球经济运行的重要因素。

再次，英汉语［战争］隐喻指示了战争的结果。英语中战争的结果主要为"毁坏"，如 damage、destruction、destroy、harm① 等，与它们组成的语块包括 damage to the economy、job destruction、destroy business、harm business

---

① harm 的基本意义为"身体伤害"，尽管在这里提及，本研究将其归入［生物体］隐喻。

等,指示了具体隐喻映射[损害经济是伤害身体],涉及的基本隐喻[经济困难是身体伤害](ECONOMIC HARDSHIP IS PHYSICAL HARM),映射原则可总结为:经济困难被理解为身体伤害,是因为战争中生命会受到伤害,而商务活动中各种利益受到损失。汉语中战争的结果主要为"占领",如"占据""侵占""抢占""占领"等,与它们组成的语块包括"侵占股东利益""占据市场""抢占市场"等,如句[54]至[57]所示。

[54] While lower job *destruction* favors employment in the short run, in the long run, the impact it has remains doubtful.

[55] Such a context will require even more strongly strict proportion to the *damage* to the economy.

[56] 公司业务结构显著优化,新业务价值明显提升,继续占据寿险市场主导地位。

[57] 公司将紧跟政策步伐,积极促进产品升级,抢占市场份额。

7.3.3 [战争]隐喻映射 II

英汉语源域[战争]映射至目标域的角色主要指"战争参与者""目标""策略""方法"等。首先,[战争]框架的角色"参与者"在英汉语中体现为隐喻类符 force、veteran、marshal、victim 和"队伍""先锋""带头兵"等,与它们组成的语块包括 sales forces、economic forces、marshalling of assets、veteran entrepreneur 和"人才队伍""销售队伍""行业先锋""行业带头兵"等,如句[58]至[61]所示。其中表达概括意义的 force(常用复数指"军队")和"队伍"频数较多(表 7.11),但不是语料中的主题词,它们在此处的语境意义指"为达成商务目标聚集的一群人",形成了具体的映射[商务参与者是军队](BUSINESSMEN ARE MILITARY FORCES)。force 和"队伍"主要作为被修饰语出现在 T-noun_mod_S-noun 构式中,修饰语名词通常是领属性名词。

表 7.11 [战争]隐喻代表性类符 II

隐喻类符	LL 值	隐喻频数	构　式	代表性语块
forces	/	33	T-noun_mod_S-noun	sales force
队伍	/	222	T-noun_mod_S-noun	人才队伍

〔58〕组织将加大全行反洗钱培训力度,不断充实反洗钱<u>人才队伍</u>,进一步提升反洗钱管水平。

〔59〕公司近年来积极转变发展方式,履行社会责任,争做<u>行业先锋</u>。

〔60〕Our sales *force* performs a variety of functions.

〔61〕The positive economic *forces* have outweighed the negative.

其次,框架[战争]的角色之一是"战略"。"strategy/战略"的基本意义为"指导战争全局的计划和策略",strategy、strategic 和"策略""战略"均是语料中的主题词(表 7.12),与它们形成的语块包括 business strategy、investment strategy、strategic supplier、strategic industries 和"公司战略""投资战略""客户战略""市场战略"等,如句〔62〕至〔65〕所示。此处的语境意义指"为达成目的所计划的系列行动"。strategy、"战略"和"策略"作为被修饰语主要出现在 T-noun_mod_S-noun 构式中,修饰语名词通常是领属性名词。strategic 作为形容词性修饰语主要出现在构式 S-adj_mod_T-noun 中,"战略"作为名词性修饰语主要出现在构式 T-noun_mod_S-noun 中,如"战略客户"指"对己方长期发展至关重要,对全局起决定性的客户"或"经过市场调查、预测、分析,具有发展潜力、会成为竞争对手的客户"。

表 7.12　[战争]隐喻代表性类符 Ⅲ

隐喻类符	LL 值	隐喻频数	构　式	代表性语块
strategy	130.56	164	T-noun_mod_S-noun	business strategy
		10	T-adj_mod_S-noun	economic strategy
		4	S-noun_Prep_T-noun	strategy for business
		1	T-noun_poss_S-noun	Dell's strategy
strategic	114.85	56	S-adj_mod_T-noun	strategic investment
战略	1 125.73	159	T-noun_mod_S-noun	公司战略
		113	S-noun_mod_T-noun	战略客户
策略	55.00	105	T-noun_mod_S-noun	投资策略

〔62〕Our citizenship commitments and the effective management of these top issues play an important part in the realization of our long-term business *strategy*.

〔63〕Consequently we intend to continue *strategic* investments in human services, culture, health and the environment.

〔64〕全面推进社会责任理念融入公司战略、日常运营和员工日常工作,打造文化引领型社会责任管理模式。

〔65〕报告期内,海南银行正式开业,本行作为战略投资者,持股10%。

business strategy(商业战略)指"公司在行业中如何竞争而采取的行动计划,包括一系列财务政策、组织结构等活动"。制定恰当的商业战略是公司在自己所处行业中获得可持续竞争优势的最佳方法。由此,形成了具体的隐喻映射[商务成功的策略是军事战略](SKILLS FOR BUSINESS SUCCESS ARE MILITARY STRATEGIES)。战争中指挥官需设计战略以尽快取得胜利而不被敌人征服。同样,商务活动中管理人员需要设计指导或决定全局的策略以取得商务成功,如投资活动需要采用各种策略与投资竞争者争夺最好的投资机会。综上所述,使用[策略]隐喻的映射原则可总结为:商务被理解为战争,是因为战争涉及军事策略而商务需要经商策略。

第三,框架[战争]的角色之一是"目标",英汉语[目标]隐喻的主要类符包括 target、objective、"aim/目标"。target 指"受攻击的对象、射击的对象",objective 指"军事进攻中要达到的目的",aim 指"射击的对象",或可指"军事上运用军队所望达成的最终目的,或攻击行动所望歼灭的敌军或攻占的地区或地点"。这些词语分别激活了框架[射击]、[击中目标]等,这些框架之间的联系如图 7.7 所示,均间接地激活了框架[战争]。与它们组成的语块包括 inflation target、inflation objectives、customer aim、business target 和"目标市场""经营目标""企业目标""公司目标"等,如句〔66〕至〔69〕所示。与此类意义近似的类符有"mission/使命",mission 指"(军用飞机作战)飞行任务",与之组成的语块包括 trade mission、"企业使命"等。

如表 7.13 所示,target、objective 和"目标"均为英汉语料中的主题词,它们作为名词时既可是修饰语也可是被修饰语,因而使用在构式 T-noun_mod_S-noun 和 S-noun_mod_T-noun 中。同时,target 作为动词时更多以-ed 形式作为形容词性修饰语,但主要表征动宾关系,如 targeted supplier。在上述隐喻语块中它们的语境意义为"工作或计划中拟订要达到的标准"。inflation target 指"政府通过一定的预测方法对目标期的通货膨胀率

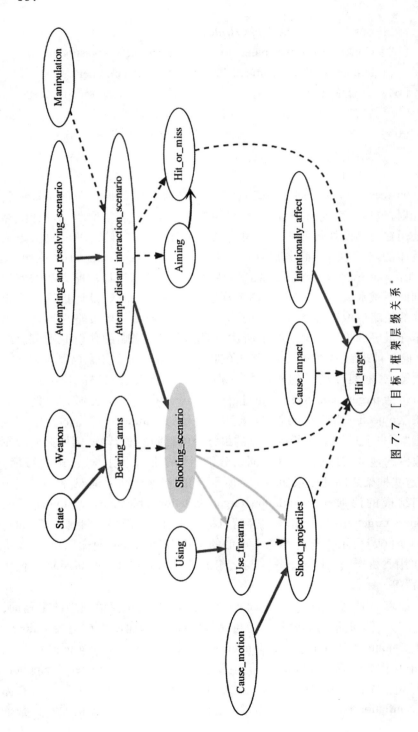

图 7.7 [目标]框架层级关系*

进行预测,得到通货膨胀目标率的预测值","目标市场"指"企业通过使用市场营销策略确定的子市场,以相应的产品和服务满足其需要"。这些隐喻形成的具体隐喻映射为[商务目标是射击对象],指向的一般隐喻为[活动是射击](ACTIVITY IS SHOOTING)。综上所述,使用[目标]隐喻的映射原则可总结为:商务被理解为战争,是因为战争中有拟攻击的目标而商务活动有拟达成的标准。

表 7.13 [战争]隐喻代表性类符 IV

隐喻类符	LL 值	隐喻频数	构 式	代表性语块
target	19.52	75	T-noun_mod_S-noun	inflation target
		53	S-adj_mod_T-noun	targeted supplier
		28	S-noun_mod_T-noun	target assets
		15	S-verb_T-dobj	target capital inflow
objective	50.45	43	T-noun_mod_S-noun	inflation objective
		22	S-noun_of_T-noun	objective of employment
目标	74.73	84	S-noun_mod_T-noun	目标市场
		60	T-noun_mod_S-noun	经营目标

[66] The consequences of market regulation and reform for the optimal inflation *target* and the optimal monetary policy response to market deregulation.

[67] Although the economy has continued to recover and the labor market is approaching our maximum employment *objective*, inflation has been persistently below 2 percent.

[68] 领导者养成培训面向总监级及以上干部,提升领导力、战略和经营意识,促进公司目标的达成,发展人才队伍。

[69] 劳动密集型产业有序向劳动力资源丰富、贴近目标市场的国家投资建设。

最后,[战争]隐喻中频数较高的类符还有 barrier 及"壁垒",它们均是英汉语料中的主题词。barrier 的基本意义为"防止移动的障碍物",包括能迟滞或阻止军队行动的地形、地物和军事工程设施;"壁垒"的基本意义为"旧时兵营四周的墙壁,泛指防御、戒备的工事"。根据意义,"barrier/壁垒"既激活框架[障碍]及[移动](如图7.8所示),又激活框架[战争]。此外,框架[战争]也离不开[移动]。本研究将它们归入[战争]隐喻的类符。

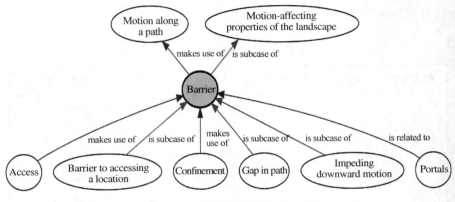

图 7.8　[障碍]框架层级关系*

　　与"barrier/壁垒"形成的隐喻语块主要为"trade barrier/贸易壁垒""投资壁垒"等(表7.14),此处"barrier/壁垒"的语境意义指"互相对立的事物或界限"。"barrier/壁垒"主要出现在 T-noun_mod_S-noun 构式中,用作被修饰语,如句[70]至[71]所示。"trade barrier/贸易壁垒"又称贸易障碍,指对国外商品劳务交换所设置的人为限制,如一国对外国商品劳务进口所实行的各种限制措施,形成了具体的隐喻映射为[贸易限制措施是路障],指向的一般隐喻为[妨碍措施是路障](PREVENTION IS OBSTACLE)。综上所述,使用[壁垒]隐喻的映射原则可总结为:商务被理解为战争,是因为战争中敌人设置路障以阻碍进攻而贸易中对方设置措施以限制贸易自由流通。

表 7.14　[战争]隐喻代表性类符 V

隐喻类符	LL 值	隐喻频数	构　式	代表性语块
barrier	59.02	92	T-noun_mod_S-noun	trade barrier
		36	S-noun_Prep_T-noun	barrier to trade
目标	96.45	81	T-noun_mod_S-noun	贸易壁垒

〔70〕 To further deepen these ties, we are engaged in negotiations on the Trans-Atlantic Trade and Investment Partnership, to remove regulatory hurdles and other trade *barriers*.

〔71〕 两国通过消除贸易壁垒,有利于扩大中间产品贸易,促进两国产业链深度融合,提升两国在全球价值链中的分工地位,共同扩大全球市场份额。

7.3.4 [战争]隐喻意义

表7.15列举了[战争]隐喻所涉及的主要目标域词语,反映了所认知的概念如贸易、投资、经济、市场、企业等以及相关人员如投资者、消费者、人才等。从与目标域词语组成的频数最高的代表性语块来看,英汉语主要使用战争策略、战争目标、战争障碍、战争中保护民众等认知上述概念。从所使用的英汉[战争]隐喻类符意义和频数来看,较突显如下几个方面。首先,使用[战争]隐喻表明商务活动中存在困难或障碍。如使用了表达"战斗"的类符以说明商务活动中经过努力才能达成目标;使用"barrier/壁垒"这样的类符以描述两国或公司在贸易往来中制造的困难,但它们的搭配词通常为"remove/消除"。

表 7.15　[战争]隐喻相关的目标域词语(前10)

英　语			汉　语		
目标词	频数	代表性语块	目标词	频数	代表性语块
trade	145	trade barrier	权益	186	保护消费者权益
investment	67	investment strategy	投资	135	保护投资
business	55	business strategy	人才	117	人才队伍
inflation	48	inflation target	公司	109	公司战略
asset	42	asset protection	企业	101	企业战略
consumer	40	consumer protection	市场	86	目标市场
sale	22	sales force	贸易	85	贸易壁垒
economy	22	hit economy	投资者	77	保护投资者
job	21	job destruction	经营	59	经营目标
investor	20	investor protection	利益	47	保护投资者利益

其次,使用[战争]隐喻建构了商务活动中参与者的形象。例如,使用[保护]隐喻时,保护者为公司或企业,被保护者为利益相关者(即消费者、投资者、员工等)的权益及环境,说明了公司或企业的社会责任。使用[战略]、[目标]隐喻时,说明公司或企业为发展设定目标,并积极实施战略以实现目标。因而,使用这些隐喻旨在树立企业的可靠形象,彰显了企业的道德水准,宣传了企业的技术及运营能力。

如图 7.9 所示,上述英汉[战争]隐喻中的代表性语块如 consumer protection 和"保护消费者"的两个词汇单元"consumer/消费者"和"protection/保护"分别激活了目标域[商务]和源域[战争]。隐喻类符如"消费者""战略"等指示的源域框架的角色对应了目标域框架的相应角色如"利益相关者""商务计划"等,从而激活隐喻映射[商务是战争]。从频数较高的类符"protection/保护"和"strategy/策略"来看,使用[保护]隐喻

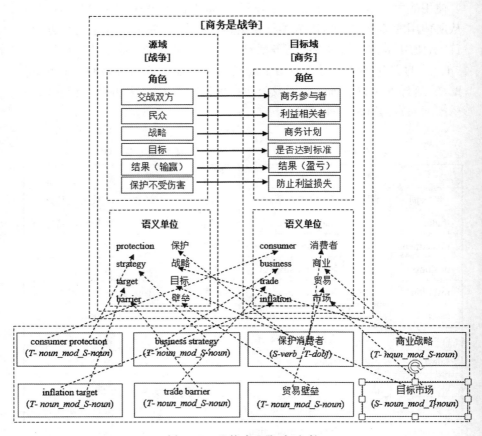

图 7.9 [战 争]隐喻映射

的映射原则可总结为：商务被理解为战争，是因为战争中需保护民众的生命不受伤害，而商务中需保护民众的权益不受损失。strategy 在 WordNet 和 SUMO 中查询获得的意义或概念均突出了[计划]，那么该隐喻映射突显"战争的特征——计划性"。目标域[商务]也需要精心计划才能成功。使用[策略]隐喻的映射原则可总结为：商务被理解为战争，是因为战争涉及军事策略而商务需要经商策略。

此外，概念隐喻[商务是战争]中形成的诸多映射关系包括[商务参与者是交战双方]、[商务策略是战争策略]、[商务技能是武器]、[商务成功是战争胜利]等，如表 7.16 所示。

表 7.16　从[战争]到[商务]的部分映射

源域：[战争]	目标域：[商务]
战场	商场
交战双方	商务参与者
武器	商务技能
战略	商务策略
战胜	赢利

总的来说，研究语料中使用[战争]隐喻并非强调商业领域的残酷斗争，而着重强调企业的能力、可靠性，有利于建构规范的、可靠的、值得利益相关者信任的企业形象。[战争]隐喻在商务话语中似乎是"双刃剑"。一方面，公司使用[战争]隐喻号召员工像勇敢的士兵一样做出更多奉献，证明在经济危机中所采取的保护或攻击措施的合理性（Tomoni 2012）。另一方面，[战争]隐喻制造了商务环境中的敌对氛围，尤其是突显男性、弱化女性，强调了商务活动中男性的主导地位，潜在地将女性排斥在外，不利于商务的健康发展（Koller 2005）。

7.4　小　　结

本章讨论了[娱乐性竞争]和[体力性竞争]的主要代表性成员[体

育]和[战争]作为源域形成的隐喻,即[商务竞争是竞争性体育]和[商务竞争是战争],如图 7.10 所示。英汉语使用[体育]隐喻的频率差异不大,汉语比英语使用了更多的[战争]隐喻。在使用[体育]隐喻时英语中的描述更静态,而汉语的描述更偏向动态过程;在使用[战争]隐喻时英汉语都多使用名词性隐喻和动词性隐喻。

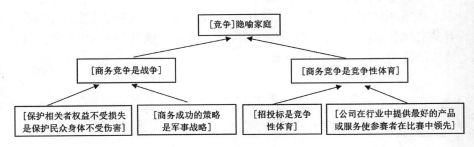

图 7.10　[竞争]隐喻家庭层级关系

[体育]隐喻突显了商务活动的重要特征——竞争性和领先性,其映射原则和主要意义焦点为:商务活动被理解为竞争性体育,是因为体育活动是参赛者为获取最高名次而相互竞争的活动,商务活动是公司为获取最大利益而相互竞争的活动。[战争]隐喻突显了商务活动的策略性和保护利益相关者的社会责任,其映射原则和主要意义焦点为:商务被理解为战争,是因为战争涉及军事策略而商务需要经商策略;战争中需保护民众的生命不受伤害,而商务中需保护民众的权益不受损失。研究语料中使用[竞争]隐喻传递了商务活动的永恒主题——竞争,还着力构建了商务活动中公司或企业的特别的品质,即竞争性优势、能力、可靠性等。下一章讨论[合作]隐喻家庭。

第八章

人际关系与艺术隐喻

　　如第二章所述,概念隐喻与概念隐喻之间由于共享源域或目标域,组成了隐喻家庭,第四章、第五章和第六章讨论[相互联系]隐喻家庭,第七章讨论[竞争]隐喻家庭,本章讨论[合作]隐喻家庭。[合作]隐喻家庭的基本框架图式为"两个(含)以上的参与者为达成共同目标而自愿采取统一行动"(Morgan 2008:499-500),框架[合作]的角色包括"合作者""(合作)任务""方式""方法"等,如图8.1所示。该家庭的核心成员为[家庭]、[朋友]、[伙伴]、[工作同事]、[运动队]、[社区]等认知域,这些认知域指示了人际关系。此外,本章还讨论[艺术]隐喻即[商务沟通是艺术展示](BUSINESS COMMUNICATION IS ARTISTIC EXHIBITION),商务沟通是商务交际者运用一定的沟通方式相互传递信息、交流思想、表达情感的过程,促成了商务活动中的合作。本章具体讨论英汉语中的[人际关系]和[艺术]隐喻,先分别介绍

［人际关系］和［艺术］框架的基本概念及其所包括的角色或元素,以及所涉及的隐喻映射,再对比分析两者在隐喻形式、隐喻映射层面的异同,最后解读这两种隐喻所产生的意义。

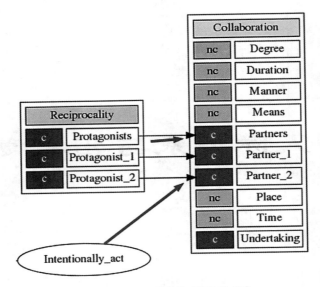

图 8.1　［合 作］框 架 及 元 素[#]

8.2　［人际关系］隐喻

8.2.1　［人际关系］隐喻简述

人际关系指人们在生产或生活活动过程中所建立的一种社会关系,也被称为"人际交往"。人际关系或是个人之间的对称型关系,或是不对称型关系,如通过与个人甲的联系识别或定义个人乙的身份。如图 8.2 所示,框架［人际关系］的核心角色为"个人""个人甲""个人乙""联系",非核心角色包括"关系时间""关系类型""行为方式""关系来源""关系状态"等。框架［人际关系］的上层框架为［生物体］和［联系］,其下层子框架包括［临近关系］、［主客关系］、［社会联系］、［上下级关系］、［个人联

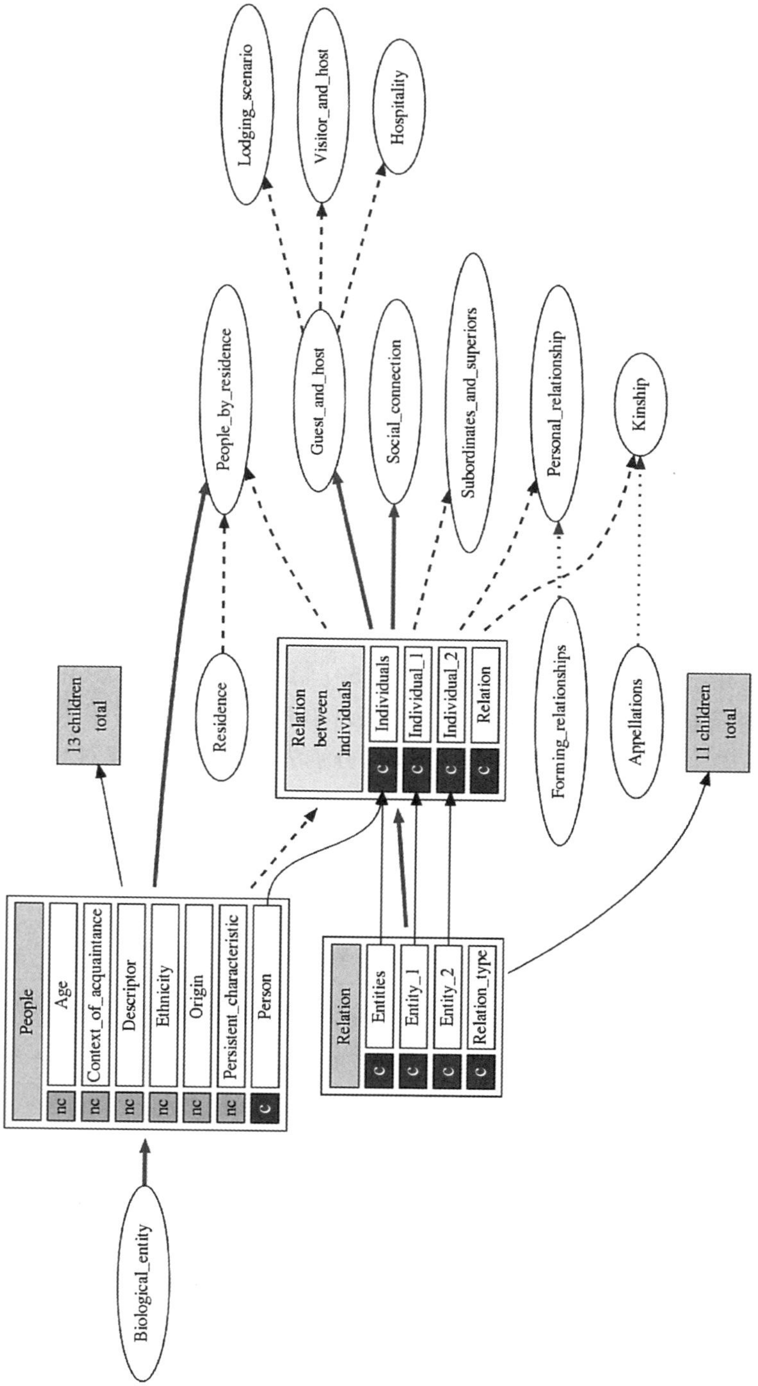

图 8.2 ［人际关系］框架及元素*

系]、[亲属关系]等。

在隐喻映射中,框架[人际关系]既可做目标域也可做源域。其作为目标域形成了概念隐喻如[人际关系是复杂结构](RELATIONSHIPS ARE COMPLEX STRUCTURES)等;其作为源域形成了概念隐喻如[国际关系是人际关系](INTERNATIONAL RELATIONSHIP IS INTERPERSONAL RELATIONSHIP),其上层隐喻[国家是人](NATION IS A PERSON),如句[1]和[2]所示。值得注意的是,在交际中人们通常先以上层框架[人际关系]的整体概念认知相关目标域,再以较为具体的下层子框架为源域来完成隐喻建构。

〔1〕 But as much as the U.S. wants to be close-knit *friends* with Canada.

〔2〕 中国同中亚国家是山水相连的友好邻邦、做和谐和睦的好邻居。

本章把标注为 S2[人物]、S3[关系]、S4[亲属]和 S5[群组与联盟]的隐喻归为[人际关系]隐喻。根据识别和标注结果(见表 8.1),[人际关系]隐喻在研究语料中的总形符数为 1 155(隐喻类符数 23),其中在英语语料库中 581 个(隐喻类符数 12),在汉语语料库中 574 个(隐喻类符数 11)。从隐喻形符的标准化频数(英汉语分别为 190 和 171)和对数似然比检测一致性结果($p>0.05$,$df=1$,$LL=0.04$)上来看,英汉语之间无显著差异。英汉语中[人际关系]隐喻类形符比的值相差不大(2.07 和 1.92),说明两者在隐喻表达的丰富程度上相当。

表 8.1 [人际关系]隐喻类符及形符数对比

	隐喻类符数	隐喻形符数	隐喻形符标准化频数	隐喻类形符比
英语	12	581	190	2.07
汉语	11	574	171	1.92
合计	23	1 155	217	1.99

表 8.2 表明英汉语都使用了意义相同的[人际关系]隐喻类符,如"partner/伙伴""team/团队""family/家"等。不同点在于英语使用了表达人际关系的较抽象的词语,如 partnership、team、community 和 family,而汉语使用了一些具体称谓,如"子""母""父""兄弟""下属""领导者"等。

这些隐喻类符表明,映射至目标域的下层框架包括[个人联系]、[组队关系]、[亲属关系]、[社区关系]和[上下级关系]。

表8.2　[人际关系]隐喻载体词(频数≥10)

英　　语						汉　　语					
载体词	频数	词性	载体词	频数	词性	载体词	频数	词性	载体词	频数	词性
partner	209	*n.*	community	58	*n.*	伙伴	164	*n.*	母	34	*n.*
parent	108	*n.*	foster	30	*v.*	团队	88	*n.*	家族	16	*n.*
partnership	93	*n.*	family	10	*n.*	子	85	*n.*	领导者	15	*n.*
team	60	*n.*				兄弟	75	*n.*	家	10	*n.*
						下属	75	*n.*	领袖	10	*n.*

表8.3显示了[人际关系]隐喻的代表性隐喻语块(频数大于10)及相应的构式。如句[3]至[14]所示,英语中频数较多的语块有 trading partner、business community、parent common stock、leadership team 等,汉语中频数较多的语块有"贸易伙伴""兄弟公司""管理团队""子公司""母基金"等。从构式上看,英汉语多使用 T-noun_mod_S-noun 和 S-noun_mod_T-noun,以名词性隐喻表达公司之间以及公司内部的关系。此外,汉语还使用了较多的 S-adj_mod_T-noun,如"母公司",主要由于"母"和"子"此处作形容词使用。

表8.3　[人际关系]隐喻语块及构式

构式类型	英语隐喻语块(F>10)		汉语隐喻语块(F>10)	
	代表性语块	总频数	代表性语块	总频数
S-adj_mod_T-noun	/	/	母公司 子公司	119
S-noun_mod_T-noun	parent common stock parent securities partnership interest	147	兄弟公司 下属公司 下属企业	166
S-verb_T-dobj	foster economic growth foster business ownership	32	/	/
T-adj_mod_S-noun	commercial partnership economic partnership	29	/	/

构 式 类 型	英语隐喻语块（F>10）		汉语隐喻语块（F>10）	
	代表性语块	总频数	代表性语块	总频数
T-noun_mod_S-noun	trading partner business community leadership term	349	贸易伙伴 管理团队 商业伙伴	277
其他	family of businesses neighbor's export	24	会计之父	12

〔3〕No one shall not make any sale, transfer, or other disposition of the *parent* securities in violation of the Act or the Rules and Regulations.

〔4〕It is of both social and economic significance to *foster* business ownership by individuals who are both socially and economically powerful.

〔5〕Japan and Vietnam have signed an economic *partnership* pact with a promise to cut tariffs on some 92 per cent of goods and services.

〔6〕Germany is our country's largest trading *partner* in Europe and the sixth largest destination for our exports.

〔7〕This report was drafted in close consultation with the business *community* and academia, including through requests for comment and public opinions.

〔8〕The leadership *team* is tasked with overseeing the strategy, driving implementation and ideas.

〔9〕Through our diversified *family* of businesses, we leverage core competencies in advance.

〔10〕哈尔滨市创业投资引导基金在多个层面协助子基金开展运作：如募资层面等。

〔11〕公司以一体化运营为基础，动态优化各业务板块和子(分)公司之间的资源置，推行低成本运营。

〔12〕母基金有着分散投资、降低风险的自身特质。

〔13〕波兰人是良好的商业伙伴，他们在商业合作中适应性强。

〔14〕公司拥有先进的企业文化和管理团队，创建了独具特色的经营和管理模式。

8.2.2 ［人际关系］隐喻映射

如上所述,英汉语［人际关系］隐喻多为名词性隐喻,即源域［人际关系］映射至目标域的成分多为实体角色,如"partner/伙伴""team/团队""family/家""兄弟"等。以下从［人际关系］隐喻映射至目标域的下层框架(［个人联系］、［亲属关系］、［组队关系］、［社会联系］和［上下级关

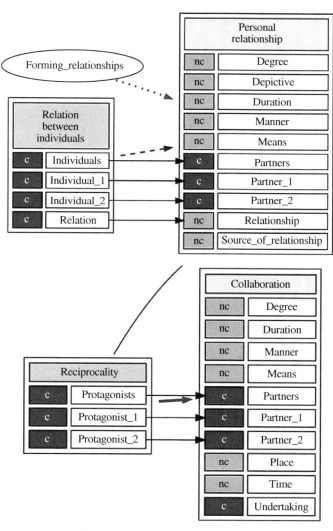

图 8.3 ［伙伴］相关框架及元素[#]

系])分别探索英汉语[人际关系]隐喻使用的异同。

8.2.2.1 [个人联系]

如图 8.3 所示,"partner/伙伴"是[人际关系]的下层框架[个人联系]的核心角色,同时也是框架[合作](上层框架[互惠])的核心角色。框架[个人联系]的其他角色包括"程度""方式""途径""持续时间""联系来源"等。英语[人际关系]隐喻中满足隐喻映射原则的类符为partner,"伙伴"虽未满足隐喻映射原则但是[人际关系]隐喻中频数最高的类符。

与"partner/伙伴"组成的语块有 trading partner、industry partner、channel partner、supplier partner 和"贸易伙伴""商业伙伴""经济伙伴""投资伙伴"等,如句〔15〕至〔21〕所示。partner 虽译为"伙伴",但两者基本意义有差异。partner 的基本意义为"婚后夫妻双方中的一方,或同居且有性关系的一方",或者"共同参与跳舞或对抗游戏等活动中的一方"。"伙伴"原为"火伴",指"元魏时共灶炊食的军人",目前的基本意义为"同行的人、共事的人、在一起工作或生活的人"。trading partner(贸易伙伴)意为"与他国或公司有着固定贸易的国家、地区或公司"。channel partner(渠道合作伙伴)指"与制造商或生产商合作,以营销和销售制造商的产品、服务或技术的公司",可以是分销商、供应商、零售商、顾问、系统集成商、技术部署顾问、增值分销商等。industry partner(行业合作伙伴)指"一个或多个成员将他们的专业知识替代资本作为投资提供给其他公司的商务合作形式"。partnership interest(合伙人权益)指"特定成员或个人拥有合伙企业股份的百分比",其代表了每个合伙人对企业的决策权。在与"partner/伙伴"组成的语块中,trading partner 和"贸易伙伴"(T-noun_mod_S-noun)是[人际关系]隐喻中频数最高的语块。以"trading partner/贸易伙伴"为例,词汇单元 trading 和 partner 分别激活目标域框架[贸易]和源域框架[个人联系],形成了隐喻映射[贸易关系是个人联系],其上层隐喻为[公司关系是人际关系](详见表8.4)。

〔15〕Trade liberalization by the more developed trading *partner* opens the door to increased competition in mid-skill sectors.

〔16〕Products delivered from finished goods or channel *partner* inventories lead to the shortening of product life cycles.

〔17〕In 2015, Verizon and other industry *partners* began

developing a common test bed to analyze new technological solutions.

〔18〕A junior equity interest means any *partnership* interest under which the rights to income and capital are junior to claim.

〔19〕大陆是台湾最大的<u>贸易伙伴</u>、出口市场和顺差来源地。

〔20〕企业社会责任重点报告了美的集团在产品、环境、员工及<u>商业伙伴</u>等方面的可持续发展责任。

〔21〕两国政府正在积极推动区域全面<u>经济伙伴</u>关系协定的签订。

表 8.4　［个人联系］隐喻代表性类符

隐喻类符	LL 值	隐喻频数	构　式	代表性语块
partner	244.25	209	T-noun_mod_S-noun	trading partner
partnership	351.02	93	S-noun_mod_T-noun	partnership interest
伙伴	186.53	164	T-noun_mod_S-noun	贸易伙伴

8.2.2.2　［亲属关系］

　　英汉语［人际关系］隐喻中,在频数上仅次于［伙伴关系］的下层框架是［亲属关系］或［家庭关系］。如图 8.4 所示,该框架的角色包括"自我""与自我相参照的亲属称谓""自我与他人组合的亲戚"等。此外,该框架的上层框架是［社会组织］,并与［权威］框架是使用关系,如图 8.5 所示。以该框架为源域形成的隐喻包括［社会组织是家庭］、［国家是家庭］、［社区是家庭］、［公司是家庭］、［市场是家庭］等。

　　英语的隐喻类符主要为 parent、family、divorce、marry 等,汉语的隐喻类符主要为"兄弟""子""母""父""家""家族"等。这些词的基本意义不言自明,由于规约性强,均不是主题词。如句〔22〕至〔23〕所示,parent 的语境意义为"本源、事物据以产生出来的",与 parent 组成的隐喻语块有 parent common stock、parent securities、parent stockholder 等,此处 parent 指 parent company(母公司),即母公司发行的普通股、担保、利益相关者。"parent company/母公司"是"拥有更小公司的公司","parent company/母公司"通常"拥有其他公司一定数额股份,或根据协议能够控制、支配其他公司人事、财务、业务等事项"。

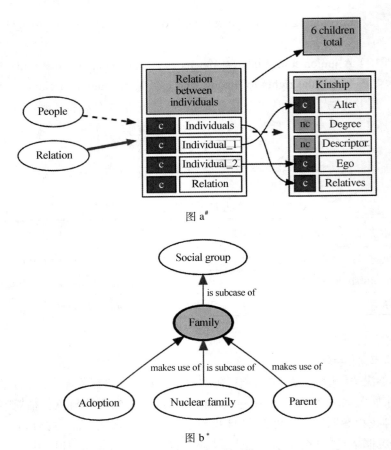

图 a[#]

图 b[*]

图 8.4 ［亲 属 关 系］框 架 元 素 及 层 级 关 系

表 8.5 ［亲 属 关 系］隐 喻 代 表 性 类 符

隐喻类符	LL 值	隐喻频数	构　式	代表性语块
parent	/	108	S-noun_mod_T-noun	parent common stock
family	/	10	T-noun_mod_S-noun	product family
子	/	85	S-adj_mod_T-noun	子公司
兄弟	/	75	S-noun_mod_T-noun	兄弟公司
母	/	34	S-adj_mod_T-noun	母基金
家族	/	16	S-noun_mod_T-noun	家族基金
家	/	10	S-noun_of_T-noun	员工之家

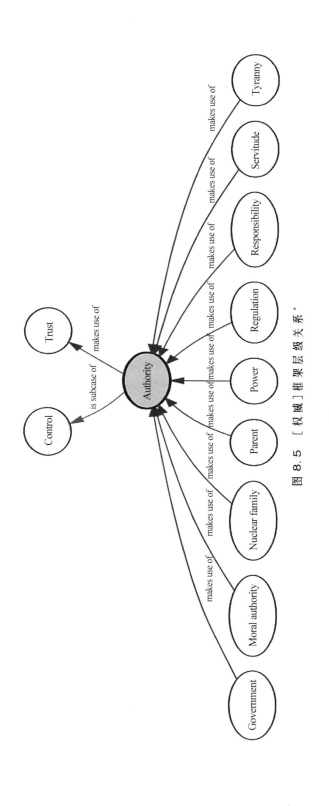

图 8.5 ［权威］框架层级关系 *

如句〔24〕至〔26〕所示,与"兄弟""子""母"形成的隐喻语块包括"兄弟公司""子公司""母公司"。"兄弟"的语境意义为"两者相当,不相上下","兄弟公司"指"具有相同股东的企业,或者实际控制人是相同的自然人的企业"。"子"的语境意义为"属于别人的、受别人控制的","子公司"指"在国际商务中由母公司投入全部或部分股份,依法在世界各地设立的东道国法人企业"。子公司受母公司的实际控制,即母公司对子公司的一切重大事项拥有实际上的决定权。这种公司关系是"基于一定数额的股份,处于控制与被控制的关系"。除此之外,汉语中还用"母"和"子"指称"证券、股票或基金类型关系",如"母基金"是"一种专门投资于其他证券投资基金的基金,通过持有其他证券投资基金而间接持有股票、债券等证券资产";"子基金"指"在一个投资组合下,通过对基金收益或净资产的分解,形成有一定差异化份额的基金品种"。

〔22〕In assumption that affiliates must import some inputs from their *parent* companies, so that trade and MP both decline with gravity.

〔23〕All regulations otherwise must comply with all legal requirements applicable to the *Parent* Stockholders' Meeting.

〔24〕在全球化背景下,越来越多的机构愿意与母基金进行合作。

〔25〕公司建立总部、子(分)公司和厂(矿、段)自上而下的节能环保系统。

〔26〕兄弟公司指存有业务关系或直接利益关系的两家或多家公司。

从法律上讲,"父母"对"子女"的人身权益、财产权益有责任、有控制权。这种"父母对子女的控制"与"母公司对子公司的控制"形成了隐喻映射关系,即[公司关系是父母与子女关系],其指向的相关隐喻是[公司是家庭]及[社会组织是家庭],而"兄弟公司"指向的隐喻是[公司关系是兄弟关系]。

8.2.2.3 [组队关系]

英汉语[人际关系]隐喻类符"team/团队"激活了框架[组队]及上层框架[聚集性],如图8.6所示。该框架指"共享相同目标并一起为之而努力的群体",其角色包括"组队""成员""活动""上级组织""名称""领域"
"聚集性质"等。

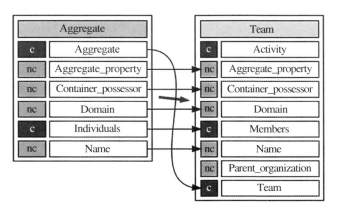

图8.6 〔组队〕框架及元素#

如句〔27〕至〔30〕所示,与"team/团队"组成的隐喻语块包括
management team、leadership team、business team 和"管理团队""服务团
队""投资团队"等。"team/团队"的基本意义为"在运动游戏中与其他组
对抗的一群人",也属于框架〔运动游戏〕的角色(未在〔体育〕隐喻中讨
论),此处的语境意义为"为了特定目标、按照一定规则结合在一起的一群
人"。频数最高的英汉语块 management team 和"管理团队"(T-noun_
mod_S-noun)指"管理其他员工、维护业务运营、制定业务战略、确保实现
业务目标的较高层次的人员"(见表8.6)。以 management team 为例,词
汇单元 management 和 team 分别触发目标域框架〔管理〕和源域框架〔组
队联系〕,形成了具体的隐喻映射〔公司管理者关系是组队联系〕,其指向
的隐喻为〔管理者群是运动队〕等。

表8.6 〔组队联系〕隐喻代表性类符

隐喻类符	LL 值	隐喻频数	构　式	代表性语块
team	32.55	60	T-noun_mod_S-noun	management team
团队	30.94	88	T-noun_mod_S-noun	管理团队

〔27〕聘请大量当地高级管理人员,管理团队有98%以上为当地

雇佣,直接参与人力资源管理等工作。

〔28〕两年多来,农行<u>服务团队</u>一直提供贴身服务,保证了电站建设按期推进。

〔29〕We created an executive <u>leadership *team*</u> diverse in gender, ethnicity, and generation.

〔30〕Committees are comprised of cross-functional senior <u>management *team*</u>, to identify, assess, prioritize, and address the top risks facing the current threats.

8.2.2.4 〔社会联系〕

英语〔人际关系〕隐喻类符 community 的基本意义是"生活在同一地理区域内的人们所组成的社会生活共同体",其激活了框架〔人际关系〕的下层框架〔社会联系〕以及〔临近联系〕。频数最多的隐喻语块 business community 具有多义性,既指"参与公司管理高层的人们",又指"公司、银行及其他商务机构的群组"。community 在此处的语境意义是"具有共同商务意识和共同商务利益的人们或机构所组成的社会群体",如句〔31〕所示。人们由于临近关系组成了社区共同体,而商务管理人员或商务机构由于利益关系形成了群体。词汇单元 business 和 community 分别触发目标域框架〔商务〕和源域框架〔社会联系〕,形成的具体隐喻映射为〔公司关系是社会联系〕以及〔公司管理人员是社区成员〕,指向的基本隐喻为〔关系是临近/连着〕(RELATIONSHIP IS PROXIMITY/COHESION)。

表 8.7 〔社会联系〕隐喻代表性类符

隐喻类符	LL	隐喻频数	构　式	代表性语块
community	27.5	58	T-noun_mod_S-noun	business community

〔31〕This report was drafted in close consultation with the <u>business *community*</u> and academia, including through requests for comment and public opinions.

8.2.2.5 〔上下级关系〕

汉语〔人际关系〕隐喻类符"下属"激活了〔人际关系〕的下层框架〔上下级关系〕。如图 8.7 所示,框架〔上下级关系〕角色包括"上级"和"下属"，下级通常遵循上级的命令并始终牢记上级的最佳利益。与"下属"组成的隐喻语块如句〔32〕至〔33〕中的"下属企业""下属子公司"，包括子公司、分公司、加盟公司。"下属企业"的词汇单元"下属"和"企业"分别触发目标域框架［商务］和源域框架［上下级关系］，形成了具体隐喻映射为［公司关系是上下级关系］，指向的基本隐喻是［公司是人］、［等级制度是垂直结构］（HIERARCHY IS A VERTICAL STRUCTURE）和［控制性是垂直性］（CONTROL IS VERTICALITY）。

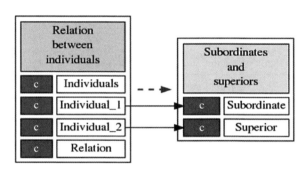

图 8.7　［上下级关系］框架及元素[#]

表 8.8　［上下级关系］隐喻代表性类符

隐喻类符	LL 值	隐喻频数	构　式	代表性语块
下属	18.06	58	S-noun_mod_T-noun	下属企业

〔32〕本集团的汇率风险主要来自本公司及<u>下属子</u>公司持有的不以其记账本位币计价。

〔33〕政府采取座谈方式交流经验，组织到中车<u>下属</u>企业参观学习等，让村干部开阔了视野，提升其业务能力。

8.2.3　［人际关系］隐喻意义

表 8.9 列举了［人际关系］隐喻所涉及的主要目标域词语，涉及的商务概念包括贸易、公司、行业、管理、基金等。从与目标域词语组成的频数最高的代表性语块来看，英汉语主要使用［个人联系］和［亲属关系］来认知上述概念。总体来说，英汉语使用的高层概念隐喻是［公司关系是人际关系］。

表 8.9　[人际关系]隐喻相关的目标域词语（前 10）

英　　语			汉　　语		
目标词	频数	代表性语块	目标词	频数	代表性语块
trading	82	trading partner	公司	165	兄弟公司
business	56	business community	贸易	107	贸易伙伴
common stock	29	parent common stock	基金	49	母基金
leadership	28	leadership team	管理	40	管理团队
trade	27	trade partner	企业	35	下属企业
interest	26	partnership interest	投资	11	投资伙伴
company	20	parent company	行业	11	子行业
stockholder	17	parent stockholder	银行	11	子行
nonprofit	15	nonprofit partner	市场	10	市场领导者
industry	15	industry partner	商业	9	商业伙伴

　　如图 8.8 所示，代表性语块 trading partner 和"贸易伙伴"中的两个词汇单元 trading 和"贸易"激活了目标域[商务]，隐喻类符 partner 和"伙伴"指示源域[人际关系]的角色"个人"，对应目标域角色"公司"，从而激活隐喻映射[公司关系是人际关系]。英汉语中在使用[人际关系]隐喻时满足或接近满足隐喻映射原则的隐喻类符为 partner 和"伙伴"，它们指示源域[人际关系]在英汉语中的典型映射，即[公司关系是个人联系]。"partner/伙伴"在 WordNet 和 SUMO 中的赋码和意义中突出了"亲密""合作"的评价意义，该隐喻映射突显"贸易关系的重要特征——合作性"，映射原则可总结为：贸易关系被理解为个人联系（伙伴关系），是因为伙伴共同合作才能达成目标而贸易各方共同合作才能实现共赢。

　　这种合作性还体现在英汉语使用的[组队联系]。使用"team/团队"激活[人际关系]隐喻产生的映射突显聚集性，映射原则可总结为：管理者团队被理解为运动队，是因为运动员共同合作才能赢得比赛而管理者形成团队才能达成目标。

　　其次，英语比汉语使用了更多的[个人联系]隐喻（partner），仅英语使用了[社会联系]隐喻（community）。词语"社区"源自拉丁语，意为"关系密切的伙伴和共同体"，可见 partner 和 community 息息相关。"伙伴关系是一种组织间为了实现共同目标，基于互惠互利原则，在互相信任的前提

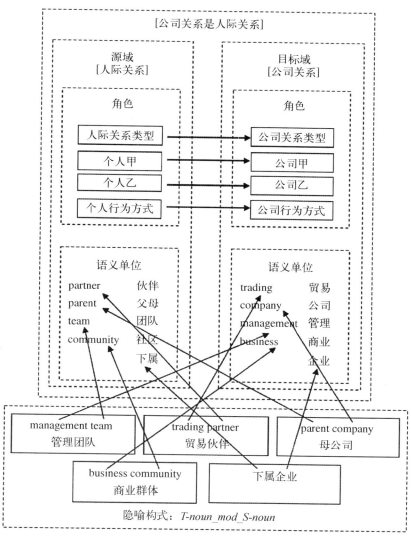

图 8.8　[人际关系]隐喻映射

下建立的共同开展工作、共同承担风险的承诺"(刘杰、李国卉 2019)。从管理学的角度看,伙伴关系的益处在于共享资源和人才、分享管理优势、平摊经营风险等,形成了公司独自运营难以获得的合作优势(Tomlinson 2005)。社区概念最早出现在 19 世纪后期,西方社会经历着工业化、城市化、现代化的迅速发展。德国社会学家滕尼斯将社区界定为"一切亲密的、秘密的、单纯的共同生活所形成的共同体里",社区的人际关系是亲密无间的,社区内的社会关系是紧密的、合作的、富有人情味的。管理学意义上的社区是以公司为中心按照一定规范和制度结合而成的社会群体,它们具有共同经济利益或受共同因素影响(王欢苗、赵德志 2007)。使用"community"激活[人际关系]隐喻所产生的映射突显临近性,映射原则可总结为:公司关系被理解为社会联系,是因为人们由于居住临近组成社区实现共同利益,而公司各方共同合作才能实现共赢。

最后,汉语比英语使用了更多的[亲属关系]隐喻,而仅汉语使用了[上下级关系]隐喻。这是因为中国文化更重视家庭观念和等级关系。中国儒家学说的"五伦"指古代中国的五种人伦关系和言行准则,即古人所谓君臣、父子、兄弟、夫妇、朋友五种人伦关系,其中父子、兄弟、夫妇是家庭关系。这表明中国人的伦理观念以家庭为基础,形成了家邦式社会,这也是中国人家庭观念较重的原因之一。因而,中国企业特别强调经济生活的关系导向,普遍存在家族主义或者泛家族主义(杨玉龙 2010)。使用家庭称谓词语"parent""母"等激活框架[亲属关系]及相关框架[权威]、[控制],这类隐喻产生的映射突显控制性,即突显商务关系中公司之间的不对称关系和控制关系,映射原则可总结为:公司关系被理解为亲属关系,是因为父母控制子女达成家庭目标而公司需要控制其他公司实现公司盈利目标。

此外,中国传统文化强调等级差别,尤其是以君臣为代表的上下级关系。"先秦儒家等级观念在经济思想上的反映就是人们对财富的占有和消费应与社会地位相符"(崔建平 2004)。使用"下属"激活[人际关系]隐喻所产生的映射突显控制性和等级性,映射原则可总结为:公司关系被理解为上下级关系是因为人群之间存在上下级关系而公司之间存在等级关系。

然而,家庭关系如同社区意识一样也体现了集体主义及合作性理念(Singh, Zhao & Hu 2005),"儒家认为君臣起源相同、任务相同、利益关联,因而两者之间不仅是等级关系,更是一种合作性的关系"(刘学斌2019)。总的来说,中国企业重视家庭观念,而美国企业重视社区意识(Singh, Zhao & Hu 2005)。

图 8.9 表明了[人际关系]隐喻的层级性网络结构即隐喻级联,每类人际关系所关联的框架如[互惠性]、[控制性]、[聚集性]、[临近性]、[等级性]隐含了隐喻使用的意义,但主要意义焦点是商务活动中的合作性。

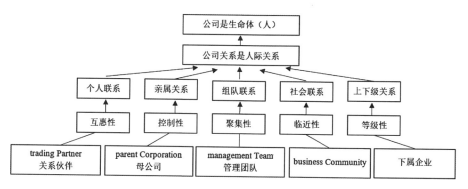

图 8.9 ［人际关系］隐喻层级关系

8.3 ［艺术］隐喻

8.3.1 ［艺术］隐喻简述

本节讨论英汉语中的［艺术］隐喻即［商务沟通是艺术展示］，在FrameNet 里与之相关的框架是［艺术风格］。如图 8.10 所示，该框架的角色包括"艺术家""作品""形式""时间""描述"等。该类隐喻包括［表演］隐喻和［绘画］隐喻。

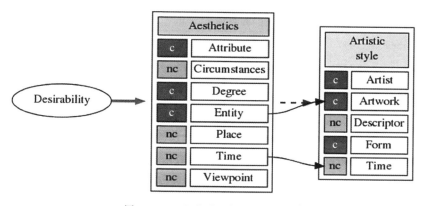

图 8.10 ［艺术］框架及元素[#]

本章把标注为 C1［艺术］、K1［一般娱乐］、K2［音乐及相关活动］、K3［录音］和 K4［戏剧、剧院和演艺业］的隐喻归为一类称为［艺术］隐喻。如表 8.10 所示，在研究语料中的总形符 1 474 个（类符 31 个），其中在英语语料库中 976 个（类符 18 个），在汉语语料库中 498 个（类符 13 个）。从隐喻形符的标准化频数（英汉语分别为 0.32 和 0.22）和对数似然比检测一致性结果（$p>0.05$，$df=1$，$LL=0.00$）上来看，英汉语使用［艺术］隐喻在频数上无显著差异。英汉语中［艺术］隐喻类形符比的值差异较小（1.84 和 2.61），汉语的隐喻表达比英语的隐喻表达略微丰富。

表 8.10　［艺术］隐喻类符及形符数对比

	隐喻类符数	隐喻形符数	隐喻形符标准化频数	隐喻类形符比
英语	18	976	319	1.84
汉语	13	498	149	2.61
合计	31	1 474	277	2.10

再者，表 8.11 列出了［艺术］隐喻频数较高的类符。英汉语使用了意义相同的类符，如"performance/上演""role/角色""picture/刻画"。这些类符大致可以分为表演类（含音乐类）、绘画类。

表 8.11　［艺术］隐喻类符（频数 ≥ 10）

英　　语						汉　　语					
类　符	频数	词性	载体词	频数	词性	类符	频数	词性	载体词	频数	词性
performance	441	*n.*	scenario	16	*n.*	出台	365	*v.*	主旋律	20	*n.*
role	377	*n.*	profile	13	*n.*	背景	41	*n.*	角色	18	*n.*
design	59	*v./n.*	picture	12	*n.*	扮演	25	*v.*	刻画	15	*v.*
culture	35	*n.*									

表 8.12 列出了［艺术］隐喻的代表性隐喻语块（频数大于 10）及相应的构式。如句〔34〕至〔39〕所示，英语中频数较多的语块有 financial performance、economic performance、export performance 等，汉语中频数较多的语块有"出台政策""出台办法""出台意见"等。从构式上看，英语多

使用 S-noun_of_T-noun、T-noun_mod_S-noun、T-subj_S-verb、T-adj_mod_S-noun 等，主要以名词性隐喻表达商务情况，辅之以动词性隐喻，描述商务整体情况；汉语多使用 T-subj_S-verb、S-verb_T-dobj 等动词性构式，描述商务活动中的各种政策措施的颁布。

〔34〕 Accordingly, I am skeptical that the period before the crisis provides the appropriate benchmark for assessing current market *performance*.

〔35〕 This educational experience provided an engaging, interactive and safe environment in which team members simulated real-life business *scenarios* to assess possible consequences.

〔36〕 The site helps students learn how to pay for college, manage money, and build credit while in college, taking into account the student's full financial *picture*, including student loans, college credit cards, student checking and savings accounts, and student insurance.

〔37〕 地方各级财政部门边推进、边创新，摸索出很多新办法、新措施，包括设立基金、出台奖补政策等。

〔38〕 在经济全球化背景下，发展中国家的发展，不可能独善其身，而是要以共同发展为前提，彼此取长补短，产生"一加一大于二"的叠加效应。

〔39〕 认识新常态，适应新常态，引领新常态，这是当前和今后一个时期经济发展的主旋律，是不以人的意志为转移的客观现实。

表 8.12 ［艺术］隐喻语块及构式

构式类型	英语隐喻语块（F>10）		汉语隐喻语块（F>10）	
	代表性语块	总频数	代表性语块	总频数
S-noun_of_T-noun S-noun_prep_T-noun	performance of economy performance of service performance of suppliers performance by company	374	/	/

续　表

构式类型	英语隐喻语块(F>10)		汉语隐喻语块(F>10)	
	代表性语块	总频数	代表性语块	总频数
S-verb_T-dobj	design auction process design investment strategy	44	出台政策 出台办法 刻画利率政策	331
T-adj_mod_S-noun	financial performance economic performance	141	/	/
T-noun_mod_S-noun	export performance firm performance product performance	180	市场主旋律 行业背景 管理人员角色	84
T-noun_poss_S-noun	supplier's performance IMF's role	64	/	/
T-subj_S-verb	market plays a role banks play a role	154	意见出台 政策出台	77

　　如上所述,英语[艺术]隐喻多为名词性隐喻,即源域[艺术]映射至目标域的成分多为实体角色,如 performance、role、profile 等,其中满足隐喻映射原则的类符为 performance 和 role。汉语[艺术]隐喻多为动词性隐喻,即源域[艺术]映射至目标域的成分多为功能角色,如"出台""刻画""扮演"等,其中满足隐喻映射原则的类符为"出台"。下文从[艺术]隐喻映射至目标域的下层框架([表演]和[绘画])分别探索英汉语之间的异同。

8.3.2　[表演]隐喻

　　框架[表演]的描述为:表演者与幕后人员一起按照剧本演出;由观众评价演出;演出的媒介和类型多样;演出前有多次排演环节,以提高演出质量与对剧本的忠实度;观众付费看演出,演职人员获得演出报酬。如图 8.11 所示,框架[表演]的角色包括"观众""媒介""表演内容""表演者""相关人员""脚本""表演类型(舞蹈、话剧)"等。商务话语使用[表演]隐喻形成了概念隐喻[商务活动是表演艺术](BUSINESS ACTIVITIES ARE PERFORMING ARTS),其上层隐喻是[活动是演出](ACTIVITY IS PERFORMANCE)。

　　英语[表演]隐喻中满足隐喻映射原则的隐喻类符为 performance

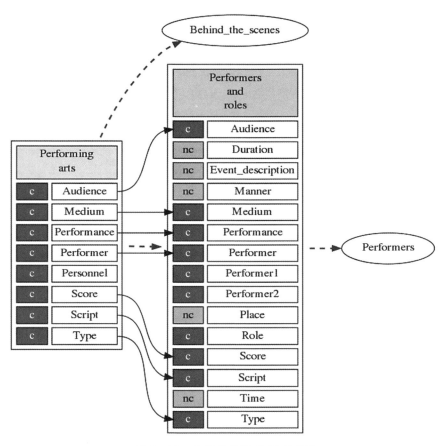

图 8.11 [表演]框架及元素[#]

（441 个）和 role（377 个）。与它们组成的语块有 financial performance、economic performance、firm performance、export performance、role of trade、role of monetary policy、market plays a role、companies play a role 等，如句〔40〕至〔43〕所示。financial performance（财务绩效）意为"公司在一段时间内的盈亏状况"，其中 performance 的基本意义为"在观众面前的表演，如戏曲、舞蹈、曲艺、杂技等"，在此处的语境意义为"成绩、效果"。词汇单元 financial 和 performance 分别激活目标域框架［财务］和源域框架［表演］，形成了具体隐喻映射［公司的财务绩效是演员的演出效果］，其上层隐喻为［商务沟通是戏剧演出］。role 的基本意义为"演员扮演的角色"，在语块 role of trade 中的语境意义为"任务、作用"，其指示的具体隐喻映射为［商务组成部分发挥的作用是演员扮演的角色］，即商务活动中的各个组成部分被视为戏剧演员,在商务活动中发挥着不同的作用。

表 8.13 [表演]隐喻类符

隐喻类符	LL 值	隐喻频数	构 式	代表性语块
performance	250.8	441	T-adj_mod_S-noun	financial performance
role	138.73	377	S-noun_of_T-noun	role of trade
出台	61.26	365	S-verb_T-dobj	出台政策
背景	/	41	T-noun_mod_S-noun	全球化背景
扮演	/	25	T-subj_S-verb	公司扮演

[40] Qualitative factors considered in this assessment include industry and market considerations, overall financial *performance*, and other relevant events and factors affecting the reporting unit.

[41] There is consensus that global economic *performance* is disappointing on both the supply-side and the demand-side.

[42] Our paper makes a step further in this direction of research by quantifying the *role* of trade in international conflict.

[43] Governments around the world are preparing to implement the SDGs, and business will play a *role* in the achievement of the goals.

汉语[表演]隐喻中满足隐喻映射原则的类符为"出台"(365 个),其基本意义为"演员登台演出",此处的语境意义为"公布、实施(方针政策等)",与之组成的语块有"出台政策""出台意见""出台办法""出台措施"等,如句[44]至[45]所示。其指示的具体隐喻映射为[公布实施政策是登台演出],其上层隐喻为[商务沟通是戏剧演出]。

[44] 完善专项转移支付政策,出台首批 PPP 项目资金性支持政策。

[45] 今年的减税降费措施出台后,并不意味着给企业的减负工作画上了句号。

除上述戏剧表演类词汇外,汉语[表演]隐喻中还使用了"主旋律""乐章"等音乐表演类词汇。"主旋律"的基本意义为"一部音乐作品或一个乐章行进过程中再现或变奏的主要乐句或音型,或者多声部演唱或演奏的音乐中一个声部所唱或所奏的主要曲调",其语境意义为"主要精神或基本观点",与之组成的语块有"市场主旋律""经济发展主旋律""并购主旋律"等,如句〔46〕至〔48〕所示。它们指示的具体隐喻映射为[市场发展趋势是音乐主曲调],其上层隐喻为[商务沟通是音乐演出]。

〔46〕快递物流增长迅猛,融合发展与跨界竞争成为<u>市场</u><u>主旋律</u>。
〔47〕高科技行业的跨国并购逐渐成为中国<u>跨国并购</u>的<u>主旋律</u>。
〔48〕全公司员工共同谱写了<u>企业跨越发展</u>的华彩<u>乐章</u>。

8.3.3 [绘画]隐喻

绘画是一种实体艺术品,框架[实体艺术品]的定义为:艺术家为了刺激观众的感知、情感或认知而生产实体人造品,旨在表征实际的或想象的物体或事件。如图 8.12 所示,框架[实体艺术品]的角色包括"人造品""制造者""材料""描述者""名称""地点""类型"等。由于英汉语中的隐喻类符更侧重创作过程,因而本章将其称为[绘画]隐喻。

如表 8.14 所示,英语[绘画]隐喻中频数较高的隐喻类符为 design (59 个),与之组成的语块有 organization design、market design、design business models、design auction process 等。design 的基本意义为"作图案、打图样、绘制",此处的语境意义为"筹划、设计"。organization design 指"公司运作的方式",也决定公司的指挥系统和人力分工,良好的公司运作促进了公司管理与整体目标相契合;market design(市场设计)指"从效率、公平性、动机和复杂性等多方面衡量市场的成败以及考量可替代机制"。这些语块指示的具体隐喻映射为[运营公司/市场是绘画],其上层隐喻为[公司/市场是实体艺术品]。

表 8.14 [绘 画]隐喻类符

隐喻类符	LL 值	隐喻频数	构　式	代表性语块
design	42.58	59	T-noun_mod_S-noun	organization design
刻画	/	15	S-verb_T-dobj	刻画经济结构

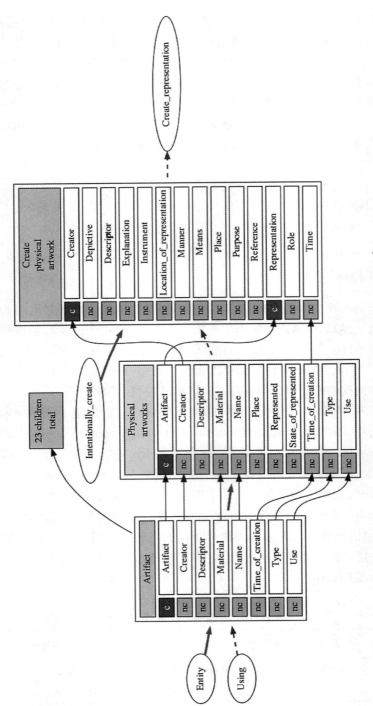

图 8.12 [实体艺术品] 框架及元素[#]

[49] In fact, we do not have a specific market *design* end state in mind.

[50] We'll focus on our brands, our marketing strategies, our organization *design* and our ability to innovate.

汉语[绘画]隐喻中频数较高的隐喻类符为"刻画"(15个),与之组成的语块有"刻画经济结构""刻画产业联系""刻画货币政策""刻画出口状态"等。"刻画"的基本意义为"雕刻和绘画",语境意义为"深刻而细致地描写、设计"。其指示的具体隐喻映射为[描述商务状态是绘画],其上层隐喻为[商务结果是实体艺术品]和[商务沟通是绘画]。

[51] 单国CGE模型关注详细的国内经济结构刻画,主要用于分析各种贸易政策的部门效应。

[52] 中间产品和最终产品贸易模型化,全面刻画了各国、各部门之间的产业联系。

[53] 该政策解决了三个方面的问题:一是如何全面刻画中国的货币政策和汇率形成机制。

8.3.4 [艺术]隐喻的意义

表8.15列举了[艺术]隐喻所涉及的主要目标域词语,英汉语差异较大。英语中的商务概念多为金融、经济、市场、供应者等,汉语中的商务概念多为各种商务或经济政策、意见、办法、措施等。从与目标域词语组成的频数最高的代表性语块来看,英汉语主要使用[表演]隐喻认知上述概念。两者不同之处在于英语偏重表演本身,而汉语偏重表演前的登台动作。

表 8.15 [艺术]隐喻相关的目标域词语(前10)

英 语			汉 语		
目标词	频数	代表性语块	目标词	频数	代表性语块
financial	83	financial performance	政策	119	出台政策
policy	40	role of monetary policy	意见	34	出台意见
firm	38	firm performance	办法	33	出台办法

续　表

英　语			汉　语		
目标词	频数	代表性语块	目标词	频数	代表性语块
economic	34	economic performance	措施	25	出台措施
market	34	market play role	市场	20	市场主旋律
company	33	company performance	方案	14	出台方案
business	32	business performance	规定	14	出台规定
supplier	26	supplier performance	法规	13	出台法规
product	24	product performance	规划	10	出台规划
export	23	export performance	制度	9	出台制度

　　如图 8.13 所示,上述英汉[艺术]隐喻中的代表性语块如 financial performance 和"出台政策"中的两个词汇单元 financial 和"政策"激活了目标域[商务]。隐喻类符如 performance 和"出台"指示源域[表演]的角色"艺术形式",前者笼统地指表演本身而后者指表演的过程及场所,从而激活源域[表演]及上层框架[艺术],对应目标域角色"沟通媒介"。

　　[艺术]隐喻的下层隐喻[表演]隐喻(包括"戏剧表演"和"音乐表演")和[绘画]隐喻的共同之处在于将实体与非实体的艺术展现在观众面前,激活相关框架[展示](SHOWING)。目标域[商务]的重要活动之一是与利益相关者沟通,将公司的相关情况如业绩等以年报、发布会的形式呈现给利益相关者,激活相关框架[沟通](COMMUNICATING)。因而,英汉[艺术]隐喻的上层隐喻是基本隐喻[沟通是展示](COMMUNICATING IS SHOWING),如图 8.14 所示。

　　从事表演和绘画的艺术人员非常清楚观众一直在观察他们的表演或作品,因而他们的展示是公开透明的。此外,他们期待着观众的反应效果,渴望他们的艺术获得成功。因而,使用[艺术]隐喻即[商务沟通是艺术展示](BUSINESS COMMUNICATION IS ARTISTIC EXHIBITION)表明,公司如实地、客观地展现商务情况,商务活动始终处于利益相关者的监督之下,这种主动沟通和信息展示也表明了合作精神。

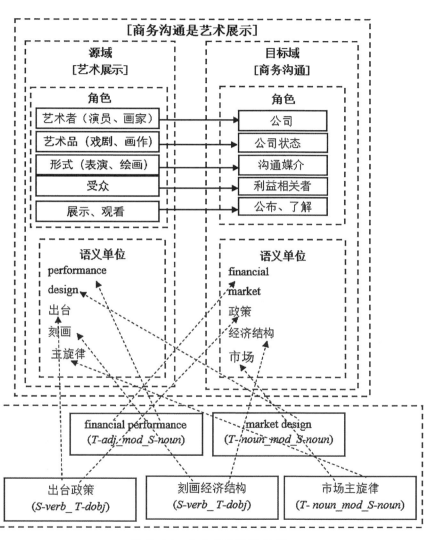

图 8.13 [艺术]隐喻映射

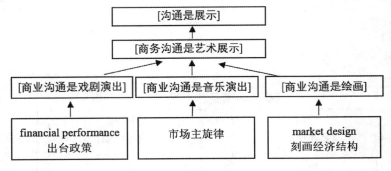

图 8.14 [艺术]隐喻层级关系

8.4 小 结

本章讨论了[合作]隐喻家庭,主要是[人际关系]隐喻和[艺术]隐喻。英汉语使用[人际关系]隐喻和[艺术]隐喻在频数上无显著差异。英汉语[人际关系]隐喻多为名词性隐喻。英语的[艺术]隐喻多为名词性隐喻,汉语的[艺术]隐喻多为动词性隐喻。英汉语中在使用[人际关系]隐喻时的典型映射为[公司关系是个人联系],该隐喻映射突显"贸易关系的重要特征——亲密性、合作性",映射原则可总结为:贸易关系被理解为伙伴关系,是因为伙伴共同合作才能达成目标,而贸易各方共同合作才能实现共赢。英汉语中在使用[艺术]隐喻时的典型映射为[商务沟通是戏剧演出],该隐喻映射突显"商务活动的重要特征——沟通与展示、信息传递",映射原则可总结为:商务活动被理解为戏剧演出,是因为演员在舞台展示艺术作品,而公司在商务活动中展现公司状况。研究语料中使用[人际关系]隐喻和[艺术]隐喻传递了商务活动的另一永恒主题——合作。

英汉商务话语隐喻
对比分析

9.1 引 言

    第四至第八章分析了英汉商务话语中的三大隐喻家庭,本章在此基础上使用卡方检验、多重对应分析等统计方法对英汉语隐喻使用进行总体分析,比较英汉语在隐喻频数、隐喻词性、隐喻构式方面的异同,探讨隐喻语块的构成及专门性,发现体裁专门隐喻及比较隐喻意义的异同。

9.2 隐喻频数

    表9.1列出了英汉语中隐喻类符数、形符数及类符/形符比(TTR)。在研究语料中识别出隐喻的总形符数为32 564 个(隐喻类符数 1 025 个)。其中在英语语料库中

18 127 个(隐喻类符数 495 个),如 flow、chain、growth、competitive、operating;在汉语语料库中 14 437 个(隐喻类符数 530 个),如"工具""结构""流量""战略""流动"。

表 9.1　隐喻类符数、形符数及类符/形符比

	英　语			汉　语			合　计		
	类符数	形符数	TTR	类符数	形符数	TTR	类符数	形符数	TTR
[艺术]隐喻	18	976	1.84	13	498	2.61	31	1 474	2.10
[关系]隐喻	12	581	2.07	11	574	1.92	23	1 155	1.99
[体育]隐喻	26	1 385	1.88	21	848	2.48	47	2 233	2.10
[战争]隐喻	42	1 140	3.68	38	1 714	2.22	80	2 854	2.80
[移动]隐喻	96	3 214	2.99	169	4 042	4.18	265	7 256	3.65
[生物体]隐喻	93	2 441	3.81	63	1 319	4.78	156	3 760	4.15
[无生命]隐喻	208	8 390	2.48	215	5 442	3.95	423	13 832	3.06
合计	495	18 127	2.73	530	14 437	3.67	1 025	32 564	3.15

首先,本节使用了卡方独立性检验考察英汉语中每类隐喻的类符数的使用情况,结果表明英汉语在隐喻类符数上呈现了显著差异($x^2 = 26.412$, $df = 6$, $p = 0.000$, Cramer's $V = 0.161$)。如表 9.2 所示,就类符数而言,英语中使用了更多[生物体]隐喻,如 growth、shock、impairment、grow、core;汉语中使用了更多[移动]隐喻,如"流量""流动""波动""进入""转移"。

表 9.2　英汉隐喻类符卡方分析①

		英　语	汉　语	总　计
[艺术]隐喻	频数	18(1.1)	13(−1.1)	31
[关系]隐喻	频数	12(0.4)	11(−0.4)	23
[体育]隐喻	频数	26(1.0)	21(−1.0)	47

① 卡方分析或列联表中括号内数值为调整后残差值,暂且不讨论残差小于2(相对差异不显著)的比较项。添加了字符底纹的比较项的残差大于2,为相对显著的比较项。

		英　语	汉　语	总　计
［战争］隐喻	频数	42(0.8)	38(−0.8)	80
［移动］隐喻	频数	96(−4.6)	169(4.6)	265
［生物体］隐喻	频数	93(3.1)	63(−3.1)	156
［无生命］隐喻	频数	208(0.5)	215(−0.5)	423
总计	频数	495	530	1 025

再者,本节使用了卡方独立性检验考察英汉语在建构目标域时每类隐喻的形符数的使用情况,结果表明英汉语在隐喻形符数使用上呈现显著差异($X^2 = 1\,052.617$, $df=6$, $p=0.000$, Cramer's $V=0.180$)。如表 9.3 所示,就形符数而言,英语中使用了更多的［艺术］隐喻、［体育］隐喻、［生物体］隐喻、［无生命］隐喻,汉语中使用了更多［关系］隐喻、［战争］隐喻、［移动］隐喻。在 9.6 节将进一步分析每类隐喻形符数的使用,以确定隐喻的专门性和规约性。

表 9.3　英汉隐喻形符卡方分析

		英　语	汉　语	总　计
［艺术］隐喻	频数	976(8.3)	498(−8.3)	1 474
［关系］隐喻	频数	581(−3.7)	574(3.7)	1 155
［体育］隐喻	频数	1 385(6.3)	848(−6.3)	2 233
［战争］隐喻	频数	1 140(−17.7)	1 714(17.7)	2 854
［移动］隐喻	频数	3 214(−22.1)	4 042(22.1)	7 256
［生物体］隐喻	频数	2 441(12.1)	1 319(−12.1)	3 760
［无生命］隐喻	频数	8 390(15.6)	5 442(−15.6)	13 832
总计	频数	18 127	14 437	32 564

最后,本节对英汉语隐喻类符/形符比进行了独立样本 t 检验考察,结果呈现了显著差异($t=−2.070$, $p=0.045$),英语隐喻类符/形符比(M = 2.898 9)较显著地低于汉语隐喻类符/形符比(M = 3.500 5)。换句话说,汉语在隐喻表达上略为丰富。汉语中使用了更多的隐喻类符,主要原因在于汉语无形态标记,词义相同或相近但词形略异的形符无法归为同一

类符,如"流""流动""流量"等,而相应的英语类符都为 flow。此外,就英汉语各类隐喻的隐喻类符/形符比来说,汉语[无生命]隐喻和[移动]隐喻的类形符比要远高于英语的类形符比,而英语[战争]隐喻的类形符比要远高于汉语的类形符比。

9.3　隐　喻　词　性

表 9.4 列出了英汉语中隐喻的词性使用情况,从频数上来看依次为:名词性隐喻(总形符数为 17 455,其中英汉语分别为 10 007 和 7 448,标准化频数分别为 3 266 和 2 225)、动词性隐喻(总形符数为 6 782,其中英汉语分别为 1 839 和 4 943,标准化频数分别为 600 和 1 476)和形容词性隐喻(总形符数为 6 603,其中英汉语分别为 4 559 和 2 044,标准化频数分别为 1 488 和 611),其他词性隐喻(总形符数为 1 724,其中英汉语分别为 1 722 和 2,标准化频数分别为 561 和 0.59)。

表 9.4　英汉语中隐喻词性分布

	词性	[艺术]	[关系]	[体育]	[战争]	[移动]	[生物体]	[无生命]	合计
英语	形容词	2	0	696	68	752	549	2 492	4 559
	名词	929	545	460	773	2 037	1 579	3 684	10 007
	动词	45	36	229	299	408	383	520	1 920
	其他	0	0	0	0	17	11	1 694	1 722
汉语	形容词	0	119	0	1	258	315	1 351	2 044
	名词	92	455	270	931	1 566	684	3 450	7 448
	动词	406	0	578	782	2 218	318	641	4 943
	其他	0	0	0	0	0	2	0	2
合计	形容词	2	119	696	69	1 010	864	3 843	6 603
	名词	1 021	1 000	730	1 704	3 603	2 263	7 134	17 455
	动词	451	36	807	1 081	2 626	620	1 161	6 782
	其他	0	0	0	0	17	13	1 694	1 724

隐喻表达多为名词,是由于名词隐喻力更强、更容易被辨认为隐喻。具体说来,名词比其他词更容易触发更丰富的框架内容,名词的隐喻意义和非隐喻意义之间的冲突更强烈,所指称的事物更容易想象(Goatly 2011)。例如,chain 的基本意义为"用于固定实物连在一起的链",语境意义为"一系列相互联系的事物",两者之间容易形成类比。其次,动词和形容词也较容易激活隐喻类比或想象,主要取决于它们的规约性语法搭配或句法构式,如 hold assets 激活了 hold 的规约性语法构式"V - NP(物体)",assets 被比喻成"可抓住的物体",因而 hold 此处为隐喻用法。此外,由于副词和介词意义过于宽泛难以引起合理想象,属于不活跃隐喻(Goatly 2011)。

话语类型对隐喻的频率和词性的分布影响很大(Steen *et al.* 2010)。Krennmayr(2017)的研究表明,通用语料库中隐喻词语按频率依次为形容词、动词、副词、名词、介词,专门语料库中隐喻词语按频数依次为名词、副词、形容词、动词、介词。本研究为了探索专门体裁的隐喻使用,选择了商务话语为研究对象,其隐喻频数的词性分布(名词、动词、形容词、其他)与Krennmayr(2017)的发现基本一致。

本节使用了卡方独立性检验分别考察了英汉语隐喻词性与每类隐喻的关系,结果表明英语语料中隐喻使用在词性上呈现了显著差异(X^2 = 4 273.520,df=18,p=0.000,Cramer's V=0.280),使用了更多名词性和形容词性隐喻。表 9.5 表明,名词性隐喻多为[艺术]隐喻、[关系]隐喻、[移动]隐喻、[生物体]隐喻和[战争]隐喻,形容词性隐喻多为[体育]隐喻和[无生命]隐喻,动词性隐喻多为[战争]隐喻、[体育]隐喻、[移动]隐喻和[生物体]隐喻。

表 9.5　英语隐喻词性与隐喻形符卡方分析

		形容词	名　词	动　词	其　他	合计
[艺术]隐喻	频数	2(-18.5)	929(25.8)	45(-5.9)	0(-10.4)	976
[关系]隐喻	频数	0(-14.2)	545(19.0)	36(-3.2)	0(-7.9)	581
[体育]隐喻	频数	696(22.4)	460(-17.1)	229(8.2)	0(-12.5)	1 385
[战争]隐喻	频数	68(-15.4)	773(8.8)	299(18.6)	0(-11.3)	1 140
[移动]隐喻	频数	752(-2.5)	2 037(10.3)	408(5.3)	17(-19.1)	3 214
[生物体]隐喻	频数	549(-3.3)	1 579(10.1)	302(3.9)	11(-16.4)	2 441

续　表

		形容词	名　词	动　词	其　他	合计
［无生命］隐喻	频数	2 492（13.1）	3 684（−28.4）	520（−16.3）	1 694（45.6）	8 390
合计	频数	4 559	10 007	1 839	1 722	18 127

　　汉语语料中隐喻使用在词性上也呈现了显著差异（$\chi^2 = 3\,896.181$，$df = 12$，$p = 0.000$，Cramer's $V = 0.367$），使用了更多名词性和动词性隐喻。表 9.6 表明，名词性隐喻多为［无生命］隐喻、［关系］隐喻、［战争］隐喻，动词性隐喻多为［移动］隐喻、［艺术］隐喻、［体育］隐喻和［战争］隐喻，形容词性隐喻多为［无生命］隐喻、［生物体］隐喻和［关系］隐喻。

表 9.6　汉语隐喻词性与隐喻形符卡方分析

		形容词	名　词	动　词	合　计
［艺术］隐喻	频数	0（−9.2）	92（−15.1）	406（22.6）	498
［关系］隐喻	频数	119（4.6）	455（13.5）	0（−17.6）	574
［体育］隐喻	频数	0（−12.2）	270（−11.9）	578（21.5）	848
［战争］隐喻	频数	1（−17.8）	931（2.4）	782（10.6）	1 714
［移动］隐喻	频数	258（−16.7）	1 566（−19.3）	2 218（32.6）	4 042
［生物体］隐喻	频数	315（10.7）	684（0.3）	318（−8.1）	1 317[①]
［无生命］隐喻	频数	1 351（28.6）	3 450（22.1）	641（−44.2）	5 442
合计	频数	2 044	7 448	4 943	14 435

　　最后，为了进一步探索英汉语、源域、词性三个变量之间的关系，本节使用 R 开源软件包"FactoMineR"（Husson *et al.* 2014）进行多重对应分析（Multiple Correspondence Analysis, MCA），"多重对应分析属于探索性统计方法，可将复杂的多维数据进行降维处理，在低维图示上直观展现多个分类变量不同水平间的关联，挖掘数据中的结构和特征"（张炜炜、王芳 2017）。如图 9.1 所示，图中灰色圆点（数字）表示数据中的具体样例，黑色三角及文字表示数据中的不同变量水平。MCA 的前两个维度（Dim 1 & 2）共解释了数据中 28% 的变异，其中维度 1 解释了 16.06%，维度 2

---

① 仅［生物体］隐喻有其他词性隐喻且频数为 2，因而此处在统计中省去，总频数也相应减少。

解释了 11.96%,是经计算后呈现的能够最大化解释变量联系程度的两个维度①。"MCA 图中同一象限内的变量分类点之间有相互的联系,散点之间的距离远近与其关联倾向相关"(王圣贤等 2019)。图 9.1 结果显示,

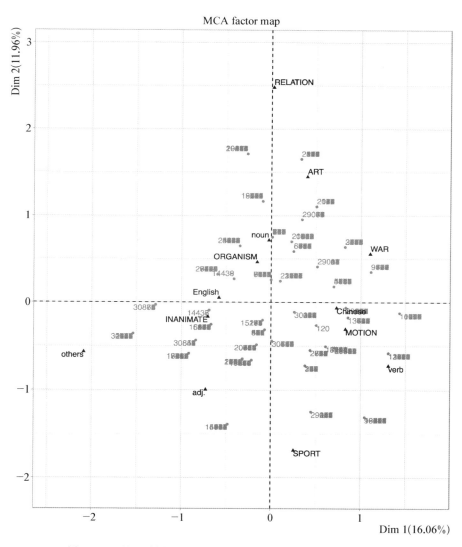

图 9.1 基于样例和语言、源域、词性三变量的 MCA 图

---

① 多重对应分析不同于简单对应分析,由于考虑的变量水平较多,所以能解释的变异较低。简单对应分析一般要求前两个维度大于 65%,但是多重对应分析目前还没有这个要求。

英语与名词、形容词及其他词性隐喻联系密切,同时与[无生命]隐喻和[生物体]隐喻的联系密切;汉语与动词性词语联系密切,同时与[移动]隐喻和[战争]隐喻的关系密切。

英语中的名词性隐喻占所有隐喻的55%,其中[无生命]隐喻和[生物体]的名词性隐喻占所有名词性隐喻的53%。此外,[战争]隐喻和[移动]隐喻也多为名词性隐喻,如使用表达动态意义的名词 flow、inflow、outflow、campaign、defense、entry、movement、mobility、protection、destruction、repression 等。英语中名词性隐喻居多,部分原因在于使用了大量的名物化隐喻,即通过派生手段把大量的动词和形容词转换为名词。例如,英语频数大于 100 的隐喻类符多为名词,其中名物化词语包括growth(750 个)、performance(441 个)、impairment(192 个)、volatility(137个)、protection(127 个)等。"英语有形态标记,英语的名物化语言现象的生成方式辨识度高于汉语"(王振华、王冬燕 2020)。首先,名物化是经济学语篇中实现语篇正式性的文体特征,是构建经济学核心术语的重要手段(胡春雨、高洪苗 2019),如 impairment charge、trade elasticity、market liquidity、price volatility 等。名物化从本质上将具体事物抽象化,将作者身份从商务话语中移除,隐去作者态度和立场等主观因素,增强客观性和专业性说服力(王立非 2012)。其次,名词、形容词、名物化短语的共现是信息性表达的重要指标。名词主要传递指称意义,名词频率高说明信息密度大;名物化使得话语中的指称更加明晰,话语信息性更强、信息整合度和饱和度更高;定语性形容词通常浓缩大量信息来修饰名词,信息密度大、信息整合度高(Biber 1995:140-143)。这些特征也说明英语语料重在信息性表达。

相对来说,汉语中显著性的是动词性隐喻,占所有隐喻的37%,其中[移动]隐喻和[战争]隐喻的动词性隐喻占所有动词性隐喻的56%。例如,频数大于100 的隐喻类符中动词包括"出台"(365 个)、"保护"(360个)、"竞争"(336 个)、"波动"(201 个)、"进入"(171 个)、"冲击"(122个)等。一般说来,使用现在时动词表明文本内容不受时间限制的客观存在,往往反映一般的行为和期待,表示经常性或习惯性的动作或存在的状态;使用动词的过去时和完成时常用于描述过去发生的事件,构成了叙述性表达的主体(Biber 1995:140-143)。

9.4　隐　喻　构　式

如第二章所述,Dodge(2016)根据词性、语法位置、源域或目标域成分解析出 13 种隐喻构式,如 T-subj_S-verb、T-noun_mod_S-noun 等。Lederer(2019)根据词性、源域或目标域成分又归纳出 10 种互相对应的隐喻构式,如 N(Source)-N(Target)与 N(Target)-N(Source)。构式中的概念自主成分通常激活目标域,概念依存成分通常激活源域,而且两者的语序有可预测性(Sullivan 2013)。表 9.7 和表 9.8 中打钩的构式的语序符合上述可预测的语序。

本节使用了卡方拟合检验分别考察了英汉语隐喻构式使用情况,结果表明(表 9.7 和表 9.8)英语语料中隐喻构式使用呈现了显著差异(χ^2 = 31 023.011 , df=11 , p=0.000),使用了更多的 A(Source)-NP(Target)、N(Target)-N(Source)、S-prep_T-noun(介词短语)构式;汉语语料中隐喻构式使用也呈现了显著差异(χ^2=21 644.461 , df=8 , p=0.000),使用了更多 A(Source)-NP(Target)、N(Source)-N(Target)、N(Target)-N(Source)、NP(Target)-V(Source)、V(Source)-NP(Target)构式。

英汉语的显著构式 A(Source)-NP(Target)中的形容词通常为定语性形容词而且为概念依存成分,如 open economy、"无形资产"中的形容词 open 和"无形"。与之相反的构式 A(Target)-NP(Source)中的形容词通常为领属性形容词且为概念自主成分,如 economic growth 中的 economic,汉语中鲜见此类语块。

英汉语中的显著构式 N(Target)-N(Source)中的第一个名词为领属性名词而且概念自主性更强,如 cash flow、"金融工具"。与之相反的构式 N(Source)-N(Target)中的第一个名词为定语性名词而且依存性更强,如 impairment charge、"龙头企业"。构式 N(Target)-N(Source)在汉语中更显著,主要因为汉语中存在一些动词构成的偏正结构,如"运行成本"的中心词为名词"成本","运行"虽为动词但此处为表示领属性的定语,指"在运行方面的成本"。

汉语中的显著构式还有符合预测语序的 V(Source)-NP(Target),如"转移资产","转移"为概念依存成分。英语也有类似的语块,如 measure assets。与之相反的构式 NP(Target)-V(Source)在汉语中也是显著构式,

英汉商务话语隐喻对比研究

表 9.7 英语构式卡方拟合优度检验

编号	构式(预测性√)	艺术	无生命	移动	生物体	关系	体育	战争	总计	残差
A	A(Source)-NP(Target) √	2	2 506	806	519	1	692	122	4 648	3 137.4
B	A(Target)-NP(Source) √	141	273	200	300	28	37	52	1 031	-479.6
C	N(Source)-N(Target) ×	0	215	105	213	150	24	36	743	-767.6
D	N(Target)-N(Source) √	252	2 815	1 519	914	352	231	584	6 667	5 156.4
E	NP(Source)-of-NP(Target) √	378	383	190	140	2	138	126	1 357	-153.6
F	NP(Target)-of-NP(Source) ×	2	3	0	0	9	0	2	16	-1 494.6
G	NP(Source)-V(Target) ×	2	0	0	0	0	0	0	2	-1 508.6
H	NP(Target)-V(Source) ×	155	153	109	109	7	60	6	599	-911.6
I	V(Source)-NP(Target) √	44	295	253	169	32	194	209	1 196	-314.6
J	X is Y(Target is Source) √	0	50	15	60	0	8	3	136	-1 374.6
K	S-prep_T-noun ×	0	1 694	17	0	0	0	0	1 711	200.4
L	OTHER ×	0	3	0	17	0	1	0	21	-1 489.6
总计		976	8 390	3 214	2 441	581	1 385	1 140	18 127	

表 9.8 汉语构式卡方拟合优度检验

编号	构 式	艺术	无生命	移动	生物体	关系	体育	战争	总计	残差
A	A(Source)-NP(Target) √	1	1 324	240	130	119	23	1	1 838	233.9
B	A(Target)-NP(Source) √	0	0	0	0	0	0	3	3	-1 601.1
C	N(Source)-N(Target) ×	0	599	394	416	164	0	202	1 775	170.9
D	N(Target)-N(Source) √	84	2 948	1 473	275	279	732	806	6 597	4 992.9
E	NP(Source)-of-NP(Target) √	5	0	0	0	12	0	37	54	-1 550.1
H	NP(Target)-V(Source) ×	81	260	1 380	274	0	45	133	2 173	568.9
I	V(Source)-NP(Target) √	327	284	515	38	0	48	532	1 744	139.9
J	X is Y(Target is Source) √	0	27	40	184	0	0	0	251	-1 353.1
L	OTHER×	0	0	0	2	0	0	0	2	-1 602.1
	总计	498	5 442	4 042	1 319	574	848	1 714	14 437	

如"经济波动","波动"为概念依存成分,英语也有类似的语块如 business grow。值得注意的是,cash flow 这类语块中的 flow 意义上是动态的但词性上为名词,不属于此类构式。

汉语语序问题要稍微复杂些,汉语词汇没有明显的词性标记,这都影响了隐喻构式的形成。"经济波动""贸易摩擦""外资引进"这三个语块中的第一个词语为名词,指示目标域概念的概念自主成分;第二个词语为动词,指示源域概念的概念依存成分。但由于语法关系不同,归属于不同的构式。"经济波动"的两个词语之间是主谓关系,其构式为 NP(Target)-V(Source)/T-subj_S-verb,为非预测性构式。"贸易摩擦"的两个词语之间为偏正关系,"贸易"为领属性名词且为概念自主性成分,"摩擦"虽为动词但在此处属于名物化词语,其构式为 N(Target)-N(Source)/T-noun_mod_S-noun。"货币政策冲击"中的"货币政策"与"冲击"之间的关系为动宾关系,即 OV 式独立结构,是为了满足"造名"的语用需要而发生的语序异变,具有名词化倾向(邢福义 1994),因而其构式为 N(Target)-N(Source)/T-noun_mod_S-noun。

值得注意的是,这些语块在使用中常常经历名物化。"汉语的名物化是动词和形容词的'述谓'义在语义层面转化为'名物'(或'事物')义"(胡裕树、范晓 1994),但"汉语没有屈折变化,导致其应用十分灵活,在语句中既可以作主语、宾语,也可以作定语;既可以作为中心词被修饰,也可以作修饰语修饰其他名词"(王振华、王冬燕 2020),如句〔1〕至〔3〕所示。

〔1〕 股票价格反映了代表性个体对于未来经济增长和<u>经济波动</u>的预期。

〔2〕 在存在价格黏性异质性的经济中货币政策<u>**冲击**</u>具有更强的真实效应。

〔3〕 自 20 世纪 90 年代开始出于减少贸易<u>**摩擦**</u>和财政负担的目的,中国不断下调各类商品的出口退税率。

同样,本节也使用多重对应分析探索英汉语、源域、构式三个变量之间的关系。如图 9.2 所示,MCA 的前两个维度(Dim 1 & 2)共解释了数据中约 18% 的变异①,其中维度 1 解释了 8.99%,维度 2 解释了 7.62%,是

---

① 多重对应分析不同于简单对应分析,由于考虑的变量水平较多,所以能解释的变异较低。简单对应分析一般要求前两个维度大于 65%,但是多重对应分析目前还没有这个要求。今后研究中会进一步细化变量和添加其他变量,以深化研究。

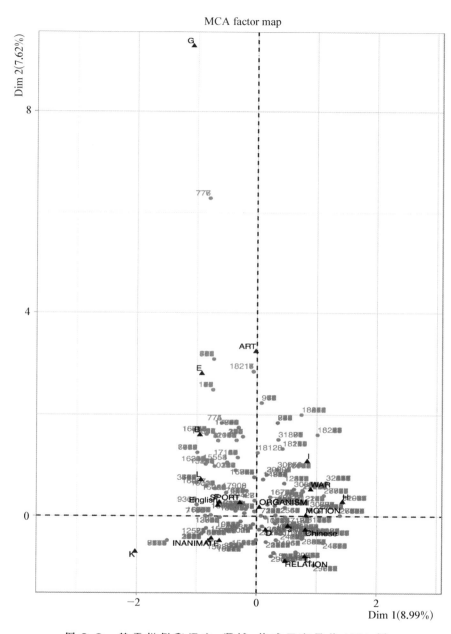

图 9.2　基于样例和语言、源域、构式三变量的 MCA 图

经计算后呈现的能够最大化解释变量联系程度的两个维度。如前所述，MCA 图中散点之间的距离远近与其关联倾向相关。从构式上看，英语与

构式 NP(Target)-of-NP(Source)、A(Source)-NP(Target)、OTHER 联系更紧密,与构式 A(Target)-NP(Source)、NP(Source)-of-NP(Target)、S-prep_T-noun 也较密切;汉语与构式 N(Source)-N(Target)、N(Target)-N(Source)、X is Y(Target is Source)、NP(Target)-V(Source)联系更紧密,与构式 V(Source)-NP(Target)也较密切。从源域上看,英语与[生物体]、[无生命]、[体育]隐喻联系更紧密;汉语与[移动]、[关系]、[战争]隐喻联系更密切。

9.5 隐 喻 语 块

本研究先确定检索词(目标域词语),再识别与之相关的隐喻(源域词语)。目标域词语和源域词语组合成的连续性或非连续性的 N 元组或多词序列称为隐喻语块(metaphorical chunk/pairing, Sun *et al.* 2018),如 supply chain、"现金流"。这种提取语块的方法属于基于语感的语义识别法,目标域词语和源域词语的组合是否能成为语块还得考察两者是否习惯性地共现。此外,本研究的语料为商务话语,检索词(目标域词语)为商务词语,基于语感提取的语块是否为商务话语的专门语块还有待进一步研究。本节从语块的频数、语块的搭配值、语块的构式、源域词语和目标域词语各自的共现能力等方面做初步探索。

9.5.1 频数与搭配度

除了基于语感的语义识别法,还可以基于语料的统计识别短语(语块),其主要参数为:"语料库总字数、命中索引行数量、节点词(node)频率、搭配词频率、共现频率、跨距等"(李德俊 2014)。例如,Wordsmith 软件在设定跨距内(4 或 5)如果某个词与节点词的共现次数达到 5 次以上,或搭配度(共现频率)的 Z 值大于 2,或 MI 值等于或大于 3(Hunston 2002: 71),则该共现组合即被识别为短语。

本研究基于语感即目标域词语和源域词语的自然组合提取了语块共 4 923 个,其中英语语块 2 868 个,汉语语块 2 055 个。频数等于或大于 5 的语块共 1 128 个,其中英语语块 575 个,汉语语块 553 个。有些语块频数低却为封闭型、语义不透明或不可预测的惯用语或固定词组如 dividend yield、"家族基金"等,有些语块语义透明或可预测但频数高,属于开放型的词语组合如 in the market、"各级公司"。

提取语块的另一指标为词语之间的搭配强度。本研究使用网络语料库软件 Sketch Engine 的 logDice(Kilgarriff *et al.* 2014; Rychly 2008)获取了隐喻语块的搭配强度。logDice 是指示节点词和搭配词共现的典型性而识别搭配的计算方法,计算的基础是节点词、搭配词以及两者搭配的频数。logDice 不受语料库规模的影响,也不设置搭配强弱的统一临界值。搭配词 logDice 值高,说明该搭配词常与节点词共现,该搭配词不常与其他节点词共现,与之竞争的其他搭配词类符数不多,或者与之竞争的其他搭配词的类符数多但形符数少,因而节点词与该搭配词之间的联系非常强,即搭配强度高。反之,搭配词 logDice 值低,说明该搭配词也常与其他节点词共现,与之竞争的其他搭配词类符数非常多,或者与之竞争的其他搭配词的类符数少但形符数多,因而节点词与该搭配词之间的联系非常弱,即搭配强度低。由此,频数非常高的词语如 new、small 等与很多词共现,因而它们与其他节点词的搭配度通常偏低。

例如,英语中 dividend yield 的频数只有 5 但 logDice 值为 9.23;in the market 的频数高达 330 但无 logDice,主要由于与 market 竞争的搭配目标域词语很多,而且 in 是不活跃的介词性隐喻。再如,汉语中"家族基金"的频数只有 5 但 logDice 值为 8.6;"各级公司"的频数为 57 但无 logDice值。这些目标域词语和源域词语的自然组合虽可认定为语块,但在商务话语中 dividend yield 和"家族资金"均作为词条出现在商务词典中,而 in the market 和"各级公司"未作为词条出现在商务词典中。换句话说,前者比后者更可能是商务话语中的专门语块。因而,频数高、搭配度高的语块更可能是体裁的专门语块,或者说专门性更高。

Sketch Engine 在计算 logDice 值时考虑了节点词与所有搭配词语的频数而得出的搭配强度。本研究将在 9.5.2 和 9.5.3 计算目标域词语的共现力和源域词语的共现力,只限于隐喻语块中的所有节点和搭配词,能进一步揭示隐喻语块的搭配度和专门性。

9.5.2 目标域词语的共现力

目标域词语为商务词汇,可分为通用商务词汇和专门商务词汇。若目标域词语是新通用词汇表(New General Service List,简称为 NGSL)(Browne, Culligan & Phillips 2013)中的词语(如 firm、agent),则为通用商务词汇,即具有商务意义的通用词汇。若目标域词语是商务词汇表(Business Service List,简称为 BSL)(Browne, Culligan & Phillips 2013)中的词语(如 bonus、auction),则为专门商务词汇,即只在商务语境中使用的专门词汇。

英语语料中检索的目标域类符共 558 个,其中通用商务词汇 127 个,如 business、market、supply、trade、economy 等,总形符数达 15 235 个;专用商务词汇 431 个,如 productivity、lease、transaction、tariff、receivable 等,总形符数达 2 892 个。表 9.9 列出了频数大于 100 的目标域词语及其频数(TW-F),与之搭配组成语块的源域词语(隐喻)的类符数(SW-TF),这些语块的构式类型数(MC-F),构式类型数与目标域词语形符数之比×100(MC-F/TW-F)即共现构式值,以及源域词语类符数与目标域词语形符数之比×100(SW-TF/TW-F)即共现搭配值。例如,目标域词语 bank 的形符数为 178,与之组成语块的源域词语类符数为 51,语块的构式类型为 10,那么它的 SW-TF/TW-F 值为 5.62、SW-TF/TW-F 值为 28.65。表 9.9 中 bank 的 SW-TF/TW-F 值最高,表明 bank 的共现能力强,选择源域词语的范围广。与之组成的语块如 large bank、bank plays a role、in the bank 等,这些语块是完全开放型语块,语块内部结构可切分、可变异。它们作为词条未出现在任何词典上,因而不是商务专门语块。与之相反,目标域词语 bid 的形符数为 531,与之组成语块的源域词语类符数仅为 1,即 competitive bid,所以 SW-TF/TW-F 值和 MC-F/TW-F 都最低,因而它的共现能力弱,选择源域词语的范围窄,根据语感判断该语块是相对封闭型语块,语块内部结构的词语内容和词序切分性弱。该语块作为词条出现在专门商务词典中,因而是专门性高的商务语块。

表 9.9　英语目标域词语(频数>100)搭配信息

目标域词语	TW-F	SW-TF	MC-F	SW-TF/TW-F	MC/TW
bank	178	51	10	28.65	5.62
customer	104	28	8	26.92	7.69
wage	104	27	6	25.96	5.77
portfolio	105	27	5	25.71	4.76
firm	257	65	11	25.29	4.28
profit	107	25	8	23.36	7.48

目标域词语	TW-F	SW-TF	MC-F	SW-TF/TW-F	MC/TW
tariff	107	24	6	22.43	5.61
company	336	75	13	22.32	3.87
finance	202	43	9	21.29	4.46
industry	175	36	9	20.57	5.14
investment	412	82	9	19.9	2.18
sale	185	36	8	19.46	4.32
exchange rate	167	32	8	19.16	4.79
inflation	110	21	8	19.09	7.27
export	244	46	8	18.85	3.28
employment	118	21	7	17.8	5.93
supplier	249	40	8	16.06	3.21
economy	946	145	17	15.33	1.8
price	504	77	9	15.28	1.79
expense	229	32	11	13.97	4.8
interest rate	230	32	11	13.91	4.78
asset	364	48	13	13.19	3.57
transaction	115	14	6	12.17	5.22
income	315	38	9	12.06	2.86
productivity	279	33	7	11.83	2.51
economic	330	35	4	10.61	1.21
market	994	104	10	10.46	1.01
capital	488	49	8	10.04	1.64
loss	142	14	7	9.86	4.93
GDP	122	11	4	9.02	3.28
trade	952	82	10	8.61	1.05
financial	443	34	3	7.67	0.68
tax	120	9	4	7.5	3.33
business	1 314	90	12	6.85	0.91

英汉商务话语隐喻对比研究

目标域词语	TW-F	SW-TF	MC-F	SW-TF/TW-F	MC/TW
cost	757	47	10	6.21	1.32
lease	154	7	5	4.55	3.25
credit	621	27	8	4.35	1.29
rate	105	3	2	2.86	1.9
charge	163	4	8	2.45	4.91
cash	517	10	4	1.93	0.77
supply	981	4	2	0.41	0.2
bid	531	1	1	0.19	0.19

　　汉语语料中检索的目标域词语共 321 个,其中通用商务词汇 186 个,如"企业""经济""公司""市场""金融"等,总形符数达 12 002 个;专用商务词汇 135 个,如"权益""客户""生产率""外资""利率"等,总形符数达 2 435 个。例如,"行业"的形符数为 146,与之组成语块的源域词语类符数为 40,语块的构式类型为 6,SW-TF/TW-F 值为 27.40。表 9.10 中"行业"的 SW-TF/TW-F 值最高,表明"行业"的共现能力强,选择源域词语的范围广,与之组成的语块包括"行业领先""行业排名""行业格局""行业地位"等。与之相反,目标域词语"现金"的形符数为 550,与之组成语块的源域词语类符数仅为 6,而且源域词语意义相同或相近,如"现金流量""现金流""现金流出""现金流入",所以 SW-TF/TW-F 值(1.09)和 MC-F/TW-F(0.4)都是最低的。因而,它的共现能力弱,选择源域词语的范围窄。

表 9.10　汉语目标域词语(频数>100)搭配信息

目标域词语	TW-F	SW-TF	MC-F	SW-TF/TW-F	MC/TW
行业	146	40	6	27.4	4.1
业务	266	63	6	23.7	2.3
投资	361	80	6	22.2	1.7
资金	188	41	4	21.8	2.1
经营	106	21	4	19.8	3.8

目标域词语	TW-F	SW-TF	MC-F	SW-TF/TW-F	MC/TW
价格	234	42	5	18	2.1
成本	243	43	5	17.7	2.1
金额	129	22	5	17.1	3.9
客户	231	38	6	16.5	2.6
银行	314	50	6	15.9	1.9
价值	112	17	5	15.2	4.5
出口	187	28	3	15	1.6
市场	772	111	7	14.4	0.9
交易	174	25	4	14.4	2.3
利率	182	26	5	14.3	2.8
产业	256	31	6	12.1	2.3
公司	779	86	7	11	0.9
外资	210	23	3	11	1.4
机构	115	12	6	10.4	5.2
生产率	230	23	6	10	2.6
员工	200	20	6	10	3
经济	833	79	6	9.48	0.7
企业	1 339	113	7	8.44	0.5
投资者	100	8	6	8	6
贸易	255	20	5	7.84	2
融资	148	11	2	7.43	1.4
政策	120	8	3	6.67	2.5
资本	542	36	6	6.64	1.1
进口	128	8	2	6.25	1.6
资产	588	35	5	5.95	0.9
权益	369	20	3	5.42	0.8
金融	629	25	4	3.97	0.6
人才	122	4	2	3.28	1.6

第九章　英汉商务话语隐喻对比分析

续　表

目标域词语	TW-F	SW-TF	MC-F	SW-TF/TW-F	MC/TW
职业	150	4	3	2.67	2
现金	550	6	2	1.09	0.4
/	/	/	/	/	/

　　目标域词语的共现搭配值(SW-TF/TW-F)的高低能在一定程度上说明隐喻语块的专门性。与共现搭配值低(共现力弱)的目标域词语组成的隐喻语块更可能是专门性高的语块,如 competitive bid、"现金流量",两者均作为词条出现在商务词典中;反之,则更可能是专门性低的语块如 large bank,该语块作为词条未出现在任何词典中。但后者对汉语不完全适用,如"行业"的共现搭配值高,但"行业地位"也是专门性的语块。

9.5.3　源域词语的共现力

　　英语语料中共发现英语源域词语(隐喻)类符 495 个,总形符数达 15 235 个。表 9.11 列出了形符数大于 100 的源域词语类符及其形符数(SW-F),与之搭配组成语块的目标域类符数(TW-TF),这些语块的构式类型数(MC-F),以及目标域类符数与隐喻类符的形符数之比×100(TW-TF/SW-F)即共现搭配值,构式类型数与隐喻词语的形符数之比×100(MC-F/SW-F)即共现构式值。例如,源域词语 role 的频数为 377,与之组成语块的目标域类符数为 246,那么它的 TW-TF/SW-F 值为 65.25,在表 9.11 中最高,表明 role 的共现能力强,选择目标域词语的范围广,与之组成的语块包括 bank plays a role、role of market、Fed's role 等。根据语感判断这些语块是完全开放型语块,语块内部结构可切分、可变异,这些语块在词典中未以词条形式出现,因而不是商务话语中的语块。与之相反,源域词语 chain 的形符数为 968,与之形成语块的目标域类符仅有 3 个,所以 TW-TF/SW-F×100 值和 MC-F/SW-F 都是最低的。换句话说,chain 的共现能力弱,选择目标域词语的范围窄,组成的语块仅有 supply chain。根据语感判断该语块是封闭型语块,语块内部结构的词语内容和词序不变、可切分性弱,该语块是通用和专用词典中的词条,因而是专门性的商务语块。

　　汉语语料中共发现英语源域词语 530 个,总形符数达 14 437 个。表 9.12 列出了形符数大于 100 的源域词语的相关搭配信息。例如,TW-TF/

SW-F 和 MC-F/SW-F 值最高的是"排名",总形符数为112,与之组成语块的目标域类符数为43,组成的语块包括"企业排名""行业排名""资产排名""市场排名"等,表明"排名"的共现能力强,选择目标域词语的范围广。与之相反,TW-TF/SW-F 值最低的是隐喻类符"中小微",总频数为237,与之组成语块的目标域类符数为1,即"中小微企业"。换句话说,它的共现能力弱,选择目标域词语的范围窄,"中小微企业"是专门性的商务语块。

表 9.11　英语源域词语(频数>100)搭配信息

源域词语	SW-F	TW-TF	MC-F	TW-TF/SW-F	MC/SW
role	377	246	7	65.3	1.9
protect	107	56	1	52.3	0.9
target	182	95	7	52.2	3.9
strategy	176	74	4	42.1	2.3
protection	127	34	4	26.8	3.2
performance	441	100	6	22.7	1.4
exercise	156	34	7	21.8	4.5
grow	119	23	2	19.3	1.7
barrier	139	25	5	18	3.6
parent	108	17	2	15.7	1.9
volatility	137	21	5	15.3	3.7
high	264	33	2	12.5	0.8
partner	209	26	3	12.4	1.4
operation	201	24	4	11.9	2
operate	108	12	2	11.1	1.9
shock	196	18	4	9.18	2
base	175	15	4	8.57	2.3
access	170	14	4	8.24	2.4
large	366	30	2	8.2	0.6
leader	134	9	2	6.72	1.5

源域词语	SW-F	TW-TF	MC-F	TW-TF/SW-F	MC/SW
volume	152	10	2	6.58	1.3
low	427	28	2	6.56	0.5
measure	112	7	3	6.25	2.7
small	276	17	1	6.16	0.4
competitive	629	38	3	6.04	0.5
position	232	11	2	4.74	0.9
core	108	5	1	4.63	0.9
fixed	273	12	1	4.4	0.4
growth	750	32	5	4.27	0.7
in	1 618	67	1	4.14	0.1
segment	106	4	1	3.77	0.9
open	157	5	1	3.18	0.6
impairment	192	6	4	3.13	2.1
facility	158	4	1	2.53	0.6
instrument	123	3	2	2.44	1.6
climate	131	3	2	2.29	1.5
operating	499	11	3	2.2	0.6
flow	968	21	3	2.17	0.3
revolving	336	2	1	0.6	0.3
circle	178	1	1	0.56	0.6
chain	968	3	2	0.31	0.2
/	/	/	/	/	/

表 9.12　汉语源域词语（频数＞100）搭配信息

源域词语	SW-F	TW-TF	MC-F	TW-TF/SW-F	MC/SW
排名	112	43	1	38.4	0.9
扩张	113	40	2	35.4	1.8

源域词语	SW-F	TW-TF	MC-F	TW-TF/SW-F	MC/SW
冲击	122	29	3	23.8	2.5
策略	111	25	2	22.5	1.8
基础	106	22	2	20.8	1.9
目标	146	29	3	19.9	2.1
出台	365	69	2	18.9	0.6
渠道	175	27	1	15.4	0.6
高	119	18	1	15.1	0.8
战略	272	40	2	14.7	0.7
队伍	222	30	1	13.5	0.5
伙伴	164	21	1	12.8	0.6
领先	125	16	3	12.8	2.4
环境	112	14	1	12.5	0.9
保护	360	42	1	11.7	0.3
核心	178	19	2	10.7	1.1
水平	169	18	1	10.7	0.6
固定	100	9	1	9	1
转移	102	8	2	7.84	2
健康	169	12	2	7.1	1.2
结构	102	8	2	7.84	2
中心	169	12	2	7.1	1.2
组合	655	43	1	6.56	0.2
扭曲	160	10	2	6.25	1.3
进入	177	10	1	5.65	0.6
级	108	6	1	5.56	0.9
内部	171	9	2	5.26	1.2
波动	106	5	1	4.72	0.9
竞争	325	15	2	4.62	0.6
小微	201	8	1	3.98	0.5

第九章　英汉商务话语隐喻对比分析

源域词语	SW-F	TW-TF	MC-F	TW-TF/SW-F	MC/SW
龙头	336	13	1	3.87	0.3
流动	106	4	1	3.77	0.9
分支	153	5	2	3.27	1.3
活跃	261	8	2	3.07	0.8
流量	112	3	2	2.68	1.8
工具	105	2	1	1.9	1
影子	427	5	1	1.17	0.2
无形	676	7	1	1.04	0.2
中小微	133	1	1	0.75	0.8
/	/	/	/	/	/

　　源域词语的共现搭配值(TW-TF/SW-F)的高低能在一定程度上说明隐喻语块的专门性。与共现搭配值低(共现力弱)的源域词语组成的隐喻语块更可能是专门性高的语块,如 supply chain、"中小微企业",两者均作为词条出现在商务词典中。但与共现搭配值高的源域词语组成的汉语语块有可能是专门语块,如源域词语"排名"的共现搭配值高,但"企业排名"是专门性较弱的语块。

9.5.4　隐喻语块的专门性

　　本研究的语料为商务话语,检索词(目标域词语)为商务词语,与之形成的隐喻语块为商务话语的专门语块。商务话语短语(语块)"既富含商务专业知识信息,也构成了商务英语重要的语体识别特征"(胡春雨、陈丽丹、何安平 2019)。然而,这些语块的专门程度(degree of specialization/technicality)不一,可依靠词典判别语块在商务话语中的专门性。本研究参考的词典包括通用型词典如 *Macmillan English Dictionary*、*Oxford Advanced Learner's Dictionary*、*Longman Dictionary of Contemporary English*、*Cambridge Advanced Learner's Dictionary* 等,以及专用型词典如 *Oxford Business English Dictionary*、*Longman Business English Dictionary*、*Cambridge Business English Dictionary*、*Collins COBUILD International Business English Dictionary*。例如, in the market 作为词条未在上述任何

一本词典中出现,那么它不是商务语块(标记为/)。supply chain 作为词条在通用和专用词典中都存在,而且在通用词典中被标注为"商务",则是通用型商务专门语块(标记为 ∗)。operating lease 作为词条仅出现在专用词典中,则是专门性高的商务语块(标记为 ∗∗)。impairment charge 作为词条未出现在任何上述通用和专用词典中,但具有明显的商务意义,则是专门性很高的商务语块(标记为 ∗∗∗)。在判断汉语隐喻语块的专门性时也类似参照上述标准。

本节进一步探索隐喻语块的专门性与频数、搭配度、构式、源域词语共现力、目标域词语共现力之间的预测性关系。表 9.13 和 9.14(见下页)列出频数等于或大于 100 的语块,以及它们的专门性、频数、logDice 值、构式、源域词语共现搭配值、目标域词语共现搭配值。任何一项指标都无法预测隐喻语块的专门性,但可以认为隐喻语块的频数越高且搭配度越高,其专门性越高;语块中源域词语共现搭配值且目标域词语共现搭配值越低,其专门性越高;专门性语块的构式均为符合 Sullivan(2013)预测的隐喻构式,如 T-noun_mod_S-noun、S-adj_mod_T-noun、S-verb_T-dobj。

表 9.13　英语隐喻语块搭配强度(频数>100)

语　块	专门性	频数	logDice	SW-TF/TW-F	TW-TF/SW-F	构　　式
supply chain	∗	964	12.76	0.41	0.31	N(Target)-N(Source) √
competitive bid	∗∗∗	531	6.9	0.19	46.88	A(Source)-NP(Target) √
cash flow	∗	419	12.02	1.93	2.17	N(Target)-N(Source) √
revolving credit	∗	334	10.46	4.35	0.60	A(Source)-NP(Target) √
in market	/	330	/	10.46	4.14	Other ×
capital flow	∗	221	10.49	10.04	2.17	N(Target)-N(Source) √
trade flow	∗	214	10.13	8.61	2.17	N(Target)-N(Source) √
small business	∗	178	10.97	6.85	6.16	A(Source)-NP(Target) √
business circle	∗	178	9.64	6.85	0.56	N(Target)-N(Source) √
economic growth	∗	177	11.24	10.61	4.27	A(Target)-NP(Source) √
fixed cost	∗	163	5.68	6.21	4.40	A(Source)-NP(Target) √

语 块	专门性	频数	logDice	SW-TF/TW-F	TW-TF/SW-F	构 式
credit facility	＊＊	155	11.09	4.35	2.53	N(Target)-N(Source) √
open economy	＊＊	152	10.08	15.33	3.18	A(Source)-NP(Target) √
productivity growth	＊	141	10.54	11.83	4.27	N(Target)-N(Source) √
impairment charge	＊＊＊	130	12.14	4.91	3.13	N(Source)-N(Target) ×
low cost	＊	124	9.37	2.45	6.56	A(Source)-NP(Target) √
financial position	＊	121	9.31	7.67	4.74	A(Target)-NP(Source) √
financial instrument	＊＊	117	8.89	7.67	2.44	A(Target)-NP(Source) √
operating lease	＊＊	110	10.9	4.55	2.20	A(Source)-NP(Target) √
business operation	＊	105	9.28	6.85	11.94	N(Target)-N(Source) √
operating expense	＊＊	103	10.72	13.97	2.20	A(Source)-NP(Target) √
base rate	＊	103	5.5	2.86	8.57	N(Source)-N(Target) √

表 9.14 汉语隐喻语块搭配强度(频数>100)

语 块	专门性	频数	logDice	TW-TF/SW-F	SW-TF/TW-F	构 式
金融工具	＊＊	433	10.65	3.97	1.04	N(Target)-N(Source) √
现金流量	＊	417	13.07	1.09	1.17	N(Target)-N(Source) √
中小微企业	＊	237	/	8.44	0.42	A(Source)-NP(Target) √
无形资产	＊＊	196	/	5.95	0.51	A(Source)-NP(Target) √
权益工具	＊＊	174	11.45	5.42	1.04	N(Target)-N(Source) √
产业结构	＊＊	165	10.87	12.11	6.56	N(Target)-N(Source) √
资本结构	＊＊	160	10.22	6.64	6.56	N(Target)-N(Source) √
公司内部	/	154	8.82	11.04	4.62	N(Target)-N(Source) √

语　块	专门性	频数	logDice	TW-TF/SW-F	SW-TF/TW-F	构　式
龙头企业	*	148	8.24	8.44	3.27	N(Source)-N(Target) √
影子银行	***	133	10.32	15.92	0.75	N(Source)-N(Target) ×
市场竞争	/	122	8.13	14.38	3.87	N(Target)-N(Source) √
人才队伍	***	117	11.7	3.28	13.51	N(Target)-N(Source) √
经济波动	***	113	9.41	9.48	3.98	NP(Target)-V(Source) ×
资本流动	**	108	10.84	6.64	3.07	NP(Target)-V(Source) √
贸易伙伴	**	107	10.24	3.50	12.80	N(Target)-N(Source) √
职业健康	/	101	10.17	2.67	7.10	X is Y(Target is Source) √
出台政策	/	101	9.72	6.67	18.90	V(Source)-NP(Target) √

　　例如,in the market 作为词语组合未作为词条单独出现在上述任何一本词典中,该词语组合在研究语料中频数高,但无 logDice 值(主要由于market 竞争的搭配目标域词语很多,而且 in 是不活跃的介词性隐喻),目标域词语 market 的 SW-TF/TW-F 值为 10.46,源域词语 in 的 TW-TF/SW-F 值为 4.14,它的构式为非预测型 S-prep_T-noun,因而 in the market 只能识别为频数高的、开放型的词语组合,不能识别为商务话语的专门语块。

　　又如,supply chain 作为词条同时出现在通用和专用词典中,而且在通用词典中被标注为"商务"。supply chain 的频数高且 logDice 值最高,目标域词语 supply 的 SW-TF/TW-F 值(0.41)和源域词语 chain 的 TW-TF/SW-F 值(0.31)都很低,它的构式为预测型 T-noun_mod_S-noun,可以认定为商务话语的专门语块。由于其出现在通用词典中,说明它规约性强、专门性稍弱。同样,"现金流量"是规约性强、专门性稍弱的商务语块,其频数位居第二且 logDice 值最高,"现金"的 SW-TF/TW-F 值(1.09)和"流量"的 TW-TF/SW-F 值(1.17)都很低,它的构式为预测型 T-noun_mod_S-noun。然而,trade barrier 频数较高(85)且 logDice 值也高(10.05),它的构式为预测型 T-noun_mod_S-noun,但目标域词语 trade 的 SW-TF/TW-F 值(8.61)和源域词语 barrier 的 TW-TF/SW-F 值(17.99)较高,因而它的专门性比 supply chain 和 cash flow 要低些。

　　再如,operating lease 作为词条仅出现在专用词典中,可以认定为专门性较强的语块。其频数较高(103)且 logDice 值也高(10.72),目标域词语 lease 的 SW-TF/TW-F 值(4.55)和源域词语 operating 的 TW-TF/SW-F 值 (2.20)较低,它的构式为预测型 S-adj_mod_T-noun,可以认定为商务话语 中专门性较强的语块。

最后,competitive bid 和 impairment charge 未出现在上述任何词典中, 但基于语义和在线商务词典可判断为商务语块。impairment charge 频数 较高(130)且 logDice 值也高(12.14),目标域词语 charge 的 SW-TF/TW-F 值(2.45)和源域词语 operating 的 TW-TF/SW-F 值(3.13)较低,它的构 式为非预测型 S-noun_mod_T-noun。competitive bid 频数高(531)但 logDice 值相对较低(6.9),原因在于 bid 的 SW-TF/TW-F 值(0.19)虽然 很低,但 competitive 的 TW-TF/SW-F 值(6.04)较高,它的构式为预测型 S-adj_mod_T-noun。

本研究提取隐喻语块是基于语感的语义识别法,即被识别的源域词 语与相关目标域词语组成的语块。其中频数大于 10 的英语语块 280 个 (总频数 12 034),汉语语块 307 个(总频数 10 426)。如表 9.15 和表 9.16 所示,商务话语专门语块 497 个(总频数 19 611),非专门性语块 90 个(总 频数 2 829)。其中 222 个专门语块的构式为可预测的构式 N(Target)-N (Source),总频数为 9 384。

表 9.15　英汉语隐喻专门性语块数与构式

	英　　语				汉　　语				合计
	/	*	**	***	/	*	**	***	
A(Source)-NP(Target) √	4	44	18	9	4	29	5	3	116
A(Target)-NP(Source) √	1	2	6	7	0	0	0	0	16
N(Source)-N(Target) ×	0	3	3	12	4	22	8	7	59
N(Target)-N(Source) √	3	29	43	27	8	78	35	10	233
NP(Target)-V(Source) ×	3	4	0	1	14	16	11	5	54
V(Source)-NP(Target) √	5	12	3	2	14	16	10	0	62
NP(Source)-of-NP(Target) √	9	5	1	4	0	0	0	0	19
X is Y(Target is Source) √	4	0	0	0	1	3	2	2	12
其他	16	0	0	0	0	0	0	0	16
合计	45	99	74	62	45	164	71	27	587

表 9.16　英汉语隐喻专门性语块总频数与构式

	英　语				汉　语				合计
	/	*	* *	* * *	/	*	* *	* * *	
A（Source）-NP（Target）√	158	1 931	840	800	58	1 224	110	53	5 174
A（Target）-NP（Source）√	18	211	369	137	0	0	0	0	735
N（Source）-N（Target）×	0	145	41	411	178	775	230	273	2 053
N（Target）-N（Source）√	49	2 660	1 413	995	412	2 943	1 182	191	9 845
NP（Target）-V（Source）×	63	61	0	10	285	565	415	147	1 546
V（Source）-NP（Target）√	75	243	53	33	429	494	264	0	1 591
NP（Source）-of-NP（Target）√	190	94	10	111	0	0	0	0	405
X is Y（Target is Source）√	73	0	0	0	21	128	25	24	271
其他×	840	0	0	0	0	0	0	0	840
合计	1 466	5 345	2 726	2 497	1 383	6 129	2 226	688	22 460

　　综上所述,语块的频数、语块成分之间的搭配度、语块的构式、源域词语和目标域词语各自的共现能力这些因素都影响了隐喻语块的专门性,今后研究中还需进一步使用统计方法验证哪些因素能成为显著性预测因素。

9.6　隐　喻　映　射

　　如上节所述,研究语料中的隐喻语块在专门性上程度不一,即隐喻使用在语言层面上形成了连续体。同样,在思维层面上也形成了显著性和规约性的连续体。本研究并非识别语料中的所有隐喻,而是与话语体裁的交际意图及其主要概念相关的隐喻,其功能是建构话语主要内容和满足专门交际需求,用于识解与特定言语社团交际意图相关的主要概念,称为体裁专门隐喻(Sun *et al.* 2018)。

本节从一般到具体的三个层次上分别探讨英汉语中的体裁专门隐喻。首先,本研究发现的隐喻可以分为两大类:拟人化隐喻与物化隐喻。拟人化隐喻指赋予商务或经济客体以人类特征和主体性,从而使其具有和人类相似的特性、意图、情感、思想和行为。本研究的拟人化隐喻包括代表人类特征和行为的隐喻,如[关系]隐喻、[艺术]隐喻、[战争]隐喻、[体育]隐喻、[生物体]隐喻(含相对频数较少的[植物]隐喻)。物化隐喻指将商务或经济客体看作能感知的、具体的物体或物质,从而使其具有物体或物质的特征和行为,在本研究中为[无生命]隐喻。由于[移动]是生物体和无生命的共同特征,[移动]隐喻未放在此项讨论中。总体来说,研究语料使用了更多的物化隐喻,至少可以说物化隐喻相对来说在商务话语中更显著。本节使用了卡方独立性检验对比英汉语在建构目标域时拟人化隐喻和物化隐喻使用的情况,结果(表 9.17)呈现了显著差异($\chi^2 = 37.738$, $df = 1$, $p = 0.000$, Cramer's $V = 0.039$),英语使用了更多的物化隐喻而汉语使用了更多的拟人化隐喻。

表 9.17　英汉隐喻类别(拟人化/物化)卡方分析

			英　语	汉　语	总　计
拟人化	[艺术]隐喻 [关系]隐喻 [体育]隐喻 [战争]隐喻 [生物体]隐喻	频数	6 523(−6.1)	4 953(6.1)	11 476
物化	[无生命]隐喻	频数	8 390(6.1)	5 442(−6.1)	13 832
	总计	频数	14 913	10 395	25 308

其次,本研究发现的隐喻可归类为三大隐喻家庭。隐喻个体并非相互孤立,而是互相适应组合成更大的隐喻系统,即三大隐喻家庭。[相互联系/系统]隐喻包括[生物体]隐喻、[无生命]隐喻和[移动]隐喻,[合

作]隐喻包括[关系]隐喻和[艺术]隐喻,[竞争]隐喻包括[战争]隐喻和[体育]隐喻。由于[相互联系/系统]隐喻包含的次类隐喻众多,无法直接说明它为显著性隐喻。本节使用了卡方独立性检验对比英汉语在建构目标域时三大隐喻家庭使用的情况,结果表明(表9.18)呈现了显著差异($x^2 = 95.834$, $df = 2$, $p = 0.000$, Cramer's $V = 0.054$),英语使用了更多的[相互联系/系统]隐喻和[合作]隐喻,而汉语使用了更多的[竞争]隐喻。

表 9.18　英汉三大隐喻家庭卡方分析

			英　语	汉　语	总　计
[合作]	[艺术]隐喻 [关系]隐喻	频数	1 557(3.8)	1 072(−3.8)	2 629
[竞争]	[体育]隐喻 [战争]隐喻	频数	2 525(−9.4)	2 562(9.4)	5 087
[相互联系]	[移动]隐喻 [生物体]隐喻 [无生命]隐喻	频数	14 045(5.6)	10 803(−5.6)	24 848
	总计	频数	18 127	14 437	32 564

第三,上述是较概括的高层隐喻的对比,还不足以发现体裁专门隐喻映射。本节再进行较具体、较低层次上的隐喻对比。根据相关文献中隐喻的分类,本节将[生物体]隐喻、[无生命]隐喻拆分成[人体]、[植物]、[生命]、[健康]、[物质]、[自然]、[机器]、[建筑]隐喻,再加上[艺术]、[关系]、[体育]、[战争]和[移动]等共13类隐喻,舍去了[特征]隐喻。本节先使用了卡方拟合检验考察英汉语在建构目标时源域使用的情况。如表9.19所示,英语在源域使用上呈现了显著差异($x^2 = 8 618.254$, $df = 12$, $p = 0.000$),使用了更多[移动]隐喻、[建筑]隐喻、[体育]隐喻、[生命]隐喻和[战争]隐喻。汉语在源域使用上也呈现了显著差异($x^2 = 16 544.453$, $df = 12$, $p = 0.000$),使用了更多[移动]隐喻、[战争]隐喻和[建筑]隐喻。从英汉语整体来看,显著使用的隐喻是[移动]隐喻、[建筑]隐喻、[战争]隐喻和[体育]隐喻($x^2 = 22 433.446$, $df = 12$, $p = 0.000$)。

表 9.19 英汉隐喻卡方拟合优度检验

	英 语	残 差	汉 语	残 差	合 计	残 差
[艺术]隐喻	976	-100.8	498	-359.2	1 474	-459.9
[关系]隐喻	581	-495.8	574	-283.2	1 155	-778.9
[体育]隐喻	1 385	308.2	848	-9.2	2 233	299.1
[战争]隐喻	1 140	63.2	1 714	856.8	2 854	920.1
[移动]隐喻	3 214	2 137.2	4 042	3 184.8	7 256	5 322.1
[生命]隐喻	1 155	78.2	298	-559.2	1 453	-480.9
[健康]隐喻	595	-481.8	250	-607.2	845	-1 088.9
[人体]隐喻	406	-670.8	315	-542.2	721	-1 212.9
[植物]隐喻	284	-792.8	301	-556.2	585	-1 348.9
[物质]隐喻	373	-703.8	133	-724.2	506	-1 427.9
[自然]隐喻	353	-723.8	476	-381.2	829	-1 104.9
[建筑]隐喻	2 498	1 421.2	1 602	744.8	4 100	2 166.1
[机器]隐喻	1 038	-38.8	92	-765.2	1 130	-803.9

本节又使用了卡方独立性检验对比英汉语在建构目标域时源域使用的情况,结果表明存在显著性差异($\chi^2 = 1\ 973.520$, $df = 12$, $p = 0.000$, Cramer's $V = 0.280$)。如表 9.20 所示,英语中使用了更多[机器]隐喻、[生命]隐喻、[健康]隐喻、[艺术]隐喻、[物质]隐喻、[建筑]隐喻和[体育]隐喻。汉语中使用了更多[移动]隐喻、[战争]隐喻、[自然]隐喻、[关系]隐喻和[植物]隐喻。

表 9.20 英汉隐喻形符卡方分析

		英 语	汉 语	合 计
[艺术]隐喻	频数	976(8.4)	498(-8.4)	1 474
[关系]隐喻	频数	581(-3.8)	574(3.8)	1 155
[体育]隐喻	频数	1 385(6.3)	848(-6.3)	2 233
[战争]隐喻	频数	1 140(-18.0)	1 714(18.0)	2 854
[移动]隐喻	频数	3 214(-23.1)	4 042(23.1)	7 256

		英　语	汉　语	合　计
［生命］隐喻	频数	1 155(18.8)	298(−18.8)	1 453
［健康］隐喻	频数	595(8.8)	250(−8.8)	845
［人体］隐喻	频数	406(0.3)	315(−0.3)	721
［植物］隐喻	频数	284(−3.5)	301(3.5)	585
［物质］隐喻	频数	373(8.3)	133(−8.3)	506
［自然］隐喻	频数	353(−7.7)	476(7.7)	829
［建筑］隐喻	频数	2 498(7.4)	1 602(−7.4)	4 100
［机器］隐喻	频数	1 031(25.1)	91(−25.1)	1 130
总计	频数	13 998	11 143	25 141

上面主要以隐喻形符数为基础分析哪类源域是研究语料中认知目标域时显著性高的源域,而此处则要从隐喻形符数和隐喻类符数之间的关系中揭示理解目标域的固化思维方式,即规约性的概念隐喻。如第三章所述,本研究使用 K 均值聚类算法计算出源域的生产力指数和创新率,解析出三类概念隐喻:固化隐喻、规约化隐喻、规约性弱隐喻。由表 9.21 可见,［移动］隐喻为固化隐喻,这类隐喻相对于隐喻形符数而言隐喻类符数少;［建筑］、［战争］和［体育］为规约化隐喻;其他为规约性弱隐喻,即相对于隐喻形符数而言隐喻类符数较少。需要指出的是,规约性是个连续体,三类隐喻并非有完全明显、清晰的界限。

表 9.21　英汉隐喻规约性分类

	隐　喻	隐喻形符数	隐喻类符数	PI	CR
固化隐喻	［移动］	7 256	265	1 019.62	1.21
规约化隐喻	［建筑］	4 100	64	139.14	0.52
	［战争］	2 854	80	121.07	0.92
	［体育］	2 233	47	55.65	0.69
规约性弱隐喻	［艺术］	1 474	31	24.23	0.69
	［关系］	1 155	23	14.09	0.66
	［生命］	1 453	38	29.28	0.86

续　表

	隐　喻	隐喻形符数	隐喻类符数	PI	CR
规约性弱隐喻	［健康］	845	34	15.23	1.33
	［人体］	721	53	20.26	2.43
	［植物］	585	19	5.89	1.07
	［物质］	506	25	6.78	1.63
	［自然］	641	48	16.32	2.47
	［机器］	1 122	29	17.25	0.85

综上所述,［移动］隐喻、［建筑］隐喻、［战争］隐喻和［体育］隐喻既是显著性隐喻也是固化和规约化隐喻,即［经济状态变化是人或物移动位置］、［经济是建筑］、［商务竞争是竞争性体育］和［商务竞争是战争］,因而本研究认为它们是商务话语在思维层面上专门性更强的体裁专门隐喻。

9.7 隐 喻 意 义

本节在体裁专门隐喻分析及对比的基础上进一步探讨隐喻使用在商务体裁中的意义。从拟人化和物化隐喻来看,研究语料的物化隐喻更显著,但英语使用了更多的物化隐喻而汉语使用了更多的拟人化隐喻。拟人化和物化有着相通的作用,都是用心理更可及的概念来认识抽象概念。拟人化使无生命事物具备了有生命事物的特征和行为,比如使公司或企业具备了人的特征和有意志的行为。"在美国法律制度下公司和人一样具有法律地位,如在法庭上诉讼或被诉讼"(Dancygier & Sweetser 2014: 62)。拟人化隐喻的典型代表是［生物体］的次类［人体］及其相关特征、行为,这类隐喻突显人的主体性、施为性和有意志性。例如,这类隐喻用于描述经济状况时表明"经济在发展过程中即使受到破坏也能通过人为干预而恢复",经济学家借此隐喻暗示他们的权威,即他们既能预测经济过程,也能控制住经济发展。其次,商务话语中的物化隐喻将一些商务现象或事物描述成更具体的事物,或者赋予它们更具体事物的特征和行为。

物化隐喻的典型代表是[无生命]隐喻,体现了意义的矛盾性。一方面,由于物体是可控制的,从而说明人们能控制商务或经济活动。另一方面,这类隐喻隐藏人的施为性(Charteris-Black 2004),如倾向于把市场活动等商务现象描述为不可控的无生命事物,从而推卸对经济情况(经济危机)的责任。相关研究表明,自由派的新闻使用了更多的[生物体]隐喻推动人为干预市场,而保守派的新闻使用了更多的[无生命]隐喻反对人为干预市场(O'Mara-Shimek, Guillén-Parra & Ortega-Larrea 2015)。

从三大隐喻家庭来看,研究语料的[相互联系/系统]隐喻更显著,英语使用了更多的[合作]隐喻而汉语使用了更多的[竞争]隐喻。商务活动中合作与竞争并存,但英汉商务话语中隐喻使用的差异表明了中西(美)方传递了不同的价值观念。至少在本研究中,中国企业在商务活动中偏重竞争性,如把自己描述成充满活力的领导者和强大的竞争者;西方(美国)企业在商务活动中倾向合作性,如把自己描绘成负责任的社区成员。Sun 和 Jiang(2014)的研究也提出了相近的结论。通常认为中国企业在儒家文化模式的熏陶下更强调合作,美国企业在西方个人主义价值观的浸淫下更偏爱争斗。然而,在本研究中前者更偏向个人主义而后者更倾向集体主义。

从更具体的隐喻使用来看,研究语料中的显著隐喻是[移动]、[建筑]、[战争]和[体育]隐喻,也是固化和规约性更强的隐喻。英语中使用了更多[机器]隐喻、[生命]隐喻、[健康]隐喻、[艺术]隐喻、[物质]隐喻、[建筑]隐喻和[体育]隐喻。汉语中使用了更多[移动]隐喻、[战争]隐喻、[自然]隐喻、[关系]隐喻和[植物]隐喻。图 9.3 总结了研究语料中的隐喻映射关系及其相应的主要意义焦点。表 9.22 是英汉隐喻对比结果及其隐喻意义。

首先,就[相互联系/系统]隐喻的使用而言,英语偏重使用[生命]隐喻、[健康]隐喻、[物质]隐喻、[建筑]隐喻和[机器]隐喻;汉语偏重使用[移动]隐喻、[自然]隐喻和[植物]隐喻。

英语使用[生物体]隐喻中的[生命]和[健康]两次类隐喻倾向以[相互联系/系统]的动态层面认知目标域,即[生物体]的成长、健康、生命力等映射至[经济]的发展、周期等,如 economic recovery、"经济恢复"等,该隐喻映射突显"生物体的正向特征——增长性",映射原则可总结为:经济被理解为生物体,是因为生物体会成长而经济会增长。汉语使用[生物体]隐喻中的[植物]隐喻偏重以[生物体]的静态层面认知目标域,即整体或内部结构的相似性,以[生物体]整体或内部结构概念化[经济]的整

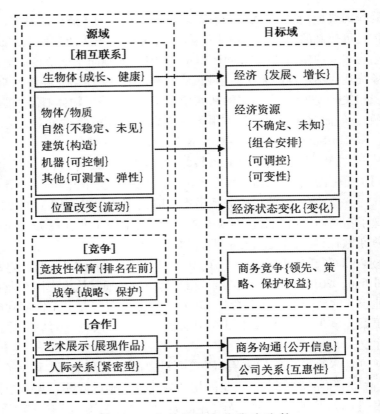

图 9.3　商务话语中的隐喻映射

表 9.22　英汉隐喻对比及意义

一般隐喻	具体隐喻	整体	英语	汉语	主要意义焦点
[相互联系/系统]隐喻		√			相互联系
[合作]隐喻			√		合作
[竞争]隐喻				√	竞争
物化隐喻			√	√	可操纵、不可控
拟人化隐喻				√	施为性、有意志
	[艺术]隐喻		√		展示、透明
	[关系]隐喻			√	亲密、等级
	[体育]隐喻	√	√		竞争、领先
	[战争]隐喻	√		√	战略、保护

一　般　隐　喻	具体隐喻	整体	英语	汉语	主要意义焦点
	[移动]隐喻	√		√	流动、变化
	[生命]隐喻		√		增长
	[健康]隐喻		√		健康、疾病
	[人体]隐喻				活跃
	[植物]隐喻			√	重要
	[物质]隐喻		√		流动、不稳定
	[自然]隐喻			√	不稳定
	[建筑]隐喻	√	√		构造
	[机器]隐喻		√		可控制

体或内部结构,如"核心企业"、market segment 等,那么该隐喻映射突显"植物的核心部分",突出了主观评价属性[重要的],映射原则可总结为:企业被理解为植物,是因为植物果实有中心部分而企业的众多业务中也有其重要的部分。这些映射原则反映了[经济是生物体]的主要意义焦点。

　　英语使用[无生命]隐喻中的次类隐喻[建筑]和[机器]倾向以[相互联系/系统]的动态层面认知目标域。英语中把市场、经济、商务等都认知为[容器],突显了[建筑]的容纳功能,形成的映射原则为:市场被理解为建筑,是因为建筑可开放或关闭让人或物进入,而市场可开放或关闭让商品或服务被使用。使用[容器]隐喻能消除人的主观作用,或不突显人的积极施为作用,人只是经济交换的接受者,以表明经济活动的客观化。使用[机器]隐喻突显可控制性,形成的映射原则为:经济或商务被理解为机器,是因为机器运转过程中需要人控制,而经济运行过程中也需要人调控。汉语使用[无生命]隐喻中的[自然]隐喻倾向以[相互联系/系统]的静态层面认知目标域,将自然环境的特征"畅通性"映射至目标域[贸易],然而使用[自然]隐喻更多隐含着自然环境的不稳定、不可预测性、不可控制性,从而强调市场干预是无用的,进而隐藏施事者或行动的执行者,使得相关参与者逃避责任或免于承担责任(Awab & Norazit 2013)。

　　值得注意的是,尽管从意义上来说英语突显[相互联系/系统]的动态层面但形式上通常使用名词性隐喻,产生了形式和意义上的矛盾。而汉语更突显动态层面,如更多使用[移动]隐喻,即以[相互联系/系统]的动态层面认知目标域,突显"变化性",映射原则可总结为:经济状态变化被理解为物体移动,是因为物体移动改变其位置,而经济从一个状态向另一个状态变化。该映射原则反映了[经济状态变化是物体移动位置]隐喻的主要意义焦点。

其次,就[合作]隐喻而言,英语偏重使用[艺术]隐喻;汉语偏重使用[关系]隐喻。英汉语中在使用[艺术]隐喻时的典型映射为[商务沟通是戏剧演出],该隐喻映射突显"商务活动的重要特征——沟通与展示、信息传递",映射原则可总结为:商务活动被理解为戏剧演出,是因为演员在舞台展示艺术作品,而公司在商务活动中展现公司状况。英语中较多使用[表演]隐喻源自西方根深蒂固的戏剧传统,"古希腊戏剧形成和繁荣于公元前6世纪至公元前5世纪,较为客观的观点认为中国戏剧形成于宋代,中国戏剧比西方戏剧晚了1 700年"(李晓刚2012)。戏剧通过舞台展示艺术的魅力,"受西方科学精神和写实主义的影响,西方戏剧追求求真求实的艺术精神。其题材大抵撷取于现实的生活,以反映生活中的纠葛和斗争为主旨,力求再现生活真实的同时,揭示生活的真谛"(尚燕乔2010)。汉语中在使用[人际关系]隐喻表达"合作"时具体表现在使用了更多的[亲属关系]隐喻和[上下级关系]隐喻。这源自中国文化重视家庭观念和君臣为代表的上下级关系,突显了控制和等级性。如[上下级关系]隐喻的映射原则可总结为:公司关系被理解为上下级关系,是因为人群之间存在上下级关系,而公司之间存在等级关系。

再次,就[竞争]隐喻而言,英语偏重使用[体育]隐喻,即[商务竞争是竞争性体育];汉语偏重使用[战争]隐喻,即[商务竞争是战争]。英语突显了商务活动的重要特征——竞争性和领先性,其映射原则和主要意义焦点为:商务活动被理解为竞争性体育,是因为体育活动是参赛者为获取最高名次而相互竞争的活动,商务活动是公司为获取最大利益而相互竞争的活动。西方体育重视竞技性与其地理环境和文化环境相关,变幻莫测的海洋环境让古希腊文化崇尚拼搏、顽强、勇敢、对立、优胜劣汰,并成就了"古希腊文明"的奥林匹克精神,"西方人的体育文化自然而然就有了一定的侵略性,认为体育锻炼始终与军事和战争紧密结合"(李茜2019)。反之,商品经济的发展使竞争成为西方社会生活的常态,"在竞争中生存与提高的观念自然进入体育领域,成为西方体育文化的核心观念"(孙鸿2009)。

汉语[战争]隐喻突显了商务活动的策略性和保护利益相关者的社会

责任,其映射原则和主要意义焦点为:商务被理解为战争,是因为战争涉及军事策略而商务需要经商策略;战争中需保护民众的生命不受伤害,而商务活动中需保护民众的权益不受损失。中国五千年的文明史同时也是五千年的军事史,"历史上因朝代更替、外族入侵引发的战争频率极高,而近代以来为推翻帝制和外来侵略,为建立新的政治体制,战争更是持续了近一个世纪之久"(杨洋、董方峰 2017),"丰富的军事理论著作和无数次的战场厮杀在古代汉语中贮备了丰富的军事语素和基本词汇"(刘宇红、余晓梅 2007),战争思维已渗透至政治、经济、社会的诸多方面。[战争]隐喻并非强调商业领域的残酷斗争,而是着力构建了商务活动中公司或企业的特别品质,即竞争性优势、能力、可靠性等,有利于构建规范的、可靠的、值得利益相关者信任的企业形象。

9.8 小　　结

本章使用了卡方检验、多重对应分析等方法对比英汉语在隐喻使用方面的异同,又从语块的频数、语块的搭配值、语块的构式、源域词语和目标域词语各自的共现能力探索隐喻语块的专门性。然后,揭示了体裁专门的隐喻映射,并进行了对比。结果表明,研究语料的[相互联系/系统]隐喻使用更显著,物化隐喻使用更显著,[移动]、[建筑]、[战争]和[体育]隐喻使用更显著;英语使用了更多的[合作]隐喻,更多的物化隐喻,更多[机器]隐喻、[生命]隐喻、[健康]隐喻、[艺术]隐喻、[物质]隐喻、[建筑]隐喻和[体育]隐喻;汉语使用了更多的[竞争]隐喻,更多的拟人化隐喻,更多[移动]隐喻、[战争]隐喻、[关系]隐喻和[植物]隐喻,这也反映了英汉语在隐喻使用上产生了不同的交际意义和不同的文化语境。

第十章

结　语

10.1　主要发现

　　本研究基于认知语料库语言学的原理和原则进行了英汉话语隐喻对比研究,构建了隐喻研究的语料库方法模型,遵循"自下而上"的准则,从微观的、零散分布的语言隐喻中发现较宏观的、系统的隐喻模式,从而揭示交际者通过隐喻传递的情感和态度。本研究选择商务话语作为对象体裁,自建了英汉商务话语语料库,内容包括经济学期刊论文、商务法律合同、商务演讲、企业年报、社会责任报告、投资报告等,以此考察了英汉商务话语中的隐喻使用,揭示了商务话语体裁专门隐喻。

　　本研究确立了话语隐喻形成与理解的理论基础,认为话语隐喻意义建构的过程是前台认知和后台认知相互作用的过程,建立了隐喻分析的三个平面:语言、思维和交际,认为隐喻是语言形式、概念结构和交际功能三个方面的跨域映射(Herrmann & Berber Sardinha 2015:8),确立了隐喻三平面分析的具体路径,即隐喻语块和隐喻构式分析、认知突显分析、概念映射模式分析等。由此,本研究揭示出研究语料中隐喻使用的基本结构,较全面地刻画出商务英语中的隐喻使用。

具体说来,在研究语料中识别出隐喻的形符总数为 32 564 个(隐喻类符总数 1 025 个),其中在英语语料库中 18 127 个(隐喻类符数 495 个),在汉语语料库中 14 437 个(隐喻类符数 530 个)。英语隐喻类符/形符比(M=2.898 9)较显著地低于汉语隐喻类符/形符比(M=3.500 5),汉语语料在隐喻表达上要稍显丰富,主要原因在于汉语无形态标记,很难将词语按语义归类。从词性上看,研究语料的隐喻按频数依次为:名词性隐喻、动词性隐喻、形容词性隐喻和其他词性隐喻。英语中显著性的隐喻是名词性隐喻,英语中通过派生手段把动词和形容词转换为名词,产生了大量名物化现象,因而英语语料重在信息性表达。相对来说,汉语中显著性的隐喻是动词性隐喻,英语语料重在叙述性表达。

从构式上看,英语使用了更多的 N(Target)-N(Source)、A(Source)-NP(Target)、S-prep_T-noun 构式,以名词性和形容词性构式为主,基本符合根据词性、语法位置、源域或目标域预测出的隐喻构式,即构式中的概念自主成分通常激活目标域,概念依存成分通常激活源域。汉语使用了更多 NP(Target)-V(Source)、V(Source)-NP(Target)、N(Source)-N(Target)、N(Target)-N(Source)、A(Source)-NP(Target)构式,以动词性和名词性构式为主。汉语中也使用了很多名词性构式,主要原因在于汉语语序的灵活性,形成了名物化现象以及含动词的名词性偏正结构。从隐喻语块上看,频数高、搭配值高、构式符合预测、源域词语和目标域词语各自共现能力弱的语块规约性越高,它们更可能是商务话语中专门语块,即体裁专门语块。

从隐喻映射的显著性来看,整个研究语料的[相互联系/系统]隐喻更显著,物化隐喻更显著,其中[移动]、[建筑]、[战争]和[体育]隐喻更显著,它们也是规约性强的隐喻。因而,研究语料中的体裁专门隐喻为[经济状态变化是物体移动位置]、[经济是建筑]、[商务竞争是竞争性体育]和[商务竞争是战争]。就英汉语的显著性隐喻对比而言,英语使用了更多的[合作]隐喻,更多的物化隐喻,更多的[机器]隐喻、[生命]隐喻、[健康]隐喻、[艺术]隐喻、[物质]隐喻、[建筑]隐喻和[体育]隐喻;汉语使用了更多的[竞争]隐喻,更多的拟人化隐喻,更多[移动]隐喻、[战争]隐喻、[自然]隐喻、[关系]隐喻和[植物]隐喻。

从隐喻使用的交际意义来看,整个研究语料更偏重商务活动中的相互联系性,商务活动的可操控性。英语偏重使用[生物体]隐喻的[生命]和[健康]两次类隐喻倾向以[相互联系/系统]的动态层面[生物体]的成长、健康、生命力等认知目标域;使用[无生命]隐喻的[建筑]和[电器]两次类隐喻倾向以[相互联系/系统]的动态层面认知目标域,突显物体的容纳功能和可控制性。英语偏重使用[艺术]隐喻,突显沟通与展示、信息传递,以表达商务的合作性;偏重使用[体育]隐喻,突显了商务活动的竞争性和领先性。此外,英语使用了更多的物化隐喻,强调了商务活动的可控性。

汉语偏重使用[生物体]隐喻中的[植物]隐喻,以[生物体]的静态层面认知目标域,即整体或内部结构的相似性;偏重使用[移动]隐喻,即以[相互联系/系统]的动态层面认知目标域的发展变化;偏重使用[关系]隐喻,突显商务组织的等级性;偏重使用[战争]隐喻,突显商务活动的策略性和保护利益相关者的社会责任。此外,汉语使用了更多的拟人化隐喻,使得商务组织具备人的特征和有意志的行为。

10.2 不足与展望

首先,本研究力图避免先前研究在研究语料上的局限性。先前研究过多关注报道商务活动的媒体话语,本研究关注能直接反映商务机构活动的话语,如年度报告、商务合同、企业使命宣言等。然而,囿于语料收集的手段和能力,研究语料多为书面商务话语,多为商务机构对外话语。今后拟研究商务口头话语中的隐喻使用,如工作面试、商务谈判、商务会议等;拟研究商务机构内部话语,如商务会话、商务信函等。

其次,本研究力图全面揭示商务话语中的隐喻使用,未涉及商务活动中的具体话题或事件,如"企业并购""全球化""经济危机"等,揭示的隐喻使用结构和交际功能较宽泛。今后拟结合当前社会经济形势研究某个商务话题的隐喻使用,如"贸易战""新冠肺炎疫情与经济形势"等。此外,语料库的子库是多体裁的,有学术语篇、演讲语篇、年报、法律合同等,前期的分体裁研究表明这些体裁在大类隐喻上区别不大,今后拟进一步比较商务话语子体裁之间的隐喻使用,探讨隐喻的互文性等。

再次,今后拟进一步优化一些问题的解决方案。例如,隐喻分析涉及主观识别和标注，尽管在研究过程中多人、多次核对，设计了严格的标注流程，但难免会有瑕疵，对结果产生些许影响。另外，还需要深层次探讨一些隐喻使用现象，如隐喻与汉语语序、源域与语法角色之间的关系等。

最后，本研究所建语料库的语料采集时间为2015—2017年，还很难看出明显的历时变化。今后对比英汉商务话语隐喻时，可以划定更大范围的时间做历时研究，以观测商务话语的变化。

参 考 文 献

Ahrens, K. (2010). Mapping principles for conceptual metaphors. In C. Lynne *et al.* (Eds.), *Researching and Applying Metaphor in the Real World* (pp. 185 - 207), Amsterdam: John Benjamins.

Alejo, R. (2010). Where does the money go? An analysis of the container metaphor in economics: The market and the economy. *Journal of Pragmatics*, *42*, 1137 - 1150.

Arppe, A. *et al.* (2011). Cognitive corpus linguistics: Five points of debate on current theory and methodology. *Corpora*, *5*(1), 1 - 27.

Awab, S. & Norzait, L. (2013). "Challenging" times or "turbulant" times: A study of the choice of metaphors used to refer to the 2008 economic crisis in Malaysia and Singapore. *Intercultural Pragmatics*, *10*(2), 209 - 233.

Berber Sardinha, T. (2011). Metaphor and corpus linguistics. *Revista Brasileira de Linguística Aplicada*, *2*, 260 - 329.

Biber, D. (1995). *Dimensions of register variation: A cross-linguistic comparison.* Cambridge: Cambridge University Press.

Biber, D. (2014). Using multi-dimensional analysis to explore cross-linguistic universals of register variation. *Languages in contrast*, *14*(1), 7 - 34.

Bielenia-Grajewska, M. (2009). The role of metaphors in the language of investment banking. *Ibérica*, *17*, 139 - 156.

Boers, F. (1999). When a bodily source domain becomes prominent: The joy of counting metaphors in the socio-economic domain. *AMSTERDAM STUDIES IN THE THEORY AND HISTORY OF LINGUISTIC SCIENCE SERIES*, *4*, 47 - 56.

Boers, F. (2000). Enhancing metaphoric awareness in specialized reading. *English for Specific Purposes*, *19*, 137 - 147.

Browne, C., Culligan, B., & Phillips, J. (2013). *The New General Service List.* Retrieved from http://www.newgeneralservicelist.org.

Cameron, L. (2007). Confrontation or complementarity? Metaphor in language and cognitive metaphor theory. *Annual Review of Cognitive Linguistics*, (5), 107 - 136.

Cameron, L., & Maslen, R. (2010). *Metaphor Analysis.* London: Equinox.

Camus, J. T. W. (2009). Metaphors of cancer in scientific population articles in the British press. *Discourse Studies*, *4*, 465 - 495.

Charteris-Black, J. (2000). Metaphor and vocabulary teaching in ESP economics. *English for Specific Purposes*, *19*(2), 149 - 165.

Charteris-Black, J. (2004). *Corpus Approaches to Critical Metaphor Analysis.*

Basingstoke: Palgrave Macmillan.

Charteris-Black, J. (2014). *Analyzing Political Speeches: Rhetoric, Discourse and Metaphor*. Basingstoke & New York: Palgrave-MacMillan.

Charteris-Black, J., & Ennis, T. (2001). A Comparative study of metaphor in Spanish and English financial reporting. *English for Specific Purposes: An International Journal*, *3*, 249 – 266.

Charteris-Black, J., & Musolff, A. (2003). Battered hero or innocent victim? A comparative study of metaphors for Euro trading in British and German financial reporting. *English for Specific Purposes: An International Journal*, *22*, 153 – 176.

Chiang, W., & Duann, R. (2007). Conceptual metaphors for SARS: "War" between whom? *Discourse and Society*, *5*, 579 – 602.

Chung, S. (2008). Cross-linguistic comparisons of the MARKET metaphors. *Corpus Linguistics and Linguistic Theory*, *4*, 141 – 175.

Coëgnarts, M. & Kravanja, P. (2015). With the past in front of the character: Evidence for spatial-temporal metaphors in cinema. *Metaphor and Symbol*, *30*(3), 218 – 239.

Dancygier, B. & Sweetser, E. (2014). *Figurative Language*. Cambridge: Cambridge University Press.

David, O., Lakoff, G., & Stickles, E. (2016). Cascades in metaphor and grammar: A case study of metaphors in the gun debate. *Constructions and Frames*, *8*(2), 214 – 255.

Deignan, A. (2000). Persuasive uses of metaphor in discourse about business and the economy. In C. Heffer & H. Sauntson (Eds.), *Words in Context: A Tribute to John Sinclair on His Retirement* (pp. 156 – 168). Birmingham: ELR.

Deignan, A. (2005). *Metaphor and Corpus Linguistics*. Amsterdam: John Benjamins.

Deignan, A. (2010). The evaluative properties of metaphors. In G. Low *et al.* (Eds.), *Researching and Applying Metaphor in the Real World* (pp. 357 – 374). Amsterdam/Philadelphia: John Benjamins Publishing Company.

Deignan, A., Littlemore, J., & Semino, E. (2013). *Figurative Language, Genre and Register*. Cambridge: Cambridge University Press.

Dodge, E. K. (2016). A deep semantic corpus-based approach to metaphor analysis: A case study of metaphoric conceptualizations of poverty. *Constructions and Frames*, *8*(2), 256 – 294.

Domínguez, M. (2016). The metaphorical new synthesis: Toward an eco-evolutionary theory of metaphors. *Metaphor and Symbol*, *31*(3), 148 – 162.

Duffy, S. E. (2014). The role of cultural artifacts in the interpretation of metaphorical expressions about time. *Metaphor and Symbol*, *29*(2), 94 – 112.

Ervas, F., Gola, E., & Rossi, M. G. (Eds.). (2017). *Metaphor in Communication, Science and Education* (Vol. 36). Berlin, Boston: De Gruyter Mouton.

Eubanks, P. (2005). Globalization, "Corporate Rule" and blended worlds: A conceptual-rhetorical analysis of metaphor, metonymy, and conceptual blending.

英
汉
商
务
话
语
隐
喻
对
比
研
究

Metaphor and Symbol, *20*(3), 173 – 197.

Evans, V. (2010). Figurative language understanding in LCCM Theory. *Cognitive Linguistics*, 21(4), 601 – 662.

Fauconnier, G. (1998). Mental spaces, language modality, and conceptual, integration. In M. Tomasello (Ed.), *The New Psychology of Language* (pp. 251 – 280). New Jersey: Lawrence Erlbaum Associates, Inc., Publishers.

Fillmore, C. J. (1975). An alternative to checklist theories of meaning. *Proceedings of Annual Meeting of the Berkeley Linguistics Society* (Vol. 1, pp. 123 – 131).

Forceville, C. (2007). Multimodal metaphor in ten Dutch TV commercials. *The Public Journal of Semiotics*, *1*, 15 – 34.

Fukuda, K. (2009). A comparative study of metaphors representing the US and Japanese economies. *Journal of Pragmatics*, *41*, 1693 – 1702.

Gannon, M. J. (2002). Cultural metaphors: Their use in management practice and as a method for understanding cultures. *Online Readings in Psychology and Culture*, *7* (1), 1 – 11.

Ghafele, R. (2004). The metaphors of globalization and trade: An analysis of the language used in the WTO. *Journal of Language and Politics*, *3*, 441 – 462.

Gibbs, R., & Colston, H. (1995). The cognitive psychological reality of image schemas and their transformations. *Cognitive Linguistics*, *6*, 347 – 378.

Gibbs, R. W. Jr. (2011). Evaluating conceptual metaphor theory. *Discourse Processes*, *48*(8): 529 – 562.

Glucksberg, S., Gildea, P., & Bookin, H. B. (1982). On understanding nonliteral speech: Can people ignore metaphors. *Journal of Verbal Learning and Verbal Behavior*, *21*, 85 – 98.

Goatly, A. (2011). *The Language of Metaphors* (2nd edn.). London: Routledge.

Goldberg, A. E. (2006). *Constructions at Work: The Nature of Generalization in Language*. Oxford: Oxford University Press.

Golden, A., & Lanza, E. (2013). Metaphors of culture: Identity construction in migrants' narrative discourse. *Intercultural Pragmatics*, *10*(2), 295 – 314.

Gong, S. P., Ahrens, K., & Huang, C. R. (2008). Chinese word sketch and mapping principles: A corpus-based study of conceptual metaphors using the BUILDING source domain. *International Journal of Computer Processing of Languages*, *21*(1), 3 – 17.

Handford, M., & Koester, A. (2010). "It's not rocket science": Metaphors and idioms in conflictual business meetings. *Text & Talk*, *30*(1), 27 – 51.

Hanks, P. (2006). Metaphoricity is gradable. In A. Stefanowitsch & S. Th. Gries (Eds.), *Corpus-Based Approaches to Metaphor and Metonymy* (pp. 17 – 35). Berlin, New York: De Gruyter Mouton.

Harder, P. (2010). *Meaning in Mind and Society: A Functional Contribution to the Social Turn in Cognitive Linguistics* (Vol. 41). Berlin/New York: Walter de

Gruyter.

Hart, C. (2010). *Critical Discourse Analysis and Cognitive Science*. London: Palgrave Macmillan.

Henderson, W. (1982). Metaphor in economics. *Economics, 18*: 147 – 153.

Henderson, W. (1994). Metaphor and economics. *In R. E. Backhouse* (Ed.), *New Directions in Economic Methodology* (pp. 343 – 367). London: Routledge.

Herrera-Soler, H., & White, M. (Eds.). (2012). *Metaphor and mills: Figurative language in business and economics* (Vol. 19). Berlin/New York: Walter de Gruyter.

Herrmann, J. B., & Sardinha, T. B. (Eds.). (2015). *Metaphor in Specialist Discourse* (Vol. 4). Amsterdam/Philadelphia: John Benjamins Publishing Company.

Ho, J. (2019). An earthquake or a category 4 financial storm? A corpus study of disaster metaphors in the media framing of the 2008 financial crisis. *Text & Talk 39* (2), 191 – 212.

Hunston, S. (2002). *Corpora in Applied Linguistics*. Cambridge: Cambridge University Press.

Husson, F. *et al.* (2014). FactoMineR: Multivariate Exploratory Data Analysis and Data Mining with R. R Package Version 1. 28.

Kilgarriff, A. *et al.* (2014). The Sketch Engine: ten years on. *Lexicography, 1* (1), 7 – 36.

Kimmel, M. (2012). Optimizing the analysis of metaphor in discourse. *Review of Cognitive Linguistics, 10*, 1 – 48.

Koller, V. (2002). "A shotgun wedding": Co-occurrence of war and marriage metaphors in mergers and acquisitions discourse. *Metaphor and Symbol, 3*, 179 – 203.

Koller, V. (2004). Businesswomen and war metaphors: "Possessive, jealous and pugnacious"?. *Journal of Sociolinguistics, 1*, 3 – 22.

Koller, V. (2005). Critical discourse analysis and social cognition: evidence from business media discourse. *Discourse and Society, 2*, 199 – 224.

Krennmayr, T. (2017). Metaphor and parts-of-speech. In E. Semino, & Z. Demjén (Eds.), *The Routledge Handbook of Metaphor and Language* (pp. 165 – 177). New York: Routledge.

Kövecses, Z. (2010). *Metaphor: A Practical Introduction*. Oxford: Oxford University Press.

Kövecses, Z. (2017). Levels of metaphor. *Cognitive Linguistics, 28* (2), 321 – 347.

Lakoff, G. (1993). The contemporary theory of metaphor. In A. Ortony (Ed.), *Metaphor and Thought* (pp. 202 – 249). Cambridge: Cambridge University Press.

Lakoff, G., & Johnson, M. (1980)/(2003). *Metaphors We Live By*. Chicago: University of Chicago Press.

Lakoff, G. , & Turner, M. (1989). *More Than Cool Reason: A Field Guide to Poetic Metaphor.* Chicago: University of Chicago Press.

Langacker, R. (1987). *Foundations of Cognitive Grammar.* Stanford: Stanford University Press.

Langacker, R. W. (2008). Sequential and summary scanning: A reply. *Cognitive Linguistics, 19*(4), 571–584.

Larson, B. M. H. , Nerlich, B. , & Wallis, P. (2005). Metaphors and biorisks: The war on infectious diseases and invasive species. *Science Communication, 26,* 243.

Lederer, J. (2019). Lexico-grammatical alignment in metaphor construal. *Cognitive Linguistics, 30*(1), 165–203.

Lin, T. Y. Y. , & Chiang, W. Y. (2015). Multimodal fusion in analyzing political cartoons: Debates on US beef imports into Taiwan. *Metaphor and Symbol, 30*(2), 137–161.

Low, G. *et al.* (2010). *Researching and Applying Metaphor in the Real World.* Amsterdam/Philadelphia: John Benjamins Publishing Company.

Martin, J. R. , & White, P. R. R. (2005). *The language of evaluation: Appraisal in English.* London: Palgrave Macmillan.

McCloskey, D. (1983). The rhetoric of economics. *Journal of Economic Literature, 21,* 481–517.

McKenzie, I. (1997). *Management and Marketing: With Mini Dictionary of 1,000 Common Terms.* Boston: Thomson.

Morgan, P. (2008). Competition, cooperation, and interconnection: "Metaphor families" and social systems. In G. Kristiansen, & R. Dirven (Eds.), *Cognitive Sociolinguistics* (pp. 483–516). Berlin, New York: De Gruyter Mouton.

Musolff, A. (2010). *Metaphor, Nation and the Holocaust: The Concept of the Body Politic.* London: Routledge.

Nerlich, B. , & Koteyko, N. (2012). Crying wolf? Biosecurity and metacommunication in the context of the 2009 swine flu pandemic. *Health & Place, 18*(4), 710–717.

O'Connor, K. T. (1998). Money and finance as solid, liquid, and gas in Spanish. *Metaphor and Symbol, 13*(2), 141–157.

Ogarkova, A. , Soriano, C. , & Gladkova, A. (2016). Methodological triangulation in the study of emotion: The case of "anger" in three language groups. *Review of Cognitive Linguistics 14*(1), 73–101.

O'Halloran, K. (2007). Critical discourse analysis and the corpus-informed interpretation of metaphor at the register level. *Applied Linguistics, 28*(1), 1–24.

O'Mara-Shimek, M. , Guillén-Parra, M. , & Ortega-Larrea, A. (2015). Stop the bleeding or weather the storm? Crisis solution marketing and the ideological use of metaphor in online financial reporting of the stock market crash of 2008 at the New York Stock Exchange. *Discourse & Communication, 9*(1), 103–123.

Oster, U. (2010). Using corpus methodology for semantic and pragmatic analyses:

What can corpora tell us about the linguistic expression of emotions?. *Cognitive Linguistics*, *21*(4), 727 – 763.

Perrez, J., Reuchamps, M., & Thibodeau, P. H. (Eds.). (2019). *Variation in Political Metaphor* (Vol. 85). Amsterdam/Philadelphia: John Benjamins Publishing Company.

Pragglejaz Group. (2007). MIP: A method for identifying metaphorically used words in discourse. *Metaphor and Symbol*, *22*, 1 – 39.

Rayson, P. (2008). From key words to key semantic domains. *International Journal of Corpus Linguistics*, *4*, 519 – 549.

Rychly, P. (2008). A lexicographer-friendly association score. In P. Sojka, & A. Horák (Eds.), *Recent Advances in Slavonic Natural Language Processing* (pp. 6 – 9). Brno: Masaryk University.

Sanford, D. (2008). Discourse and metaphor: A corpus-driven inquiry. *Corpus Linguistics and Linguistics Theory*, *2*, 209 – 234.

Sardinha, T. B., & Pinto, M. V. (Eds.). (2014). *Multi-dimensional analysis, 25 years on: A tribute to Douglas Biber* (Vol. 60). Amsterdam/Philadelphia: John Benjamins Publishing Company.

Semino, E. (2002). A sturdy baby or a derailing train? Metaphorical representations of the euro in British and Italian newspapers. *Text*, *22*(1), 107 – 139.

Semino, E. *et al.* (2018). *Metaphor, Cancer and the End of Life*. New York: Routledge.

Singh, N., Zhao, H., & Hu, X. (2005). Analyzing the cultural content of web sites: A cross-national comparison of China, India, Japan, and US. *International Marketing Review*, *22*(2), 129 – 146.

Skorczynska, H., & Ahrens, K. (2015). A corpus-based study of metaphor signaling variations in three genres. *Text & Talk*, *35*(3), 359 – 381.

Skorczynska, H. & Deignan, A. (2006). Readership and purpose in the choice of economics. *Metaphor and Symbol*, *21*, 87 – 104.

Steen, G. (2007). *Finding Metaphor in Grammar and Usage*. Amsterdam/Philadelphia: John Benjamins Publishing Company.

Steen, G. (2011). The contemporary theory of metaphor — now new and improved. *Review of Cognitive Linguistics* *9*(1), 26 – 64.

Steen, G. (2014). The cognitive-linguistic revolution in metaphor studies. In J. Littlemore & J. R. Taylor (Eds.). *The Bloomsbury Companion to Cognitive Linguistics* (pp. 117 – 142). London: Bloomsbury.

Stefanowitsch, A. (2005). The function of metaphor: developing a corpus-based perspective. *International Journal of Corpus Linguistics*, *2*, 161 – 198.

Stefanowitsch, A. (2007). Collocational overlap can guide metaphor interpretation. In G. Radden *et al.* (Eds.). *Aspects of meaning construction in lexicon and grammar* (pp. 143 – 167). Amsterdam/Philadelphia: John Benjamins Publishing Company.

参考文献

Stefanowitsch, A. , & Gries, S. Th. (2008). *Corpus-based Approaches to Metaphor and Metonymy.* Berlin, New York: De Gruyter Mouton.

Sullivan, K. (2016). Integrating constructional semantics and conceptual metaphor. *Constructions and Frames*, *8*(2), 141–165.

Sun, Y. , & Jiang, J. (2014). Metaphor use in Chinese and US corporate mission statements: A cognitive sociolinguistic analysis. *English for Specific Purposes*, *33*(1), 4–14.

Sun, Y. , Jin, G. , Yang, Y. , & Zhao, J. (2018). Metaphor use in Chinese and American CSR reports. *IEEE Transactions on Professional Communication*, *61*(3), 295–310.

Sznajder, H. S. (2010). A corpus-based evaluation of metaphor in a business English textbook. *English for Specific Purposes*, *29*(1), 30–42.

Tomlinson, F. (2005). Idealistic and pragmatic versions of the discourse of partnership. *Organization Studies*, *26*(8), 1169–1188.

Tomoni, B. (2012). Using money metaphors in banking discourse. *Metaphor and the Social World*, (2): 201–232.

Tourish, D. , & Hargie, O. (2012). Metaphors of failure and the failures of metaphor: A critical study of root metaphors used by bankers in explaining the banking crisis. *Organization Studies*, *33*(8), 1045–1069.

Velasco-Sacristán, M. (2010). Metonymic grounding of ideological metaphors. *Journal of Pragmatics*, *42*, 64–96.

Waldron, R. A. (1967). *Sense and Sense Development.* London: Andre Deutsch.

Wan, W. & Low, G. (2015). *Elicited Metaphor Analysis in Educational Discourse.* Amsterdam/Philadelphia: John Benjamins Publishing Company.

White, M. (2003). Metaphor and economics: The case of growth. *English for Specific Purposes*, *22*(2), 131–151.

White, M. (2004). Turbulence and turmoil in the market or the language of a fnancial crisis. *Ibérica*, *7*, 71–86.

Winter, B. , Perlman, M. , & Matlock, T. (2013). Using space to talk and gesture about numbers: Evidence from the TV News Archive. *Gesture*, *13*(3), 377–408.

Wodak, R. (2009). The discourse-historical approach. In R. Wodak, & M. Meyer (Eds.), *Methods of Critical Discourse Analysis* (pp. 63–94). London: Sage Publications Ltd.

Zeng, H. , Tay, D. , & Ahrens, K. (2020). A multifactorial analysis of metaphors in political discourse. *Metaphor and the Social World*, *10*(1), 139–166.

Zhao, X. , Han, Y. , & Zhao, X. (2019). A Corpus-based Study of Metaphor in Pavilion of Women. *Chinese Semiotic Studies*, *15*(1), 95–117.

邓路,符正平,2007. 全球 500 强企业使命宣言的实证研究[J]. 现代管理科学(6): 19–20+63.

狄艳华,2010. 杨忠. 经济危机报道中概念隐喻的认知分析[J]. 东北师大学报(哲学社

英汉商务话语隐喻对比研究

会科学版)(6):110-115.

胡春雨,陈丽丹,何安平,2019.语料库辅助的商务英语短语教学研究[M].北京:外语教学与研究出版社.

胡春雨,高洪,2019.基于经济学英汉平行语料库的名物化翻译研究[J].外国语言文学 36(5):531-546.

胡裕树,1994.汉语语法研究的回顾与展望[J].复旦学报(社会科学版)(5):57-65.

黄秋林,吴本虎,2009.政治隐喻的历时分析——基于《人民日报》(1978—2007)两会社论的研究[J].语言教学与研究(5):91-96.

江进林,许家金,2015.基于语料库的商务英语语域特征多维分析[J].外语教学与研究 47(2):225-236+320.

李德俊,2014.短语及其自动识别研究评述[J].外语研究(6):8-13.

李珂珂,李瑞瑞,储佩玲,2018.浅谈我国绿色信贷的发展与创新[J].金融 8(3):77-82.

李茜,2019.中西方体育文化的差异与融合浅析[J].文化学刊(7):43-45.

李晓刚,2012.浅论中西方戏剧的差异[J].西安财经学院学报 25(2):107-109.

刘杰,李国卉,2019."伙伴关系"何以可能?——关于社区居委会与社区社会组织关系的案例考察[J].江汉论坛(11):123-127.

刘学斌,2019.同道、依礼、相对:儒家关于上下级关系的理论建构[J].领导科学(7):74-77.

刘宇红,余晓梅,2007.现代汉语中的军事隐喻研究[J].语言教学与研究(3):12-20.

裴霜霜,周榕,2012.借助 Sketch Engine 和 WordNet 进行隐喻的概念模型和语义映射分析——以目标域 TIME 为例[J].外语教学 33(2):13-17.

尚燕乔,2010.中西方戏剧艺术差异之浅析[J].大舞台(4):69-70.

孙鸿,2009.影响中西体育文化差异的根源分析[J].山西师大体育学院学报 24(1):30-33.

孙亚,2012.基于语料库方法的隐喻使用研究:以中美媒体甲流新闻为例[J].外语学刊(1):51-54.

孙亚,2013."如果"独立条件句:基于心理空间—转喻推理模型[J].外语教学 34(4):11-14.

孙亚,崔子璇,2020.基于隐喻使用的多维法与语域分析[J].外语学刊(3):1-8.

谭业升,陈敏,2010.汉语经济隐喻的一项历时研究[J].语言教学与研究(5):84-90.

田光明,刘艳玲,2008.FrameNet 框架之间的关系分析[J].现代图书情报技术(6):1-5.

王欢苗,赵德志,2007.管理学视野中的社区概念[J].理论界(5):207-208.

王立非,2012.商务英语词汇名化的语料库考察及批评分析[J].外语电化教学(3):3-9.

王圣贤等,2019.柯城区中学生步行交通伤害影响因素多重对应分析[J].预防医学 31(8):798-801.

王寅,2006.隐喻认知理论的新发展——语言体验性论文之六:从神经学角度论证隐喻和语言的体验性[J].解放军外国语学院学报(5):1-5.

王振华,王冬燕,2020.从动性、质性到物性:对比英汉两种语言中的名物化语言现象[J].外国语(上海外国语大学学报)43(1):13-22.

王治敏,俞士汶,2007.汉语名词短语隐喻识别研究[J].语言文字应用(2):142.

吴丹苹,庞继贤,2011.政治语篇中隐喻的说服功能与话语策略———一项基于语料库的研究[J].外语与外语教学(4):38-42+47.

吴巧巧,2014.我国贸易成本的世界格局分析——基于双边贸易成本测度方法[J].经营与管理(5):66-69.

邢福义,1994.NVN造名结构及其NV|VN简省形式[J].语言研究(2):1-12.

杨洋,董方,2017.当代中国媒体话语中的战争隐喻现象研究[J].外国语文研究3(2):2-11.

杨芸,2008.汉语隐喻识别与解释计算模型研究[D].厦门大学博士学位论文.

杨芸,周昌乐,李剑峰.2008.基于隐喻角色依存模式的汉语隐喻计算分类体系[J].语言文字应用(2):125-133.

张蕾,苗兴伟,2012.英汉新闻语篇隐喻表征的比较研究——以奥运经济隐喻表征为例[J].外语与外语教学(4):20-24.

张玮,2012.认知隐喻谋篇机制的再思考——兼谈汉英隐喻篇内映射方式的差异[J].外国语(上海外国语大学学报)35(4):52-60.

张炜炜,王芳,2017.从基于样例的概念空间看构式交替——以"让"和"给"的被动用法为例[J].外语与外语教学(6):22-33+145-146.

周敏,林丹燕,2010.公共卫生危机报道中隐喻的使用与反思:以甲型H1N1流感的媒体阐释现象为例[J].中国健康教育杂志(5):39-42.

附录1 汉英术语对照表

阿姆斯特丹大学隐喻识别过程 MIPVU Metaphor Identification Procedure at VU University Amsterdam 3.3

级联回路 cascade circuit 2.3.5

级联效应 cascade effect 2.3.5

创新率 creativity ratio/CR 3.4.3

存在之链 Great Chain of Being 2.3.6

动态相互联系 dynamic interconnection 2.3.6

断言策略 predication strategy 2.4.2

多词序列 multi-word expression 1.2

多模态融合模型 multimodal fusion model 2.1

多元隐喻网络 diversified metaphoric network 2.1

多重对应分析 multiple correspondence analysis 9.3

反作用力图式 counterforce 6.2

复杂神经回路 complex neural circuit 2.3.5

复杂系统 complex systems 4.2

复杂映射 complex mappings 2.3.5

概念包 conceptual package 2.3.2

概念实体 conceptual entity 2.3.6

概念依存 conceptual dependence 2.3.4

概念隐喻 conceptual metaphor 1.2

概念映射模式 the Conceptual Mapping Model 2.3.3

概念自主 conceptual autonomy 2.3.4

共现性 co-occurrence 1.2

构式类型数 MC-F 9.5.1

构式类型数与目标域词语形符数之比 MC-F/TW-F ×100 9.5.1

构式类型数与隐喻词语的形符数之比 MC-F/SW-F ×100 9.5.2

固化程度 entrenchment 1.2

关键隐喻 key metaphor 2.4.1

轨迹 trajectory 6.2

汉语语义标注工具 the Chinese Semantic Tagger 1.3

核心成员 core members 2.3.6

实体隐喻 ontological metaphor 2. 3. 3

视角化策略 perspectivization strategy 2. 4. 2

体裁 genre 2. 1

体裁专门隐喻 genre-specific metaphor 1. 2

物化 objectificaiton 9. 6

物体事件结构隐喻 Object Event Structure Metaphor/Object ESM 2. 3. 3

系统隐喻 systematic metaphor 2. 2. 1

相互联系/系统 interconnection/systems 2. 3. 6

新通用词汇表 New General Service List/NGSL 9. 5. 1

以用法为基础 usage-based 1. 2

意象图式 image schema 2. 3. 1

隐喻标志词 signals 2. 2. 2

隐喻级联 metaphor cascade 1. 2

隐喻的级联理论 cascade theory of metaphor 2. 3. 5

隐喻的话语动态理论 discourse dynamics framework for metaphor 2. 2. 1

隐喻的神经理论 neural theory of metaphor 2. 3. 5

隐喻的生态进化理论 eco-evolutionary theory of metaphor 2. 4. 3

隐喻构式 metaphorical construction 1. 2

隐喻化度 metaphoricity 2. 2. 2

隐喻家庭 metaphor family 1. 2

隐喻类符 metaphorical type 1. 2

隐喻类符/形符比 metaphorical type-token ratio 1. 2

隐喻模因 metaphor meme 2. 4. 3

隐喻形符 metaphorical token 1. 2

隐喻映射 metaphoric mapping 2. 3. 2

隐喻映射原则 metaphorical mapping principle 1. 2

隐喻语块 metaphorical chunk 1. 2

优先识解原则 the Principle of Prior Construal 2. 3. 6

语言隐喻 linguistic metaphor 1. 2

语义冲突 incongruity 3. 3

语义域 semantic domain 3. 3

语义域赋码集 semantic target 3. 3

语义转移 transfer of meaning 3. 3

语义标注系统 UCREL Semantic Annotation System 3. 3

语域 register 2. 1

源域 source domain 1. 2

源域词语 source domain word 1. 2

附录 2　概念隐喻列表

［癌症是旅程］CANCER IS A JOURNEY 6. 2

［变化是移动］CHANGE IS MOVEMENT 5. 5. 3

［标量是路径］SCALES ARE PATHS 6. 5

［不确定的是不稳定的］UNCERTAIN/UNRELIABLE IS INSTABLE 5. 4. 2

［财富是物质］WEALTH IS A SUBSTANCE 5. 2

［财务状态是物体位置］ECONOMIC STATUS IS LOCATION 6. 6

［等级制度是垂直结构］HIERARCHY IS A VERTICAL STRUCTURE 8. 2. 2

［地位高是向上的］HIGH STATUS IS UP 2. 3. 1

［对抗是摩擦］ANTAGONISM IS FRICTION 6. 5

［多是向上］MORE IS UP 6. 5

［发展是成长］DEVELOPMENT IS GROWTH 4. 4. 1

［法官是体育裁判］JUDGES ARE SPORTS REFEREES 7. 2. 1

［法律行为是沿着路径运动］LEGISLATIVE ACTIVITY IS MOTION ALONG A PATH 6. 2

［方法是路径］MEANS IS PATH 6. 9

［防止经济困难是防御身体伤害］PREVENTING ECONOMIC HARDSHIP IS SHIEDLING FROM PHYSICAL HARM 7. 3. 2

［妨碍措施是路障］PREVENTION IS OBSTACLE 7. 3. 3

［妨碍提高经济状态是反作用力］IMPEDIMENTS TO IMPROVING ECONOMIC STATUS ARE ANTAGONISTIC FORCES 6. 2

［复杂系统是人体］THE COMPLEX SYSTEM IS THE HUMAN BODY 4. 2

［复杂系统是植物］COMPLEX SYSTEMS ARE PLANTS 4. 2

［公司是人］CORPORATIONS ARE PEOPLE 4. 6

［沟通是展示］COMMUNICATING IS SHOWING 8. 3. 4

［关系是临近/连着］RELATIONSHIP IS PROXIMITY/COHESION 8. 2. 2

［关系是临近性/内聚性］RELATIONSHIP IS PROXIMITY/COHESION 5. 5. 3

［关系是物体］RELATIONSHIPS ARE OBJECTS 5. 4. 1

［国际关系是人际关系］INTERNATIONAL RELATIONSHIP IS INTERPERSONAL RELATIONSHIP 8. 2. 1

［国家是机器］NATION IS A MACHINE 5. 4. 4

［国家是建筑］NATION IS A BUILDING 5. 4. 3

［国家是人］NATION IS A PERSON 4. 6

［人际关系是复杂结构］RELATIONSHIPS ARE COMPLEX STRUCTURES 8.2.1

［人生是旅程］LIFE IS JOURNEY 2.3.2

［容器图式］CONTAINMENT SCHEMA 2.3.1

［商务参与者是军队］BUSINESSMEN ARE MILITARY FORCES 7.3.3

［商务成功的策略是军事战略］SKILLS FOR BUSINESS SUCCESS ARE MILITARY STRATEGIES 7.3.3

［商务沟通是艺术展示］BUSINESS COMMUNICATION IS ARTISTIC EXHIBITION 8.1

［商务活动是表演艺术］BUSINESS ACTIVITIES ARE PERFORMING ARTS 8.3.2

［商务竞争是竞争性体育］BUSINESS COMPETITION IS COMPETITIVE SPORTS 7.2.1

［社会是人］SOCIETY IS A PERSON 4.6

［社会问题是生命体］SOCIAL PROBLEMS ARE ANIMATE ENTITIES 4.2

［社会运作是人体健康］SOCIAL FUNCTIONING IS PHYSICAL HEALTH 4.5

［社会组织是建筑］SOCIAL GROUPS ARE BUILDINGS 5.4.3

［社会组织是容器］SOCIAL GROUPS ARE CONTAINERS 5.5.3

［社会组织是植物］SOCIAL ORGANIZATIONS ARE PLANTS 4.2

［生命是一系列运动］LIFE IS A SEQUENCE OF MOTIONS 6.2

［时间是物质］TIMES IS A SUBSTANCE 5.3.1

［使数量增加是使向上运动］CAUSE INCREASE IN QUANTITY IS CAUSE UPWARD MOTION 6.5

［市场是地点］MARKETS ARE LOCATIONS 6.5

［市场是自然过程］MARKET IS A NATURAL PROCESS 5.4.2

［事件是物体］EVENTS ARE OBJECTS 5.2

［数量变化是沿着路径移动］SCALAR CHANGE IS MOTION ALONG A PATH 6.5

［数量改变是位置改变］CHANGE OF QUANTITY IS CHANGE OF LOCATION 6.5

［数量减少是向下移动］DECREASE IN QUANTITY IS DOWNWARD MOTION 6.5

［数量是垂直性］QUANTITY IS VERTICALITY 6.5

［数量是水］QUANTITY IS WATER 6.4

［数量是长度］QUANTITY IS LENGTH 5.5.3

［数量增加是向上移动］INCREASE IN QUANTITY IS UPWARD MOTION 6.5

［思想是机器］MIND IS A MACHINE 5.4.4

［思想是建筑］MIND IS A BUILDING 5.4.3

［思想是食物］IDEAS ARE FOOD 2.3.2

［所有权改变是移动］CHANGE OF OWNERSHIP IS MOTION 5.3.3

［提高经济状态是向上运动］IMPROVING ECONOMIC STATUS IS UPWARD MOTION 6.2

［统治行为是运动］GOVERNING ACTION IS MOTION 6.2

［外交是战争］DIPLOMACY IS WAR 7.3.1

［未知的是看不见的］UNKNOWN/IGNORED IS INVISIBLE 5.4.2

［位置事件结构］隐喻 LOCATION EVENT STRUCTURE metaphor 6.2

〔效果是压力〕 EFFECT IS IMPACT 5. 5. 2

〔选举是竞争性体育〕 ELECTIONS ARE COMPETITIVE SPORTS EVENTS 7. 2. 1

〔选举是拳击比赛〕 ELECTION IS A BOXING MATCH 7. 2. 1

〔选举是赛跑〕 ELECTIONS IS A RACE 7. 2. 1

〔选举是游戏〕 ELECTIONS IS A GAME 7. 2. 1

〔选举是战争〕 ELECTION IS WAR 7. 3. 1

〔易变性是流动性〕 EASE OF CHANGE IS FLUIDITY 5. 3. 3

〔意识形态是生物体〕 IDEOLOGIES ARE ORGANISMS 4. 2

〔影响/控制是领先〕 INFLUENCE/CONTROL IS LEAD 7. 2. 3

〔应对疾病是战争〕 DISEASE TREATMENT IS WAR 7. 3. 1

〔应对社会问题是战争〕 ADDRESSING SOCIAL PROBLEMS IS WAGING WAR 7. 3. 1

〔有效的政府是健康的人体〕 EFFECTIVE GOVERNMENT IS A HEALTHY BODY 4. 5

〔有意图的行为是有目的的运动〕 PURPOSIVE ACTION IS GOAL-DIRECTED MOTION 2. 3. 1

〔原因是力〕 CAUSES ARE FORCES 6. 2

〔造成的状态变化是造成的位置变化〕 CAUSED CHANGE OF STATE IS CAUSED CHANGE OF LOCATION 6. 8

〔争论是战争〕 ARGUMENT IS WAR 7. 3. 1

〔政党是人〕 POLITICAL PARTIES ARE PEOPLE 4. 6

〔政党是运动队〕 POLITICAL PARTIES ARE SPORTS TEAMS 7. 2. 1

〔政府是人〕 GOVERNMENT IS A PERSON 4. 6

〔政府是生物体〕 GOVERNMENT IS AN ORGANISM 4. 2

〔致使数量增加是致使向上运动〕 CAUSE INCREASE IN QUANTITY IS CAUSE UPWARDS MOTION 6. 2

〔致使无法行为是阻止运动〕 CAUSED INABILITY TO ACT IS PREVENTION OF MOTION ALONG A PATH 6. 2

〔重要的是高的〕 IMPORTANT IS HIGH 6. 6

〔重要性是中心〕 IMPORTANT IS CENTRAL 4. 7

〔主要的是低的〕 CHIEF IS LOW 5. 4. 3

〔主意是物体〕 IDEAS ARE OBJECTS 5. 4. 1

〔状态改变是位置改变〕 CHANGE OF STATE IS CHANGE OF LOCATION 6. 7

〔状态是位置〕 STATES ARE LOCATIONS 6. 5

〔状态是物体〕 STATES ARE OBJECTS 5. 2

〔状态是形状〕 STATE IS SHAPE 5. 5. 3

〔资本的等级是空间的层次〕 LEVELS IN AN ORGANIZATION ARE LAYERS OF THE DIMENSIONAL SPACE 6. 6

〔资金是物质〕 MONEY IS A SUBSTANCE 5. 2

〔资金是液体〕 MONEY IS A LIQUID 5. 3. 2

［资金转移是液体流动］MONEY TRANSFER IS FLUID MOTION 5.3.2

［资源是液体］RESOURCE IS LIQUID 6.4

［阻止状态改变是阻止位置改变］PREVENTED CHANGE OF STATE IS PREVENTED CHANGE OF LOCATION 6.7

［组织的状态是健康］SOCIAL FUNCTIONING IS PHYSICAL HEALTH 4.5

［组织是机器］ORGANIZATION IS A MACHINE 5.4.4

［组织状态是健康］STATE OF AN ORGANIZATION IS HEALTH 4.5

附录 3 隐喻语块列表

（按频数排列的前 100 个商务专门语块）

语　　块	专门性	语　　块	专门性
supply chain	*	金融工具	**
competitve bid	***	现金流量	*
cash flow	*	中小微企业	*
revolving credit	*	无形资产	*
capital flow	*	权益工具	*
trade flow	***	产业结构	*
small business	*	资本结构	*
business circle	*	龙头企业	*
economic growth	*	影子银行	***
fixed cost	*	市场竞争	*
credit facility	**	经济波动	*
open economy	**	资本流动	**
productivity growth	**	贸易伙伴	*
impairment charge	***	职业健康	*
low cost	*	进口竞争	**
financial position	**	组合资产	*
financial instrument	**	金融中心	*
operating lease	**	流动资产	*
business operation	**	活跃市场	*
operating expense	**	现金流	*
base rate	*	经济结构	*
GDP growth	*	企业生存	***

语　块	专门性	语　块	专门性
business leader	*	兄弟公司	* * *
operating income	* *	小微企业	*
investment climate	* *	保护消费者权益	*
tax position	* * *	企业层级	* *
low interest rate	*	营业外	*
trade barrier	*	一级资本	*
trading partner	*	企业成长	*
long-lived assets	* * *	经济周期	*
operating cost	* *	高生产率	*
financial performance	* *	转移资产	*
productivity shock	* * *	外资进入	* *
low price	*	公司战略	*
core business	*	保护投资者权益	* *
tier-one supplier	* * *	溢价	*
high cost	*	内部审计	*
circular economy	* * *	经济复苏	*
working capital	*	贸易壁垒	*
capital inflow	* *	吸收外资	* *
trade elasticity	* * *	外资引进	*
operating loss	* *	市场扭曲	*
pattern of trade	* * *	贸易摩擦	* * *
market liquidity	* * *	经济增速	* *
trade growth	*	一线员工	* *
fixed income	*	融资能力	*
investment flow	* *	交易对手	*
market segment	* *	大型企业	*
full employment	*	保护投资者	*

附录3　隐喻语块列表

英汉商务话语隐喻对比研究

语 块	专门性	语 块	专门性
measure assets	*	固定利率	*
trade openness	* * *	职业通道	*
high price	*	保护投资	*
business community	*	核心业务	*
sunk cost	* *	核心资本	* *
trade volume	* * *	企业走出去	* *
large firm	*	投资策略	* *
business segment	* *	开放经济	* *
market size	* *	管理团队	*
market power	* *	企业内部	* *
export growth	*	经济下行	*
impairment loss	* * *	行业领先	* *
trade shock	* *	工资水平	*
trade friction	* * *	成本上升	* *
market access	* *	中小股东	* *
business climate	* *	内外部交易	*
sales volume	* *	客户渠道	* *
financial friction	* * *	经济运行	*
diluted earning	* *	二级资本	*
growth of economy	*	出口竞争力	*
growing economy	*	组合投资	*
iceberg cost	* * *	沿线经济带	* *
business growth	*	生产率水平	*
business strategy	*	刺激经济	* *
large economy	*	企业核心	*
economic recovery	*	投资环境	* *
weak economy	*	流动负债	*

语　块	专门性	语　块	专门性
marginal cost	＊＊	汇率波动	＊＊
economic performance	＊＊	拓展业务	＊
large customer	＊	税收负担	＊
financial measure	＊＊＊	干部队伍	＊＊
profit margin	＊	大股东	＊
liquid assets	＊	低成本	＊
exercise price	＊＊	子公司	＊
export destination	＊＊＊	战略客户	＊
parent common stock	＊＊＊	市场环境	＊
operating profit	＊＊	上下游企业	＊＊
large market	＊	目标市场	＊
exchange rate volatility	＊＊＊	进入市场	＊
wage growth	＊	战略投资者	＊
leadership team	＊	公司分支	＊＊
industry volume	＊＊＊	资本工具	＊＊＊
grow business	＊	拓展市场	＊
external finance	＊＊＊	税收扭曲	＊＊＊
exchange rate movement	＊	融资平台	＊
exercise of option	＊＊＊	领军企业	＊＊
consumer protection	＊	基础价值	＊
asset protection	＊＊＊	价格扭曲	＊
grow economy	＊	骨干企业	＊＊
capital outflow	＊＊	税收竞争	＊
strenghthen economy	＊	市场波动	＊

后　记

2010 年 7 月，笔者有幸赴美国加州大学伯克利分校语言学系访学，回国后开始使用语料库方法涉足以认知语言学为背景的隐喻研究，发现商务和经济话语中也有大量"我们赖以生存的隐喻"，尤其是诸多经济学中的核心术语都使用了隐喻。近十年来，我相继完成了多个相关科研项目如教育部人文社会科学研究青年基金项目"商务话语的批评隐喻分析：基于语料库方法"，发表了相关论文如 Metaphor use in Chinese and US corporate mission statements（*English for Specific Purposes*，2014）。

本书系国家社科基金一般项目"认知语料库语言学视阈下的英汉话语隐喻对比研究"的结项成果，主要以认知语料库语言学为视角，确立了从语言（隐喻语块）、思维（隐喻映射）和交际（专门意义）三个层面的分析路径，设计了具有可操作性的隐喻分析流程，揭示出商务话语中隐喻使用的基本结构并对比了英汉商务话语的隐喻使用。

本书是继笔者 2013 年出版《隐喻与话语》后对隐喻学习与研究的再总结，部分章节内容（理论综述与研究流程）源自笔者发表的论文以及《隐喻与话语》一书的相关章节，收入本书时都做了文字上的修改和内容上的扩充与更新。本书更是笔者未来十年研究的起点，目前已开始关注社交媒体时代的企业国际传播问题，但终究是"我们赖以生存的隐喻"，深知"不忘初心，方得始终"。

在项目执行和本书筹划期间，硕士研究生潘未兵、程娅、陈小超、赵彬楠、苏日古嘎、马婷、赵晶晶、刘思瑶、兰青媛、陈帅、高凤丽、邓彩红、王晓平等在我的指导下协助收集语料并开展了部分先导研究，尤其马婷、赵晶晶在每次项目讨论会后及时发现问题，总结经验，撰写纪要；其他研究生任慧、崔子璇、苟迪聪、周新杰、胡杨、王公元在数据整理、统计分析、文献整理、排版校对等方面做了大量工作，为本书的完稿打下了坚实的基础，特此致谢。同时，感谢上海外语教育出版社梁晓莉和李健儿两位老师为本书的出版付出的努力。

本书初稿于新冠疫情爆发期间完成，自提交结项至出版历时两年，

出版之际部分内容或已过时,而且限于本人水平,缺憾、错误恐怕在所
难免,敬请各位专家、同行学者和广大读者不吝赐教,以便及时更正、
修补。

孙亚

2022 年 2 月 2 日

对外经济贸易大学英语学院